刘奋荣 著

# 社会认知逻辑

逻辑、语言与智能——新清华逻辑文丛

清华大学
出版社
北京

## 内 容 简 介

　　认知逻辑研究人们关于知识、信念等概念的推理规律，社会认知逻辑则研究社会关系的逻辑性质，特别是社会关系对人们认知推理的影响。在过去十年里，"社会关系和社会影响"作为一个新的研究内容被逻辑学家们关注，与认知逻辑发生有趣的交互，涌现出很多新的成果，从而形成"社会认知逻辑"。本书要回答的一个核心问题即是：在认知逻辑中引入社会关系这个新视角，主体的认知推理有什么新变化和新规律？本书引入审思理性和进化理性两个理性概念，并给出基于这两种不同径路的研究成果。

**图书在版编目（CIP）数据**

社会认知逻辑 / 刘奋荣著. —北京：清华大学出版社，2023.6（2024.6 重印）
（逻辑、语言与智能：新清华逻辑文丛）
ISBN 978-7-302-63854-4

Ⅰ . ①社… Ⅱ . ①刘… Ⅲ . ①社会认知-逻辑学-研究 Ⅳ . ①B81

中国国家版本馆 CIP 数据核字（2023）第 108293 号

责任编辑：梁　斐
封面设计：傅瑞学
责任校对：赵丽敏
责任印制：宋　林

出版发行：清华大学出版社
　　　　　网　　　址：https://www.tup.com.cn, https://www.wqxuetang.com
　　　　　地　　　址：北京清华大学学研大厦 A 座　　　　　邮　　编：100084
　　　　　社 总 机：010-83470000　　　　　　　　　　　邮　　购：010-62786544
　　　　　投稿与读者服务：010-62776969，c-service@tup.tsinghua.edu.cn
　　　　　质量反馈：010-62772015，zhiliang@tup.tsinghua.edu.cn
印 装 者：三河市东方印刷有限公司
经　　销：全国新华书店
开　　本：165mm×235mm　　　印　张：16.25　　　字　　数：262 千字
版　　次：2023 年 8 月第 1 版　　　　　　　　　印　　次：2024 年 6 月第 2 次印刷
定　　价：98.00 元

产品编号：098881-01

逻辑学是一门基础学科，以探求人类思维和推理的规律为目标，帮助我们正确思维和有效推理。章士钊先生说，"寻逻辑之名，起于欧洲，而逻辑之理，存乎天壤"。尽管中国哲学中有丰富的逻辑思想，但逻辑学作为一门学科是在西方传统中发展起来的。从亚里士多德的三段论推理，到莱布尼茨的普遍语言和逻辑演算的思想，到弗雷格、罗素的数理逻辑，再到丘奇、哥德尔和图灵关于"可计算"概念的精确表述，逻辑学的发展是一个动态的过程，同时也是一个学科交叉的过程。当下，逻辑学与人工智能的故事正在上演，要实现真正的智能，研究思维规律本身的逻辑学科以其深厚的理论底蕴正在提供多方位的助力。时至今日，如何在中国哲学与文化的背景下，基于中西思维之异同的比较研究，找到破解人类思维奥秘的钥匙，在逻辑学及其相关领域实现新的理论突破，是摆在中国和世界逻辑学者面前的一个新的课题和机遇。

整整一个世纪前，逻辑学作为"赛先生"的一部分被引入，开始为国人所熟识。严复先生翻译的《穆勒名学》《名学浅说》等著作的问世，开启了我们了解西方逻辑学的新篇章。梁启超先生在《墨子之论理学》中开始对中国、西方的逻辑学思想进行系统的比较研究。章士钊先生 1917 年的《逻辑指要》是中国第一部以"逻辑"命名的著作。1926 年，金岳霖先生在清华创建哲学系，开始系统讲授逻辑学。他的著作《逻辑》《论道》和《知识论》是中西哲学交汇的典范。他的学生中，沈有鼎不仅对数理逻辑系统造诣颇深，也在墨家逻辑的研究中作出了独创性贡献。王浩先是跟随金岳霖先生学习，后在哈佛大学奎因（Quine）教授指导下学习，在数理逻辑、机器证明等领域作出了卓越贡献，为世人瞩目。王宪钧、周礼全、胡世华等金岳霖的学生们在哲学、语言学、计算机领域都作出了重要贡献，培养了众多的逻辑学人才。今年在国际英文杂志 *History and Philosophy of Logic* 上发表的一篇论文"'Tsinghua School of Logic': Mathematical Logic at Tsinghua University in Peking, 1926—1945",是国外学者对"清华逻辑学派"进行的深入研究,当年清华逻辑的辉煌与国际地位可见一斑。

2000 年伊始,清华复建哲学系,逻辑学作为特色学科得以恢复,先后引进蔡曙山和王路,他们都是周礼全先生的高足。近年来,清华设立金岳霖讲席教授团组,聘请范丙申(Johan van Benthem)、谢立民(Jeremy Seligman)、司马亭(Martin Stokhof)和魏达格(Dag Westerståhl)四位国际知名的逻辑学家来清华工作。今年,冯琦教授又欣然加盟。这支颇有特色的队伍在学术科研、教书育人、国际交流等方面成绩显著。尽管人员规模与金岳霖先生时期根本无法相提并论,很多时候让我深感心有余而力不足,但让人欣慰的是,团队虽小,绝无庸才,每个人都是认真做学问的。我们有幸能够通过本丛书向读者呈现清华逻辑团队的研究成果,接受大家批评。取"逻辑、语言与智能"作为丛书的主题,体现逻辑学交叉学科之特点;取名"新清华逻辑文丛",有继承金岳霖先生老一辈清华传统之意。对于未来,我希望这套丛书可以成为一个平台,吸引全世界高水平逻辑学专著出版,推动国内外学术的发展和繁荣。

刘奋荣

2021 年 12 月于双清苑

所谓"社会认知逻辑",简而言之,是在认知逻辑基础上添加了"社会"的维度。认知逻辑研究人们关于知识、信念等概念的推理规律。动态认知逻辑则研究新信息引发的知识更新和信念修正的规律。社会作为一个新维度,关注的是人与人之间的关系,即社会关系的逻辑性质,特别是社会关系对人们认知推理的影响。这个研究课题听起来非常"儒家"。事实上,十年前当我和合作者谢立民(Jeremy Seligman)讨论这个课题的时候,我们的初衷就是想使用逻辑学的研究方法研究中国哲学中关于社会关系、社会影响等概念的重要思想和推理。没有想到的是,这样一个简单的想法和我们合作的第一篇小论文立即引起了学术界的共鸣,很多学者迅速加入了此项课题的研究。到今天为止,"社会网络逻辑""社会认知逻辑"已经成为一个欣欣向荣的研究领域,涌现出了很多有趣的成果。

本书要回答的一个核心问题是:在认知逻辑中引入社会关系这个新视角,主体的认知推理有什么新变化和新规律?一个前置问题是,我们在逻辑语言和模型中以何种方式引入社会关系?这涉及对社会关系的表征。书中根据对社会关系和社会影响的不同表征方式,深入探讨社会关系与认知推理之间的互动。书中引入两个理性概念:审思理性和进化理性。审思理性是传统的理性概念,强调个人理智的能力,通过逻辑推理得到合理的结论。对社会关系的研究而言,在这种理性概念的指导下,我们会研究社会关系的性质,主体对社会关系、知识、信念、证据、信任等概念进行推理的规律。进化理性则是一种源于进化博弈论的新的理性概念,强调主体与周遭同伴之间的关系,探究主体在社会影响下的选择和策略的稳定性等性质。在这种理性概念的指导下,社会影响作为一个重要的因素影响主体的观点的形成、变化。这给讨论群体信念带来了全新的视角。本书会给出基于以上两种不同径路的研究成果。关于理性概念,我们在反思历史的同时,会结合当下人工智能的发展所带来的挑战，重新思考理性的本质。真正的理性也许是对审思理性和进化理性的灵活运用，正如丹尼尔·卡尼曼所著《思考，快与慢》一书所描述的那样。

图博弈是主体在图上展开的一种互动，且按照一定的规则进行。由于图结构与可能世界语义的相关性，模态逻辑自然也被用来研究图博弈。另一方面，逻辑学的技术结果也会给图博弈的设计带来灵感。作为一个具体的例子，本书研究了"捉迷藏"的游戏：给出新的模态逻辑，研究搜寻者与躲藏者之间的互动。这一研究与计算机科学领域的"警察与强盗游戏"类似，我和合作者们正在对它们之间的进一步联系展开新的研究。

最后，书中一方面呈现这个领域的研究成果，同时也给出一些仍然开放的问题。欢迎对社会认知逻辑感兴趣的读者，继续思考和解决这些问题。回到社会认知逻辑与中国哲学的关系上，本书最后一章的最后一句写道："我们仍然在路上。"确实，还有很多工作需要感兴趣的学者们继续去探索。

欢迎读者对本书的研究结果批评指正。

刘奋荣

2022 年 7 月于清华大学人文楼

# 第 1 部分　绪论和预备知识

## 第 4 部分　图博弈模型

# 第 1 部分　绪论和预备知识

# 第 1 章　绪 论

## 1.1　关于认知的表征

逻辑学研究主体的推理，尤其关注关于认知状态及其变化的推理。我们通过考察知识、信念、偏好、意向等概念及其性质，研究一个主体使用这些概念进行思维和推理的逻辑规律。这一章的主旨是引出本书研究的问题，并阐明其意义。我们会使用上面提到的这些概念作为例子，但不预设读者有符号逻辑的知识背景。

知识和信念在日常生活中扮演着十分重要的角色。一个主体做决策、采取任何行动都是基于自己的知识和信念。因此，"知"和"行"的问题从来都是紧密联系在一起的，构成哲学的核心问题。行动是主体直接去面对外部世界，从而实现主体的认知与外部世界的交互与联系。当然，行动也包括了与其他主体的交往，这时，其他主体是外部世界的一部分。这些交互行为反过来也对主体认知产生进一步的影响。这个过程我们将在下面关于"动态转向"的小节中进一步阐述。现在，让我们先回到逻辑学，思考如何对一个主体的认知进行表征，从而开展研究。我们知道，为避免歧义，逻辑学采用形式语言表示需要研究的问题。这里，我们需要表示主体的认知态度。首先，将知道的内容或者是知识的内容看作命题。我们使用 $p, q, r$ 等字母表示简单或原子的命题。命题是我们讨论问题的最小单位。接下来，通过逻辑联结词把简单命题构成更为复杂的命题，其结构表示为下面的几种类型：否定式 ($\neg\phi$)、蕴涵式 ($\phi \to \psi$)、合取式 ($\phi \wedge \psi$)、析取式 ($\phi \vee \psi$) 和等值式 ($\phi \leftrightarrow \psi$)。最后，对于命题的态度，我们使用 $K_a\phi$ 表示主体 $a$ 知道命题 $\phi$, $B_a\phi$ 表示主体 $a$ 相信命题 $\phi$。关于认知态度的形式语言准备就绪后，逻辑学通过语义解释对上面公式的意义给出严格定义。

这里，关于知道或相信的解释，依赖于我们对这些概念本身的理解。哲学的讨论，特别是知识论的探讨就显得十分相关了。人类关于知识概念的思考有着悠久的历史，古希腊哲学家柏拉图在《泰阿泰德》中记录了关于知识、信念和核证之间关系的讨论，其结论通常被表述为"知识就是被核证的真信念"，开启了西方知识论的传统。《理想国》中关于洞穴的例子让我们重新思考感官经验与知识之间的联系与区别。同样，中国哲学史上也有我们十分熟悉的故事——庄子和惠子关于鱼之乐的濠梁之辩。惠子曰："子非鱼，安知鱼之乐？"庄子曰："子非我，安知我不知鱼之乐？"中国古代哲学家已经在思考"我知道你知道"的问题，这就是所谓的高阶认知问题。

可以看出，关于知识概念的定义、知识与信念之间的关系等问题，一直是人类哲学思考的核心问题。20 世纪 50 年代开始，随着模态逻辑技术和思想的发展和成熟，对认知的哲学概念进行形式化研究成为可能。最具代表性的是辛提卡和冯瑞赫特两位著名哲学家所开展的工作。特别是，可能世界语义学成为研究哲学概念强有力的语义框架，能够为包含认知态度的命题提供理想的解释和意义理论。1962 年，辛提卡出版专著《知识和信念》（*Knowledge and Belief*，文献 [9]），被认为是第一部系统研究知识和信念的逻辑学著作。

可能世界语义理论的思想来源可以追溯到莱布尼茨关于可能和必然概念的理解。简单来说，一个可能世界就是一个可能的情境，是主体能够想象到的一个时空。它与现实世界可能相似，也可能截然不同。这样的可能世界也许有很多，甚至无穷。一个可能世界提供了一个"立足点"或"视角"，使得我们能够站在那个世界或立场来看问题。当我们站在一个世界，若能够想象到其他世界或认为其他世界是可能的，这个时候我们称其他世界是可及的。正是这样的理论被用来解释知识和信念的概念。下面，先给出关于知识的解释：

在世界 $w$ 上，主体 $a$ 知道 $\phi$，当且仅当，站在世界 $w$ 上，在所有 $a$-认知可及的世界上 $\phi$ 都为真。

这里的"$a$-认知可及的世界"是主体 $a$ 可以在她的认知上想象到的情境，换句话说，是根据她所拥有的信息认为可能的那些世界。另外，赋值函数告诉我们一个简单命题在一个世界上是否为真。其他联结词的意义，由通常的命题逻辑给出，这里不作详细讨论。总之，对于认知语言的任意公式，都可以通过可能世界的语义学给出其意义的解释。

那么，如此解释的知识概念具有什么性质呢？最常讨论的是下面几个性质：

（1）所有的知识都是真的。

（2）一个主体知道 $\phi$，则她知道自己知道 $\phi$。

（3）一个主体不知道 $\phi$，则她知道自己不知道 $\phi$。

以上三个性质分别被称为事实性、正内省性、负内省性。它们的意义都非常明确，当我们讨论知识的时候，对自己知道或不知道的反省能力就是非常重要的一个问题，也是对主体认知能力的一种表征。这三个性质用认知逻辑语言中的公式表示，分别对应下面的几条公理：

（T）$K_a\phi \to \phi$，

（4）$K_a\phi \to K_aK_a\phi$，

（5）$\neg K_a\phi \to K_a\neg K_a\phi$。

若预设上面的三条性质，意味着我们预设了主体具有它们所刻画的性质或能力。就逻辑系统而言，这意味着我们在使用 S5 公理系统来研究知识的推理。关于公理（5）在哲学上有很多讨论。有学者认为预设一个主体具有负内省的能力可能要求太苛刻，应该只考虑（T）和（4），从而采用 S4 公理系统讨论关于知识的问题。

与知识不同，在可能世界语义学中，对信念的解释为：

> 在世界 $w$ 上主体 $a$ 相信 $\phi$，当且仅当，在所有 $a$-认为最合理的世界上 $\phi$ 都是真的。

"$a$-认为最合理的世界"指的是在 $a$ 看来最可信的、最合理的世界或情境。与知识不同，信念不满足上面提到的"事实性"，显然，相信的命题不一定是真的。正是这一点将信念与知识区分开来。相反，信念通常满足一致性的性质，即，主体不能相信矛盾，表示为 $\neg B_a\bot$（D），其中，$\bot$ 表示矛盾。信念通常满足下面的性质：

（1'）不能相信矛盾。

（2'）一个主体相信 $\phi$，则她相信自己相信 $\phi$。

（3'）一个主体不相信 $\phi$，则她相信自己不相信 $\phi$。

同时，我们预设不管是知识还是信念，都满足下面的公理：

如果一个主体知道或相信一个蕴涵式，并且她知道或相信蕴涵式的前件，则她知道或相信蕴涵式的后件。知识的情形可以形式化为：

(K) $K_a(\phi \to \psi) \to (K_a\phi \to K_a\psi)$。

这个公理（K）在哲学和逻辑学中引发的讨论更多，有学者认为接受它会导致认知全能问题。类似上面的公理（5），这些讨论会影响到在逻辑学中我们采用什么样的逻辑系统对知识概念开展研究。但是一旦预设确定，对逻辑学来说重要的是继续研究形式语言的表达力，以及关于知识推理的其他重要理论问题。

最后，研究认知态度的一个主要目标是理解人类的决策和行为。这是主体能动性的体现，通常被称为**主体性**。一般来说，一个主体拥有的知识和信念会决定她制订什么样的计划、采取什么行为，正是这些行为会与外部世界发生联系，改变世界。

顺便提一下，在人工智能（AI）领域，刻画主体的知识和信念也是一个非常热门的课题。容易想见，不管是机器人设计，还是自动驾驶的应用场景，都需要对智能体的知识、推理能力、在与外部世界交互时正确的应对等给出表征，而逻辑学的研究方法为此提供了便利的工具。在 20 世纪 90 年代，AI 领域出现了著名的 BDI 模型（文献 [6]，[13]），这里 B 就是信念（Belief），D 是愿望（Desire），I 是意向（Intention）。类似的模型还有很多，它们与我们研究知识和信念逻辑的努力和目标是完全契合的。

# 1.2  从个体到群体

对认知主体的关注在逻辑学和哲学领域经历了从单个主体到多主体的转向。在传统研究中，哲学家们分析知识属性的时候，一贯以单个主体作为研究对象。随着计算机科学、经济学理论的发展，需要研究不同主体之间、不同终端或知识库之间的交互和协作，理解多主体之间的交流机制就变得十分必要和迫切了。1980 年之后，"多主体"成为逻辑学研究领域普遍使用的术语。

一旦考虑多主体的情境，很多问题立即变得十分有趣。首先，回到上面的濠梁之辩，庄子、惠子、鱼就构成一个多主体的情境，两位哲人关于"鱼之乐"的争论，其实是在讨论高阶认知的问题，即，一个主体关于他者认知的推理。高阶认知是人类智能的一种体现，对于我们的决策有着十分重要的意义。例如，"如果她知道我知道她干了这件事，她就会有所收敛"。在这个例子中，主体的收敛行为取决于她对于我的认知的推理。这样的高阶推理在我们的推理中非常普遍。

回到逻辑学的表征中来，要表示多主体，我们需要引入一个集合 $A$，其元素是个体，分别用 $a, b, c$ 等字母表示。有了主体的新集合，我们就能对多主体之间的推理进行表述并加以研究。一个主体 $a$ 知道命题 $p$，可以表示为 $K_a p$。考虑下面的例子：

（i）小王知道小李知道这个问题有解：$K_a K_b p$。

（ii）小王认为小李可能知道这个问题有解：$K_a \langle K_b \rangle p$。

（iii）小王知道这个办法是不是小张提出来的：$K_a q \vee K_a \neg q$。

（iv）如果小王知道小李知道这个问题有解，那么他知道小张不知道：$K_a K_b p \rightarrow K_a \neg K_c p$。

其次，一旦多个主体聚集在一起，形成一个群体，那么讨论群体作为一个整体的性质就变得可能并且必要了。在日常交流中我们会说，"中国人民相信，通过我们的努力中国 14 亿人民一定能够过上小康生活"，"所有打过疫苗的人都知道他们对新病毒有免疫力"。这些例子中包含了表示群体的语词，"中国人民""所有打过疫苗的人"。我们关心的是群体的认知态度，探讨的主要问题是：当我们说，一个群体知道/相信一个命题 $p$，意味着什么？个体态度如何跟群体态度联系起来？下面，我们首先给出几个群体知识的概念和现有文献中的定义和解释。

**公共知识**　直观而言，$p$ 是一个群体 $A$ 的公共知识，意思是，这个群体中每个主体都知道 $p$，而且每个主体都知道其他主体知道 $p$，每个主体都知道其他主体知道其他主体知道 $p$……这里"知道"不停地嵌套，遍布群体中的每个主体。人工智能领域对"常识"的研究与此关系密切。通常，公共知识被看作"傻瓜知识"，就是一个群体成员最起码应该知道的内容。公共知识之所以重要，是因为只有在预设某些公共知识的基础上才能实现社会的正常运转。例如，"红灯停，绿灯行"必须是公共知识，我们的社会才能有正常的交通运行。

**分布式知识**　与公共知识不同，分布式知识则是"聪明人的知识"。一个群体中每个主体都拥有一些知识，通过将她们的知识放在一起推理得到的知识就是该群体的分布式知识。考虑一个非常简单的例子，主体 $a$ 知道"这件事情或者是小李干的，或者是小王干的"，主体 $b$ 知道"这件事不是小李干的"。把 $a$ 和 $b$ 的知识放在一起，可以得到"这件事是小王干的"。我们这时会说，这是群体 $\{a,b\}$ 的分布式知识。显然，获得分布式知识需要一个群体外的主体将群体内主体的知识放在一起、进行推理，或者需要群体内的主体直接交流，告知对方她所拥有的所有知识。

在意向性和偏好的研究领域，单个主体和群体之间的关系同样吸引了很多学者的关注和研究。尽管在本书中我们不会深入研究这些领域的具体问题，但是通过简要回顾其中的问题和思想，希望读者能够看到群体问题的相关性。

## 1.2.1 个体与群体意向性

关于群体意向性的讨论，中国的谚语中有很形象而丰富的表达。"众心齐，泰山移"，"人多力量大"，这些都体现了我们对群体意向性的美好愿望。但是，群体的意向性如何与个体的意向性联系起来，或者说，如何理解群体的意向性，是当代哲学家们一直讨论的问题之一。布莱特曼是这个领域具有代表性的学者（参见文献 [3], [4], [5]）。根据他的理论，我们可以区分三个层次：个体的意向性，小群体的意向性，大群体的意向性。举例来说，

（1）我准备周一在浙江大学做一个线上报告。

这是典型的个体意向性，是我作为一个个体想要做一件事情。当然，根据布莱特曼的理论，意向性与目标、计划等概念密切相关。一个主体有了意向，就会制订计划、实施计划，以完成目标。在这个例子中的我，会做幻灯片，按时上线，做报告，最终达成目标。

（2）一对夫妇准备粉刷他们的房子。

这个例子是布莱特曼所谓的小群体意向性，群体只有两个主体构成，主体之间可以协作、达成目标。在这个例子中，这对夫妇可能会在周末一起开车去商店买油漆，回到家之后他们相互配合，你刷这堵墙，我刷那堵墙，最终把整个房子粉刷好。主体之间的互动和协作是实现小群体意向性不可或缺的部分。在一定程度上，

我们可以把小群体的意向性看成是单个主体意向性的某种结合。[①]

（3）苹果公司准备下调苹果手机的产量。

这是大群体意向性的一个典型实例。苹果公司的员工全球有十几万人，当我们说"苹果公司"的时候，是指公司的每一个人都参与了这样的决策吗？还是公司的领导层做出的决策？若是领导层，又包括哪些人？或者说是基于个体的意向，通过某种代表机制实现最后的集体决策？总之，如何理解大群体的意向性就是一个重要的问题。归约变得完全不现实。文献 [5] 对这些问题展开了深入而广泛的讨论，我们这里不再赘述。

## 1.2.2　偏好与选举

偏好的概念是哲学、经济学领域的重要概念，因为它与主体的选择有关。在社会选择理论中，选举被看作一种规则，将每个个体的偏好聚合成群体或社会的偏好。因此，这个过程又被称为偏好聚合。其中，最著名的结果就是阿罗的不可能性定理（文献 [2]）。该定理说的是，当至少有三名候选人和两位选民时，不存在满足阿罗公理的选举规则。换句话说，随着候选人和选民的增加，"程序民主"必将越来越远离"实质民主"。

阿罗的不可能性定理源自 18 世纪法国思想家孔多赛的"投票悖论"，悖论内容如下：

假设有 $a, b, c$ 三人，面对 $A, B, C$ 三个备选方案，有如下的偏好排序。我们用 $A > B$ 表示主体偏好 $A$ 胜过 $B$。

$a : A > B > C$

$b : B > C > A$

$c : C > A > B$

若考虑在 $A$ 和 $B$ 中决出胜负，我们有 $a(A > B), b(B > A)$ 和 $c(A > B)$。按照多数规则，我们可以得到社会偏好为 $A > B$。

---

[①]　尽管小群体的意向性能否归约到单个主体的意向性，还需要先定义清楚主体交互的各个环节。布莱特曼要求主体之间要满足联锁（interlocking）的条件，而对于联锁本身的精确意义也需要深入探讨。

若考虑在 $B$ 和 $C$ 中决出胜负，同理可以得到的社会偏好是 $B > C$。

若考虑在 $A$ 和 $C$ 中决出胜负，同理可以得到的社会偏好是 $C > A$。

根据偏好的传递性公理，由 $A > B$ 和 $B > C$ 可得 $A > C$，这与 $C > A$ 矛盾。

换句话说，按照投票的多数规则，无法得出合理的群体偏好。

以上的例子至少表明，在个体偏好和群体偏好之间存在着一道鸿沟，需要我们更好地理解个体和群体偏好之间的关系。事实上，这也是社会选择理论的核心问题，这方面有很多文献。

# 1.3　主体性：从静态到动态

前面两节介绍的主要是静态的知识和信念，但是主体的知识和信念是在不断变化中的。我们通过学习获得新知识，通过学习修正自己的信念。这里的学习可以是个人行为，也可以是在一个群体中，向其他主体学习。那么，从研究层面看，我们从关注静态的知识转向了关注动态的认知变化过程，从关心"知道什么"的问题转向了"怎么知道"的问题。动态激发的因素可以是新信息的出现、主体自己的学习，或其他主体的告知。也就是说，学习或告知的直接后果是让一个主体的认知态度从一个状态转换到另一个状态。考虑下面的一个简单例子：

**例 1**　一位游客模样的人走在清华校园里，

他问：请问这是去往二校门的路吗？

我回答：是的。

这是两个主体之间的一个信息交互，问问题的人刚开始不知道，因此才发问，之后得到回答，她的认知状态从不知道转变为知道。用逻辑学的术语看，回答问题的人其实是做了一个公开宣告。类似这样的逻辑被称为公开宣告逻辑，顾名思义，就是研究"公开宣告"对主体认知状态变化影响的逻辑。由此发展起来的动态认知逻辑具有强大的表达力和建模能力，既可以刻画主体之间公开的信息交流行为，也可以建模她们之间半公开的信息交互，特别是在交互过程中主体的知识和信念的变化规律。关于行为引发的知识动态变化的研究，构成了 20 世纪 80 年代著名的逻辑学的"动态转向"。我们会在第 2 章中详细介绍动态认知逻辑的技术细节。动态认知逻辑已经成为研究认知态度变化的一种普遍方法，应用于研究信念、偏好、意图等的变化。

另一种广为人知的方法是 AGM 信念修正理论（文献 [1]），它研究下面的理论问题：

> 给定一个信念基础集（即命题的集合）$T$，新命题 $A$ 出现，我们得到一个新的信念基础集 $T * A$。

这个问题中最关键的问题是如何接受新信息。AGM 理论定义了三种接受新信息的机制——扩张、紧缩和修正，并给出了针对每一种动态变化主体信念更新所遵循的基本公理，它们是主体理性应该满足的条件。同样，我们将会在下一章中引入这些公理，并解释它们的确切意义。

了解主体信念和知识变化的规律，能够使我们获得对未来认知状态变化的理解，从而能够提前做出预测。同时，我们也关心认知动态变化的过程和规律。例如，信念的变化是不是能够到达一个稳定状态？换句话说，从此之后不管什么新信息出现，信念都不会再有新的变化。这些问题也是本书所关心的。

## 1.4　社会影响：低等与高等理性

可以看出，已有的研究虽然关注多主体构成的群，但是这样的群体在表征上无非是一个集合，而主体不过是该集合中的一个个元素。在阿罗研究偏好聚合的时候，有一个重要前提就是预设主体之间是相互独立的，互相不受影响。然而，现实社会中的群体概念意义更为丰富，一个关键的事实是：

> 群体中的主体是由各种各样的社会关系连接在一起的，她们互相影响。

一个主体的行为不可避免地受到其他主体的影响。对群体中主体的行为受到他人的影响和制约，从而影响到整个群体社会规范的形成，斯克姆思的一系列著作都在研究这些问题，参见文献 [11] 和 [12]。在社会心理学、经济学中，对主体之间因为社会关系的原因而彼此影响，也存在大量的研究和文献。文献 [8] 是一部具有开创性的工作，它从社会权力的角度研究群体中的人际关系模式。此外，受市场营销应用的推动，学者们也在研究如何找到群体中具有影响力的成员、如何实现社会影响力最大化等问题，例如文献 [7] 和 [10]。

在逻辑学领域，把社会关系引入研究的议程、研究社会影响是近年来兴起的一个方向。笔者是这个研究方向的发起人和推动者之一，本书的内容正是这个方向研究的一个成果汇集。我们对于社会关系的探索主要在研究认知态度的背景下展开，换言之，当社会关系维度被引入认知逻辑框架中时，我们重点研究静态与动态两个方向上主体的认知推理产生的新变化和新规律。

回到最基本的问题上，如何对社会关系进行逻辑表征？本书提供了几种不同的表征方式，大体分为两类：

第一，定性的方法。直接在群体的集合上添加二元关系，表示各种可能的社会关系。采用与可能世界语义学类似的方法，研究这种关系的性质，在形式语言中引入模态算子表达该社会关系。具体而言，我们在上面的主体集合 $A$ 上引入主体之间的关系 $R$，记作 $(A, R)$。二元关系 $R$ 可能满足不同的性质。譬如，朋友关系是对称的，若 $a$ 是 $b$ 的朋友，$b$ 也是 $a$ 的朋友。但这一性质对于信任关系就不成立。再如，朋友关系不一定是传递的，若 $a$ 是 $b$ 的朋友，$b$ 是 $c$ 的朋友，则 $a$ 不一定是 $c$ 的朋友。在语言中我们引入模态算子 $F\phi$，解释为"我所有的朋友都满足性质 $\phi$"。在与认知交互的情境中，我们可以讨论认知算子和社会关系算子交互推理中的规律。

第二，定量的方法。通过定量的方式表征社会关系或信任关系。譬如，一个群体中有三个主体，$a, b, c$。一个主体对另一个主体信任表示为在区间 $[0, 1]$ 的一个值，一个主体对影响她的所有主体的信任值加和为 1。例如，$a$ 对 $a$ 自己的信任值为 0，对 $b$ 的信任值为 0.7，对 $c$ 的信任值为 0.3。

信任值的区别直接会影响到一个主体如何接受他人的信息而改变自己的信念。同一个信息，会因为来自不同的主体而影响力不同。

不管是定性还是定量的表征，社会关系对主体认知的影响都是我们关注的重点。考虑下面一个现实的例子：一个主体最初相信 $p$，但是她大多数朋友都相信 $\neg p$，受到周遭朋友的影响或朋辈压力，她也开始相信 $\neg p$。事实上，这样的情形在现实生活中很常见，主体的行为方式很多时候也以类似的方式受到周围人群的影响。就一个群体而言，若每个个体都以这样的方式更新自己的信念，那么有没有可能讨论该群体的信念？若讨论，如何定义这样的群体信念的概念？这都是本书后面章节要逐步展开研究的问题。

另外，社会关系也可能会发生变化。一个主体可能结交新朋友，也可能由于某种原因与老朋友断交。这些社会关系的变化直接影响到信息的交流和主体信念的变化，从而影响到主体的认知状态。

后面，我们会逐步引入各种模型来研究认知和社会关系这两个维度，研究主体关于它们之间相互交织而进行推理的规律。这些不同的动态模型引发了一个重要的哲学问题，即关于理性概念本身的思考。重新考虑上面的例子，一个主体迫于朋辈压力，将信念从 $p$ 变为 $\neg p$。乍一看，主体这样做并不理性，至少在传统理性框架下来看不是理性的。在本书中，我们将这种在社会影响下做出决策的理性称为"初等理性"或"进化理性"，为了比较，称传统理性为"高等理性"或"审思理性"。"初等理性"和"高等理性"这两个概念来自斯克姆思。在他的工作中，某一物种为了生存所做出的类似选择，如从众行为，是低等理性的体现，但低等理性也是理性。在进化的视角下，基于低等理性的行为选择是最优的选择，能够使一个物种生存下来，有机会继续进化。

基于对社会关系的不同表征、不同的理性概念所启发的更新机制，本书的主要任务是深入研究社会关系、社会影响与认知之间的相互作用。下面，我们简要概述后面章节的一些直观思想和基本脉络，方便读者了解本书的结构。

## 1.5　本书内容概览

第 2 章主要介绍经典认知逻辑，为其他章节提供技术背景。我们引入认知逻辑和信念逻辑，给出形式的语言和语义，并给出逻辑系统的一些基本性质。特别地，我们将注意力集中在经典认知逻辑中涉及群体认知态度的关键概念——公共知识和分布式知识，并给出它们的形式定义，从而为本书的研究做好铺垫。经典认知逻辑的进一步发展也考虑多主体的情境，研究主体之间的信息交互、主体的知识和信念动态变化的规律。我们会介绍多主体的动态认知逻辑，展示认知逻辑在这一领域的重要发展。针对信念修正，我们给出两种理论：AGM 理论和基于动态认知逻辑的信念修正理论。可以看出，以往认知逻辑的研究缺乏对主体之间的社会关系和社会影响的关注，社会影响给主体的认知和行为造成的影响鲜有人讨论。此外，作为预备知识，我们还会介绍混合逻辑的基本知识。

第 3 章主要讨论社会影响与信念修正，回答下面的问题：一个主体受到周遭朋友影响后如何修正自己的信念？我们将会引入阈值模型对社会影响进行建模，将主体的认知状态表征成自动机的状态，并利用自动机的状态转换研究主体的信念动态变化。这里，自动机状态转换的条件就是使用阈值刻画的社会影响。社会关系的变化也会影响信念的变化，我们会讨论结交新朋友、与老朋友断交等行为带给一个群体的认知变化。我们还会尝试使用形式语言对一个群体的信念能够达到稳定状态做出形式的刻画。此外，我们也讨论其他可能的模型，譬如，对可能世界的合理性进行建模，并直接对合理性进行更新。在这种情况下，信念是可以根据合理性语义模型定义得出的。还有，我们也可以对朋友的可靠程度进行建模，在模型中通过分层区别朋友的亲疏，从而能够研究强弱不同的社会影响。

第 4 章引入社会网络的模型，区分单向的社会影响和双向的社会影响，研究主体的行为或信念如何在这两种影响下发生变化。同时，通过对影响的理解，我们讨论如何通过形式的逻辑演算，预测主体认知态度未来的发展变化趋势。我们着重讨论阈值模型的两个特例，并进行推理的演示。此外，还在这两种社会影响的背景下提出两个稳定性的概念，并与社会网络中主体的行为变化联系起来。

第 5 章给出关于社会影响的定量表征模型，将主体间的社会关系用信任矩阵表示。给定一个命题和群体中各主体对该命题的信念，通过对信任的考虑，主体会更新自己的信念。群体信念的状态变化可以用马尔科夫链表示。于是，我们可以观察群体的信念变化趋势。这一章回答的一个重要问题是：一个群体内部主体之间在相互影响的情况下，她们的信念在什么情况下趋于共识？我们找到社会结构的性质特征与群体达成共识之间的联系。此外，建立在动态的社会影响下的信念修正的基础上，给出一个群体潜在信念的新概念，这对于理解群体的认知态度具有重要的理论意义。

第 6 章是直接扩展经典的认知逻辑，添加刻画社会关系的新算子，给出新的"认知友谊逻辑"。这个逻辑的语义是二维的，一方面是关于主体的认知，另一方面是关于主体的社会关系。利用这个新的逻辑语言，我们可以讨论关于社会关系的知识等新的问题。而且，可以研究具有社会关系的主体进行信息交互的情境，如，问问题或社会宣告。因为引入社会关系，我们可以在语言中描述听到宣告的群体，描述中可以包含索引词，这样就可以对社会交流的一些细微方面做出更为细致的逻辑刻画。这就构成了动态的认知友谊逻辑。将朋友关系作为这一章主要的一种社会关系来研究，但是这里给出的逻辑更为一般，类似的方法可以研究其他的社会关系。特别地，在这个形式语言中，公共知识的概念变得十分有趣，可以在不同的层面上讨论。

第 7 章从定性的视角研究主体间的信任关系。主要考虑主体如何整合不同信息来源的证据，更新自己的信念。根据对证据的要求，主体被划分为不同的类型，其动态更新也遵循自己那种类型的更新机制。这里，社会关系在两个层面上体现：第一，主体之间有信任的关系，逻辑语言中引入新的信任算子；第二，主体考虑到证据的信息来源，与其他主体之间的关系影响到她对证据强弱的判断。可以说，这一章的结果是对动态认知逻辑在证据和信任两个方向上的扩展，通过更丰富的语言研究关于证据的推理。

第 8 章开始从博弈的视角研究多主体之间带有策略性的交互。模态逻辑语义是可能世界语义学，它与图之间的关系十分密切。社会网络通常使用图来表示。例如，图中主体可以从一个节点移动到另一个节点，一个主体可以通过切断节点之间的连线阻止对方到达图博弈的某个目标区域，这是著名的"蓄意破坏博弈"。使用模态逻辑的方法研究这样的图博弈是十分自然的事情。我们论证，思考图博弈与模态逻辑是一个平行的过程，一方面，根据图博弈的具体情境可以给出新的模态逻辑，另一方面，模态逻辑的一些结果能够帮助我们设计更有趣的图博弈。我们给出了图博弈可能的设计参数，即，通过改变这些参数，得到不同的博弈。当然，也对应得到不同的模态逻辑。我们倡导从现实的博弈出发，用形式语言对博弈进行形式表示，在此基础上研究关于玩家思维的推理和逻辑性质。

第 9 章可以看作图博弈研究的一个例示。以捉迷藏的实际博弈为例，引入二维的模态模型，同时在语言中引入一个常元表示搜寻者和躲藏者相遇，此时，搜寻者赢得博弈。在图模型上，两个主体分别在自己的空间移动，可能相遇在一个点上。博弈是一种典型的社会互动，两个玩家在博弈期间具有固定的社会关系，按照博弈的规则展开游戏，决定输赢。这一章主要给出一个新逻辑，刻画捉迷藏游戏，并给出该逻辑的性质，特别是关于语言表达力和关于可满足性的不可判定性的结果。对博弈进行逻辑研究的意义在于，给定目标、行为规则的条件下，我们可以研究主体的策略行为和推理的规律。

第 10 章是对理性概念的反思。从回顾逻辑学的历史看计算的理性，特别是计算机和人工智能中对计算理性的实践。我们接着讨论关于主体的两种理性概念——高等理性和低等理性，对应本书前面部分的两种研究径路。事实上，一个真正理性的人是能够灵活运用上面提到的这两种理性的。基于大数据的机器学习和概率，以及基于知识表征的逻辑推理，似乎正是这两种理性的体现。

第 11 章是社会网络逻辑的简史。基于笔者近期发表在《亚洲研究》上的一篇英文论文改写而成，概述了过去十年社会认知逻辑的发生与发展，特别是中国学者们在这个领域的学术贡献，而且强调中外学者国际合作的重要性。这个历史有利于读者看清楚本书各个章节所研究的问题之间的历史联系。

本书最后是附录，包括书中用到的一些简写符号、专业术语和外国学者名字的中英文对照表。在正文中，我尽量避免使用"汉语翻译（英文原文）"的做法，以增加可读性。但是汉语翻译及其原文对照在附录中很容易查到。

总的来看，第 2 部分主要研究在社会影响下的信念修正，注重研究主体之间的相互影响，使用定量的方法，注重研究主体信念变化的历时性、收敛性等问题。这与我们通常所熟悉的逻辑学方法有所区别，这里称为基于进化理性的方法。

第 3 部分则是使用形式化方法，在语言中直接添加社会关系、证据、信任的算子等，研究这样的概念的逻辑性质和推理规律。在可能的情况下，给出完全的公理化系统。这是基于审思理性的逻辑研究方法，是传统的逻辑研究径路。

第 4 部分是以博弈为动因，研究博弈中玩家之间的互动。将玩家看作社会网络中的主体，她们之间的互动则表示为图上面的移动，允许玩家对图进行动态改变。从理性概念的角度来看，整个博弈论和博弈逻辑的理性是基于审思的理性概念。

第 5 部分是反思。针对理性概念本身，我们讨论本书的研究方法处在理性哲学的什么位置，探讨逻辑学本身的功能，与计算机科学、人工智能学科之间的联系，特别是当下逻辑哲学面临的新挑战。此外，还从历史的视角审视社会认知逻辑发展的十年历史，回顾思想汇聚和发展的过程，以更好地面对未来。

# 参 考 文 献

[1] Carlos Alchourrón, Peter Gärdenfors, and David Makinson. On the logic of theory change: Partial meet contraction and revision functions. *Journal of Symbolic Logic*, 50:510–530, 1985.

[2] Kenneth Arrow. *Social Choice and Individual Values*. New York: Wiley, 1963.

[3] Michael E. Bratman. *Intention, Plans, and Practical Reason*. Stanford, CA: CSLI Publications, 1987.

[4] Michael E. Bratman. *Shared Agency: A Planning Theory of Acting Together*. Oxford: Oxford University Press, 2014.

[5] Michael E. Bratman. *Planning, Time, and Self-Governance*. Oxford: Oxford University Press, 2018.

[6] Philip R. Cohen and Hector J. Levesque. Intention is choice with commitment. *Artificial Intelligence*, 42:213–361, 1990.

[7] Pedro M. Domingos and Matthew Richardson. Mining the network value of customers. In *Proceedings of the 7th International Conference on Knowledge Discovery and Data Mining*, pages 57–66. ACM Press, 2002.

[8] John R. French. A formal theory of social power. *Psychological Review*, 63(3):181–194, 1956.

[9] Jaakko Hinttika. *Knowledge and Belief*. Ithaca: Cornell University Press, 1962.

[10] David Kempe, Jon Kleinberg, and Éva Tardos. Maximizing the spread of influence through a social network. In *Proceedings of the 9th ACM SIGKDD International Conference on Knowledge Discovery and Data Mining*, pages 137–146. *ACM Press*, 2003.

[11] Brian Skyrms. *Evolution of the Social Contract*. Cambrdige: Cambridge University Press, 2014.

[12] Brian Skyrms. *Social Dynamics*. Oxford: Oxford University Press, 2014.

[13] Michael Wooldridge. *Reasoning about Rational Agents*. Cambridge, MA: The MIT Press, 2000.

# 第2章　知识和信念的逻辑

认知逻辑是研究关于知识推理的逻辑，至今已经有 60 多年的发展历史。在 20 世纪 50 年代和 60 年代，哲学家、逻辑学家开始利用逻辑学的形式语言对知识的概念和推理进行表征与分析。其中，最有影响力的工作是辛提卡的《知识和信念》（*Knowledge and Belief*，文献 [9]），这是第一部系统研究知识和信念的逻辑学著作。辛提卡给出了刻画知识和信念的形式语言和语义，标志着认知逻辑的诞生。当时正值模态逻辑和可能世界语义学的迅速发展时期，利用模态逻辑的方法探讨哲学中的重要概念是非常有开创性的工作。同一时期，冯瑞赫特也在使用模态逻辑的方法研究道义和规范的概念，提出了道义逻辑，参见文献 [29], [30]。

20 世纪 70 年代开始，关于知识和信念推理的关注遍及不同的领域，经济学、语言学、人工智能和理论计算机科学的研究者对认知概念产生浓厚的兴趣。但是，与 50 年代和 60 年代不同，他们的关注视角发生了很大的变化。他们讨论更多的是知识、信念和行为之间的关系，而且往往在实际应用的背景之下思考问题。在人工智能和计算机科学中，对机器人设计不可回避的问题是：一个机器人为了完成一项任务需要知道什么？它知不知道自己知道某件事情？拥有多少知识它才会做某件事情？在经济学中，一个理性主体如何根据已有的信息做出投资的决定？她知不知道其他主体的知识？处理数据库时，当一个数据库对一个问题回答"我不知道"时，这里的"知道"该如何理解？我们注意到，这些研究有两个突出的特征。

第一，关注的是多主体的情境而不是单主体。我们知道，历史上哲学家们分析知识属性和关于知识推理的时候，倾向于思考单主体的情形。但是，要研究主体之间的互动和交流、计算机的分布式系统和不同系统之间的信息传输，关键的问题在于研究主体之间的交互机制，以及主体认知状态的变化。由此也自然引出第二个特征。

第二，思考知识和信念往往与主体的认知变化和行为联系在一起。也就是说，从关注静态知识的性质转向了主体的动态认知变化，以及知识与主体行为之间的关系。这就是 20 世纪 80 年代著名的动态转向。

关于新信息引发的主体的知识和信念变化，进一步得到逻辑学家们的研究，出现了很多高质量的成果。关于信念修正，最为著名的是 AGM 理论（文献 [1]）。该理论给出了主体接受新信息进行信念修正、始终保持一致性的逻辑公理。20 世纪 90 年代开始发展起来的动态认知逻辑是阿姆斯特丹学派的代表性工作，由最初的赫布兰迪具有开创性的博士论文（文献 [7]），到最新的几本重量级专著——《动态认知逻辑》（*Dynamic Epistemic Logic*, 文献 [27]）、《信息与交互的动态逻辑》（*Logical Dynamics of Information and Interaction*, 文献 [25]），该学派对信息交互带来的认知更新做了系统而深入的研究，形成了特点十分鲜明的一种形式化方法。事实上，动态认知逻辑的方法论已经被用来研究其他的认知态度的动态变化。譬如，关于意向性的动态变化，参见罗伊的博士论文（文献 [18]）；关于偏好的动态偏好的逻辑，参见拙著《关于偏好动态的推理》（*Reasoning about Preference Dynamics*, 文献 [13], 收录于文献 [34]）。

在计算机研究领域，关于主体、机器人、知识库、分布式系统的理论问题的思考十分自然地与认知逻辑的发展联系起来，不少计算机科学家也在认知逻辑领域做出了重要的贡献。1995 年出版的《关于知识的推理》（*Reasoning about Knowledge*, 文献 [6]）就是一个典型的例子。该书系统介绍了多主体认知逻辑，及其在分布式系统、人工智能、博弈论中的运用。书中对公共知识、分布式知识等概念也做了非常深入的讨论和分析。同一年出版的另一著作《人工智能和计算机科学中的认知逻辑》（*Epistemic Logic for Computer Science and Artificial Intelligence*，文献 [10]）则是基于对知识和信念的不同理解给出了不同的认知逻辑系统，两位作者还吸收了缺省逻辑等非单调逻辑的一些最新成果，提出了认知缺省逻辑。在认知逻辑领域，最新的著作是 2015 年出版的《认知逻辑手册》（*Handbook of Epistemic Logic*, 文献 [26]），该手册共 12 章，涉及觉知、知识和时间、认知逻辑模型检测等很多方面，是研究认知逻辑不可或缺的一本参考书。

在国内，马希文从 20 世纪 80 年代开始对认知逻辑展开研究，介绍最新的研究成果和逻辑系统。他的学生周昌乐著有《认知逻辑导论》（文献 [35]）。范丙申（又译

范本特姆）关于动态认知逻辑的最新论文被陆续翻译成中文，在《逻辑之门》（文献
[36]）系列丛书中出版。受到阿姆斯特丹学派的影响，近 20 年里出现了不少新的研
究。郭美云的博士论文（文献 [37]）介绍并研究了动态认知逻辑的最新发展，特别是
带群体知识的逻辑和推理。王轶在其系列论文中对包含分布式知识算子的公开宣告逻
辑进行系统的探讨，研究其表达力和复杂性的问题（参见文献 [33]），使用子集空间
语义研究群体知识及其动态变化的逻辑（文献 [32]）。与"知道什么"的传统认知逻
辑不同，王彦晶研究"知道如何"等认知算子，给出系列的新结果（例如文献 [31]）。
石辰威 2018 年的博士论文（文献 [19]）引入形式论证理论，划分了不同层面的信念
概念。另外，他基于主体信念的量化更新模型，给出了潜在群体信念的新逻辑，参见
文献 [20]。涉及群体认知更多的研究成果，我们将在后面的章节中继续介绍。

下面的小节重点介绍本书后面章节所需要的背景知识。我们会给出认知逻辑、
动态认知逻辑、关于信念的逻辑及其动态理论，定义几个群体知识的概念，还会介
绍混合逻辑最基本的内容。

## 2.1　认　知　逻　辑

我们给出认知逻辑的语言、语义、公理化系统等。

**定义 1（认知逻辑的语言）**　令 $P$ 是原子命题的集合，$A$ 是主体的集合。$p$ 是
任意的原子命题，$a$ 是任意的主体。多主体的认知逻辑的基本语言 $L$ 由下面的规
则定义：

$$\phi ::= p \mid \neg\phi \mid (\phi \wedge \phi) \mid K_a\phi$$

这个定义说的是，原子公式是认知逻辑的合式公式。并且，我们还可以从简单
的公式利用否定符"$\neg$"、合取符"$\wedge$"以及知道算子"$K_a$"构造复杂的公式。公式
$K_a$ 被解释为"主体 $a$ 知道"。注意，认知逻辑的语言是命题逻辑语言的一个扩展。
即，对每个主体 $a$ 而言，我们加入了新的一元算子 $K_a$。当然，这里所说的主体可
以是人，可以是机器人，可以是博弈中的玩家，也可以仅仅只是一个程序。另外，
按照习惯，我们遵循逻辑中基本算子之间的相互定义或简化的规定。换句话说，有
了否定符和合取符，我们可以定义其他的逻辑联结符，如下：

1. $(\phi \vee \psi) := \neg(\neg\phi \wedge \neg\psi)$

2. $(\phi \rightarrow \psi) := \neg(\phi \wedge \neg\psi)$

3. $(\phi \leftrightarrow \psi) := ((\phi \rightarrow \psi) \wedge (\psi \rightarrow \phi))$

4. $\langle K_a \rangle \phi := \neg K_a \neg \phi$

$\langle K_a \rangle$ 是算子 $K_a$ 的对偶。在不引起歧义的时候，我们会省略公式最外层的括号。

熟悉模态逻辑的读者，应该立即能够看到认知逻辑语言与模态语言的类似之处。$K_a\phi$ 就是模态 □-形式的算子，$\langle K_a \rangle$ 则是模态 ◇-形式的算子。

有了认知逻辑的形式语言，我们可以用它描述现实生活中包含认知推理的情境。

（i）小王知道小李知道这个问题有解：$K_a K_b p$,

（ii）小王认为小李可能知道这个问题有解：$K_a \langle K_b \rangle p$,

（iii）小王知道这个办法是不是小张提出来的：$K_a q \vee K_a \neg q$,

（iv）如果小王知道小李知道这个问题有解，他知道小张不知道：$K_a K_b p \rightarrow K_a \neg K_c p$。

注意，跟命题逻辑类似，针对每个自然语言的句子，我们需要首先确定原子句的部分，之后再形式化逻辑联结词和认知态度的部分。关于知识的推理与关于行为的推理密切联系在一起，我们会在后面引入动态逻辑来刻画行为，研究知识和行为之间的关系。

以下给出认知逻辑的语义，对上面的形式语言做解释。

**定义 2（认知逻辑的模型）**　给定可数的原子命题集 $P$ 和有穷的主体集 $A$，一个克里普克模型 $\mathfrak{M} = (S, \{\sim_a | a \in A\}, V)$，其中

（a）$S$ 是可能世界（或可能状态）的集合；

（b）对每个主体 $a \in A$，都有一个认知可及关系 $\sim_a$ 连接 $s$ 到所有她不能区分的可能世界；

（c）$V$ 是赋值函数：$P \rightarrow \mathcal{P}(S)$，其中，$\mathcal{P}(S)$ 是 $S$ 的幂集，$V(p)$ 是 $p$ 为真的所有世界的集合。

这个模型实质上是模态逻辑的可能世界语义模型，也叫作克里普克语义模型。

当然，在认知逻辑的语境下，可能世界是与主体认知能力相关的，本书会将其称为认知状态。上下文清楚的情况下，我们有时会把模型记作 $\mathfrak{M} = (S, \sim_a, V)$。

没有赋值函数的部分 $\mathfrak{F} = (S, \sim_a)$ 通常称为框架。因为赋值函数可以有很多，所以基于同一个框架的模型也可能有很多。我们定义有效性概念的时候将会用到框架的概念。

一旦给定了模型，我们就可以给出任意一个公式在模型的某个世界上为真的条件了。

**定义 3（真值条件）**　给定一个模型 $\mathfrak{M}$ 和一个状态 $s \in S$，以下递归定义一个公式在 $\mathfrak{M}, s$ 上是真的：

$$
\begin{aligned}
&\mathfrak{M}, s \models p && \text{当且仅当} && s \in V(p), \\
&\mathfrak{M}, s \models \neg\phi && \text{当且仅当} && \text{并非 } \mathfrak{M}, s \models \phi, \\
&\mathfrak{M}, s \models \phi \wedge \psi && \text{当且仅当} && \mathfrak{M}, s \models \phi \text{ 并且 } \mathfrak{M}, s \models \psi, \\
&\mathfrak{M}, s \models K_a\phi && \text{当且仅当} && \text{所有的 } t, \text{ 若 } s \sim_a t, \text{ 则 } \mathfrak{M}, t \models \phi.
\end{aligned}
$$

**定义 4（模型上普遍为真）**　若一个公式 $\phi$ 在模型 $\mathfrak{M}$ 的所有世界上都为真，我们称该公式在模型 $\mathfrak{M}$ 上是普遍为真的。若模型中有一些世界使得公式 $\phi$ 为真，我们称该公式在模型上是可满足的。

一个公式集 $\Sigma$ 在一个模型 $\mathfrak{M}$ 的所有世界上为真，我们称该公式集在模型 $\mathfrak{M}$ 上是普遍为真的。公式集的可满足性也可做出类似的定义。

接下来我们定义有效性。

**定义 5（有效性）**　若一个公式 $\phi$ 在基于框架 $\mathfrak{F}$ 的任意模型中的世界 $s$ 上都是真的，我们称公式 $\phi$ 在框架 $\mathfrak{F}$ 的世界 $s$ 上是有效的，记作 $\mathfrak{F}, s \models \phi$。若公式 $\phi$ 在框架 $\mathfrak{F}$ 的任意世界上是有效的，我们称公式 $\phi$ 在框架 $\mathfrak{F}$ 上是有效的，记作 $\mathfrak{F} \models \phi$。若一个公式在框架类 F 中的任一框架 $\mathfrak{F}$ 上是有效的，则公式在该框架类上是有效的，记作 $\mathsf{F} \models \phi$。若一个公式在所有框架类上都是有效的，我们称该公式是有效的，记作 $\models \phi$。

当一个公式集在一框架类 F 上是有效的，我们称它是该框架类的逻辑，记作 $\Lambda_{\mathsf{F}}$。

在任意的框架类上有效的公式构成了模态逻辑 **K**，通常被称为最小的正规模态逻辑，其希尔伯特的公理化系统定义如下：

**定义 6（公理系统 K）**　认知逻辑 **K** 由下面的公理和推理规则构成：

（1）所有命题逻辑重言式的特例；

（2）$K_a(\phi \to \psi) \to (K_a\phi \to K_a\psi)$，

– 分离规则 $(MP)$：从 $\vdash \phi \to \psi$ 和 $\vdash \phi$，推出 $\vdash \psi$，

– 必然化规则 $(Nec)$：从 $\vdash \phi$，推出 $\vdash K_a\phi$。

上面的公理（2）说的是，如果一个主体知道一个蕴涵式，并且她知道蕴涵式的前件，那么她也知道蕴涵式的后件。关于这个公理存在不少争论，有人认为它是导致臭名昭著的"逻辑全知问题"的罪魁祸首。认知逻辑与"全知问题"是一个认知逻辑中重要研究领域，感兴趣的读者可以参考最新的论文 [8]。

**K** 之所以被称为是最小的正规模态逻辑，因为它是关于框架类推理的正规系统中最弱的系统。通过添加其他的公理，我们可以获得其他更强的模态逻辑系统。

根据框架中可及关系所满足的性质，我们可以定义框架类。满足自反性的框架构成自反框架类，满足传递性的框架构成传递框架类。这些性质对应认知逻辑语言中的公式。在认知逻辑的讨论中，我们最关心的是认知主体的以下性质：

（T）　　事实性　　　　$K_a\phi \to \phi$

（4）　　正自省性　　　$K_a\phi \to K_aK_a\phi$

（5）　　负自省性　　　$\neg K_a\phi \to K_a\neg K_a\phi$

正如以上的术语表明的那样，关于知识的第一个性质说的是，知识是事实；若一个主体知道她知道，这是正自省能力；若一个主体知道她不知道，这是负自省能力。

在系统 **K** 的基础上添加（T）和（4），得到公理系统 **S4**；添加以上三条性质作为公理，我们就得到公理系统 **S5**。这里值得讨论的问题是，刻画一个主体的认知，使用 **S5** 系统是不是合适？有的学者认为使用 **S4** 系统更合适，负自省的能力要求太强。若顺着这样的思路考虑，**S4** 也可能太强，因为毕竟正自省的能力也不是人人都有的。关于公理选择的讨论隐含下面一个更为一般的问题：在哲学上我们讨论主体的时候，应该做什么样的假设？我们应该只关注理想的主体，而忽视那

些现实的主体吗?如何理解现实主体的多样性问题?这些问题来源于认知逻辑研究领域,却具有重要的哲学意义。笔者曾经就主体的多样性、主体的类型等问题进行了研究和讨论,具体细节参见文献 [12] 和 [14]。

大多数研究者通常将 **S5** 作为知识的经典逻辑。本书将沿袭这一做法,后面的章节中会引入关于证据、社会关系等算子进一步扩展认知逻辑。

一个公理系统的可靠性和完全性的定义,我们预设读者知道。满足自反性、传递性和对称性的框架类称为等价的框架类。下面是几条关于公理系统 **S5** 的元定理。

**定理 1**　公理系统 **S5** 对于等价的框架类而言既是可靠的,又是完全的。

**定理 2**　公理系统 **S5** 具有有穷模型性。即,任意的公式 $\phi$ 是可满足的,当且仅当,$\phi$ 在一个有穷模型上是可满足的。

**定理 3**　**S5** 的可满足性问题是可判定的。即,对任意的 **S5**-模型 $\mathfrak{M}$,对任意的公式 $\phi$,存在一个判定程序,在有穷的时间里可以确定 $\phi$ 在 $\mathfrak{M}$ 中是不是可满足的。

以上这些定理的证明与模态逻辑中的证明没有实质的区别,感兴趣的读者可以参考文献 [4] 或 [24] 中的证明细节。

下面我们考虑模态逻辑的一点模型论,引入一个重要的概念"互模拟"。当我们考虑两个认知模型之间的关系、认知语言相对于认知模型的表达力时,这个概念将会扮演重要角色。类似于一阶逻辑的同构概念,模态或认知逻辑中的互模拟概念是用来描述两个模型的关系,同时也给出了模态语言的局限性。换句话说,使用模态语言我们无法区分两个互模拟的可能世界语义模型。引入互模拟之前,让我们先给出另一个关键概念。

**定义 7(认知等价)**　给定两个认知逻辑的模型 $\mathfrak{M}$ 和 $\mathfrak{M}'$,若 $s$ 和 $s'$ 满足相同的认知公式集,我们说它们是认知等价的,记作 $s \longleftrightarrow s'$。

**定义 8(互模拟)**　设 $\mathfrak{M} = (S, \sim_a, V)$,$\mathfrak{M}' = (S', \sim'_a, V')$ 为两个认知模型。我们称一个非空的二元关系 $Z \subseteq S \times S'$ 是两个模型之间的互模拟(记作 $Z: \mathfrak{M} \underline{\leftrightarrow} \mathfrak{M}'$),若下面的条件成立:

（1）若 $sZs'$，$s, s'$ 满足相同的命题变元；

（2）如果 $sZs'$ 并且 $s \sim_a t$，那么 $\mathfrak{M}'$ 中存在 $t'$ 满足 $s' \sim_a t'$ 并且 $tZt'$；

（3）如果 $sZs'$ 并且 $s' \sim_a t'$，那么 $\mathfrak{M}$ 中存在 $t$ 满足 $s \sim_a t$ 并且 $tZt'$。

当 $Z$ 是连接 $\mathfrak{M}$ 中的 $s$ 和 $\mathfrak{M}'$ 中的 $s'$ 互模拟时，我们说 $s$ 和 $s'$ 互模拟，记作 $\mathfrak{M}, s \underline{\leftrightarrow} \mathfrak{M}', s'$。当上下文清楚时，简写为 $s \underline{\leftrightarrow} s'$。

对每一模型 $(\mathfrak{M}, s)$，总存在一个最小的互模拟模型 $(\mathfrak{N}, s)$，即它的"互模拟收缩"。后者是 $(\mathfrak{M}, s)$ 中认知信息的最简单的表达。换句话说，给定一个模型，我们可以通过找到它的互模拟收缩模型对其进行简化。

以下关于互模拟的一个性质，容易通过对公式结构的递归证明得到。

**命题 1（互模拟的不变性）**　对两个模型 $\mathfrak{M}, \mathfrak{M}'$ 之间的任一互模拟关系 $Z$，$sZt$，则 $s, t$ 在认知上是等价的。

那么，反过来，认知上等价是否蕴涵互模拟？对于认知逻辑而言，模态逻辑中经典的结果轩尼诗-米尔纳定理同样适用。为此，我们需要定义"像有穷"的模型。一个模型 $\mathfrak{M}$ 是像有穷的，如果对 $\mathfrak{M}$ 中的每个状态 $s$，每个关系 $\sim_a$，集合 $\{t \mid s \sim_a t\}$ 是有穷的。

**定理 4**　设 $\mathfrak{M} = (S, \sim_a, V)$，$\mathfrak{M}' = (S', \sim'_a, V')$ 为两个像有穷的认知模型，对任意 $s \in S$，$s' \in S'$，有 $s \underline{\leftrightarrow} s'$ 当且仅当 $s \longleftrightarrow s'$。

该定理的证明中最主要的想法是将认知等价关系直接定义为互模拟。细节可以参考 [4]。

以上介绍了认知逻辑，它在技术上与基本模态逻辑类似。$K_a \phi$ 与 $\langle K_a \rangle \phi$ 分别对应模态的必然算子和可能算子。模态逻辑的一个重要特征是局部性，意思是，一个公式是否为真，我们站在某个世界上谈，相关的依据是与当前世界有关（可及）的世界的信息。这样的视角不同于其他逻辑的全局性。例如，一阶逻辑中的量化算子是全局性的，它是对论域的任何对象而言的。在我们研究问题的时候，事实上既需要局部的视角，也需要全局的视角。在模态逻辑中，通过添加全局算子 $A$ 来扩展基本模态语言，达到此目的。以下是对该算子的解释：

$$\mathfrak{M}, s \models A\phi \quad \text{当且仅当} \quad \text{所有的 } t, \mathfrak{M}, t \models \phi。$$

注意，定义中的 $t$ 可能与当前世界 $s$ 没有任何认知可及关系。算子 $A$ 的对偶一般记作 $E$。在本书后面的章节的研究中，我们常常会使用如此扩展后的模态语言。

## 2.2 动态认知逻辑

动态认知逻辑（DEL），顾名思义，是对于认知逻辑的动态扩展。要对信息引发的知识更新和信息修正进行推理，一种做法就是在经典的认知逻辑中添加新的动态算子，用来表示信息的交流行为。最简单的此类逻辑是所谓的"公开宣告逻辑"（PAL）。再次考虑下面的简单例子：

**例 1**　一位游客模样的人走在清华校园里，
他问：请问这是去往二校门的路吗？
我回答：是的。

这是两个主体之间的一个信息交互，问问题的人的认知状态从"不知道"转变为"知道"。用逻辑的术语表示，回答问题的人其实是做了一个公开宣告。用上一节中引进的认知逻辑模型，我们可以将问问题的主体的认知状态变化用图 2.1 表示：

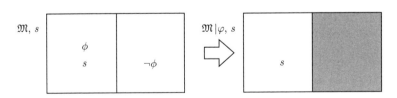

图 2.1　模型更新

这里我们用 $\phi$ 表示宣告。真命题 $\phi$ 的公开宣告会更新原来的模型。形式地说，模型从 $\mathfrak{M}$ 变化到其子模型 $\mathfrak{M}|\phi$。

下面我们引入公开宣告逻辑的语言。

**定义 9（语言）**　公开宣告逻辑的语言是在认知语言中增添宣告行为模态词，

定义如下：

$$\phi ::= p \mid \neg\phi \mid (\phi \wedge \phi) \mid K_a\phi \mid [!\phi]\phi$$

与经典认知逻辑相比较，唯一的新元素就是宣告的部分。形如 $[!\phi]\psi$ 的公式通常读作"公开宣告 $\phi$ 之后，$\psi$ 成立"。$[!\phi]$ 是一个动态算子，它的对偶，我们记作 $\langle!\phi\rangle$。

**定义 10（真值条件）**    给定一个模型 $\mathfrak{M}$ 和一个状态 $s \in S$，我们递归定义一个公开宣告逻辑的公式在 $\mathfrak{M}, s$ 上是真的：

$\mathfrak{M}, s \models p$    当且仅当    $s \in V(p)$,

$\mathfrak{M}, s \models \neg\phi$    当且仅当    并非 $\mathfrak{M}, s \models \phi$,

$\mathfrak{M}, s \models \phi \wedge \psi$    当且仅当    $\mathfrak{M}, s \models \phi$ 并且 $\mathfrak{M}, s \models \psi$,

$\mathfrak{M}, s \models K_a\phi$    当且仅当    所有的 $t$，若 $s \sim_a t$，则 $\mathfrak{M}, t \models \phi$,

$\mathfrak{M}, s \models [!\phi]\psi$    当且仅当    若 $\mathfrak{M}, s \models \phi$ 则 $\mathfrak{M}|\phi, s \models \psi$。

其中，$\mathfrak{M}|\phi = (S', \sim_a', V')$ 如下定义：

$$S' = [\![\phi]\!]_{\mathfrak{M}}$$

$$\sim_a' = \sim_a \cap ([\![\phi]\!]_{\mathfrak{M}} \times [\![\phi]\!]_{\mathfrak{M}})$$

$$V' = V \cap [\![\phi]\!]_{\mathfrak{M}}$$

这里，$[\![\phi]\!]_{\mathfrak{M}}$ 表示 $\phi$ 为真的世界的集合。对偶形式的公开宣告公式的解释定义如下：

$\mathfrak{M}, s \models \langle!\phi\rangle\psi$    当且仅当    $\mathfrak{M}, s \models \phi$ 并且 $\mathfrak{M}|\phi, s \models \psi$。

**定义 11（公开宣告逻辑）**    公开宣告逻辑 PAL 由下面的公理和推理规则构成：

(1) 所有命题逻辑重言式的特例，

(2) $K_a(\phi \rightarrow \psi) \rightarrow (K_a\phi \rightarrow K_a\psi)$,

(3) $K_a\phi \rightarrow \phi$,

(4) $K_a\phi \rightarrow K_aK_a\phi$,

(5) $\neg K_a\phi \rightarrow K_a\neg K_a\phi$,

(6) $[!\phi]p \leftrightarrow (\phi \rightarrow p)$,

(7) $[!\phi]\neg\psi \leftrightarrow (\phi \to \neg[!\phi]\psi)$,

(8) $[!\phi](\psi \wedge \chi) \leftrightarrow ([!\phi]\psi \wedge [!\phi]\chi)$,

(9) $[!\phi]K_a\psi \leftrightarrow (\phi \to K_a[!\phi]\psi)$,

– 分离规则 $(MP)$：从 $\vdash \phi \to \psi$ 和 $\vdash \phi$，推出 $\vdash \psi$，

– $K_a$-必然化规则 $(K_a\text{-}Nec)$：从 $\vdash \phi$，推出 $\vdash K_a\phi$，

– $[!\psi]$-必然化规则 $([\psi]\text{-}Nec)$：从 $\vdash \phi$，推出 $\vdash [!\psi]\phi$。

以上的公理系统中，需要注意的是公理（6）～（9）。它们一般被称为"归约公理"。公开宣告 $[!\phi]$ 之后的部分是递归定义的，从简单的原子命题到认知算子 $K_a$。整体来看，归约公理有一个共同的特征，由"$\leftrightarrow$"联结，它们是等价式。公理（6）直观上说，公开宣告不会改变原子命题的真值情况，而且，左边的动态公式被归约到静态的语言中了。换句话说，动态的"归约公理"将我们的公开宣告逻辑语言中的每一个公式逐步化归为只包含静态的纯认知语言的等价公式。就模型而言，这意味着当前的静态模型已经包含了主体交流、知识发生变化的所有信息。这个特征对静态的基本语言有所限制：该语言必须够丰富，足以进行预编码。用一个口号来讲，就是："目前的认知状态已经包含了未来的认知。"

**定理 5**　公开宣告逻辑 PAL 是可靠的，也是完全的。

就逻辑而言，归约程序意味着 PAL 是可判定的，因为静态认知的基本语言是可判定的。关于 PAL 的模型理论、表达力和计算复杂性等问题，读者可以参考文献 [7], [16], [25] 等工作。下面我们只给出几个在该逻辑中有效的原则。

**定理 6**　下面的公式是有效的。

(1) $(\phi \to [!\phi]\psi) \leftrightarrow [!\phi]\psi$,

(2) $[!\phi](\psi \to \chi) \leftrightarrow ([!\phi]\psi \to [!\phi]\chi)$,

(3) $\langle!\phi\rangle\psi \to [!\phi]\psi$,

(4) $[!\phi][!\psi]\chi \leftrightarrow [!\phi \wedge [!\phi]\psi]\chi$.

使用语义的定义，可以证明以上公式的有效性。（1）意味着宣告是部分函数，即，需要满足被宣告的命题 $\phi$ 为真的条件。换句话说，$\langle\phi\rangle\top$ 不是有效的。（2）说

的是，公开宣告算子对蕴涵是分配的。（3）意味着公开宣告具有函数性。即，若公开宣告可以被执行，则只有一种执行方式。（4）说的是，连续的两个公开宣告可以转换为一个宣告。

以上介绍的是动态认知逻辑的一个简单特例：公开宣告逻辑。这里只有一个动态算子，就是公开宣告。在语义上看，主体的不确定性在新信息被宣告后得以消除，主体从无知达到拥有知识的状态。就公开宣告这一行为本身而言，没有关于它的任何认知不确定性。动态认知逻辑正是在这一点上进行扩展：引入行为模型，行为之间也有认知的不确定关系。换句话说，一个主体可能不确定发生了什么事情。这时，主体的认知更新需要把主体的认知模型与行为模型做乘积，形成新的乘积模型，再定义乘积模型中的认知关系。这里不做进一步的阐述，读者可以参考文献 [3], [27] 等论著中的介绍。

## 2.3　信念逻辑

这一节我们引入信念逻辑，用信念算子 $B_a\phi$ 表达主体 $a$ 相信 $\phi$。熟悉西方哲学史的读者立即会想到柏拉图关于知识与信念之间关系的探讨，"知识是核证的真信念"。这里出现了核证、真等概念，也说明了知识与信念两个概念是有重要区别的。

首先，信念最大的特点是主体相信的命题可以是假的，不是客观的事实，信念没有对核证的严格要求。换句话说，上面提到的公理模式 T：$B_a\phi \to \phi$ 不成立。一个人信念的形成受到教育、成长环境等因素的影响，她所相信的命题完全有可能被证明是假的。

其次，主体的信念需要具有一致性。尽管一个人相信的命题可能最后被证明为假，但是信念需要具备内部一致性的性质。即，T 被更弱的公理 D：$\neg B_a\bot$ 所取代。就主体自身而言，她不会相信一个自相矛盾的错误命题。与这个公理等价的形式是 D′：$B_a\phi \to \neg B_a\neg\phi$。它说的是，若主体相信 $\phi$，她不能同时相信 $\phi$ 的否定。

同样，我们可以给出可能世界的语义模型，对信念算子进行解释如下：

$$\mathfrak{M}, s \models B_a\phi \quad \text{当且仅当} \quad \text{所有的 } t,\ \text{若 } s \sim_a t,\ \text{则 } \mathfrak{M}, t \models \phi.$$

解释信念的模型一般基于 KD45-框架类，即，可能世界之间的可及关系满足 K、D、4、5 公理所表达的性质。下一节介绍信念动态变化的理论时，我们还将会给出基于合理性排序的可能世界模型，对信念的概念做更为细致的刻画。

**定义 12（公理系统 KD45 ）** 信念逻辑 **KD45** 由下面的公理和推理规则构成：

（1）所有命题逻辑重言式的特例，

（2）$B_a(\phi \to \psi) \to (B_a\phi \to B_a\psi)$，

（3）$\neg B_a\bot$，

（4）$B_a\phi \to B_aB_a\phi$，

（5）$\neg B_a\phi \to B_a\neg B_a\phi$，

– 分离规则 $(MP)$：从 $\vdash \phi \to \psi$ 和 $\vdash \phi$，推出 $\vdash \psi$，

– 必然化规则 $(B_a\text{-}Nec)$：从 $\vdash \phi$，推出 $\vdash B_a\phi$。

**定理 7** 公理系统 **KD45** 对于 $KD45$-框架类是可靠的，也是完全的。

当我们同时考虑包含知识和信念两个算子的系统时，$K_a\phi \to B_a\phi$ 是刻画二者之间关系的一个基本原则。本书后面的一些章节会继续讨论包含这两个算子的逻辑语言和系统。

# 2.4  信念修正理论

信念的状态不是一成不变的，会随着新信息的获取而发生改变。主体接受新信息、修正自己的信念有什么规律可依呢？信念修正理论提供了一般的原则。下面介绍两种形式化理论，一种是著名的 AGM 信念修正理论，另一种是在动态认知逻辑方法论下的信念修正理论。在后面的章节，我们会根据需要灵活选用这两种理论。

**AGM 理论**

AGM 三个英文字母是三位外国学者姓氏首字母的缩写，他们分别是埃克隆（C. E. Alchourrón）、加登佛斯（P. Gärdenfors）和麦金森（D. Makinson）。他们合

写的论文 "On the Logic of Theory Change: Partial Meet Contraction and Revision Functions"（*Journal of Symbolic Logic*, 50: 510–530，1985）成为研究信念修正的经典论文，尽管埃克隆更关心的是规范的修正，加登佛斯则是希望找到科学理论变化的规律。因此，AGM 理论事实上能够适用的范围更广，而不仅仅是信念的修正。下面我们介绍这个理论的基本内容，主要参考上面提到的论文和文献 [27]。

一个理论接受新信息或新证据有三种情况：扩张、收缩和修正。用 $\mathcal{B}$ 表示原理论，用 $\oplus, \ominus, \circledast$ 分别表示上面的三个动态变化的算子。设新信息是 $\phi$, 扩张后的理论就是 $\mathcal{B} \oplus \phi$, 新信息被添加到原理论中（但可能会导致不一致）。需要注意，执行扩张已经预设了 $\phi$ 被接受，扩张过程本身并不考虑 $\phi$ 的具体情况。$\mathcal{B} \ominus \phi$ 则是从原理论中去掉 $\phi$, 即，原理论推不出 $\phi$。$\mathcal{B} \circledast \phi$ 是对原理论的修正，新的信息有可能与原理论不一致，修正的过程就是最终得到一个一致的理论，新理论包括 $\phi$, 其余部分与原理论 $\mathcal{B}$ 最大限度地 "相似"。根据著名的利威同一性，修正算子可以用其他的两个算子表示：

$$\mathcal{B} \circledast \phi \equiv (\mathcal{B} \ominus \neg\phi) \oplus \phi$$

这意味着，要修正一个理论，可以先把理论中与 $\phi$ 不一致的信息 $(\neg\phi)$ 执行收缩、去掉，之后就可以安全地扩张 $\phi$ 了。不管是哪个算子，AGM 理论的最根本性原则是：

已经获得的信息是珍贵的，我们要采取经济原则，做最小的修正，不随意扔掉已经拥有的信息。

注意，AGM 理论是关于信念修正的，但是其语言是命题逻辑语言 $\mathcal{L}_0$, 没有显性的信念算子。我们使用 $Cn$ 表示经典的后承算子，给定公式集 $\Sigma$, 有 $Cn(\Sigma) = \{\sigma \mid \Sigma \vdash \sigma\}$。简单而言，一个信念集就是对后承算子封闭的命题公式的集合。信念修正理论的主要内容就是刻画以上三个算子的动态变化规律。以下我们简单介绍扩张和紧缩算子，把注意力主要放在修正算子上。

$\oplus$ 算子满足下面的公理：

（$\oplus$1）$\mathcal{B} \oplus \phi$ 是一个信念集，

（$\oplus$2）$\phi \in \mathcal{B} \oplus \phi$,

（$\oplus$3）$\mathcal{B} \subseteq \mathcal{B} \oplus \phi$,

（⊕4）若 $\phi \in \mathcal{B}$，则 $\mathcal{B} \oplus \phi = \mathcal{B}$，

（⊕5）对任意的信念集 $\mathcal{B}'$，若 $\mathcal{B} \subseteq \mathcal{B}'$，则 $\mathcal{B} \oplus \phi \subseteq \mathcal{B}' \oplus \phi$，

（⊕6）$\mathcal{B} \oplus \phi$ 是满足以上五条公理的最小的集合。

（⊕1）确保一个信念集修正后仍然是信念集。（⊕2）说的是新信息扩张后一定在新信念集中。（⊕3）刻画了扩张算子的特征，新的信念集是原来集合的超集。这意味着，原理论中所有的信息都被保持。（⊕4）在说，若扩张的新信息已经在原信念集中，扩张不会增加其他任何信息。（⊕5）刻画扩张算子对信念集而言遵循单调性。

与这个算子相关的一个重要定理是：

**定理 8**　算子 $\oplus$ 满足上面的 6 条公理，当且仅当，$\mathcal{B} \oplus \phi = Cn(\mathcal{B} \cup \{\phi\})$。

这个定理是关于扩张算子的*表征定理*：6 条公理恰好刻画了扩张算子，而且，定理中"当且仅当"右边的部分可以看作对扩张算子的一个明确定义（利用后承关系）。此外，该定义恰好唯一刻画了扩张算子。我们将会看到，对于收缩或修正算子，类似的定理不成立。

与扩张算子不同，收缩是一个非常棘手的算子，涉及更复杂的问题。首先，我们考虑下面的一个例子：

考虑一个主体 $a$ 的信念集 $\mathcal{B} = Cn(\{p, q, r\})$，假设 $a$ 想放弃 $p$。注意，去掉 $p$，然后在后承关系下封闭，并不能给出满意的结果，因为 $Cn(\mathcal{B} \setminus \{p\}) = \mathcal{B}$。这是因为 $(r \to p) \in Cn(\mathcal{B} \setminus \{p\})$。考虑另外一种情况，假设主体 $a$ 想要放弃 $p \wedge q$。根据经济原则，显然没有理由同时放弃 $r$，但是就 $p$ 和 $q$ 而言，去掉其中一个就够了，虽然我们不知道要去掉哪一个。这里就有一个优先序的问题。在 AGM 理论中使用一个非常形象的概念"壕沟"来讨论，因为壕沟有深浅，直观上一个主体对她所拥有的信息也会有一个排序：有些信念对她来说更根深蒂固，有些则更容易放弃。面临选择的时候，那些容易放弃的会先被舍弃。因此，除了表示主体的信念，我们还需要记录主体对所持信念的原因。

刻画收缩算子的公理见下：

（⊖1）$\mathcal{B} \ominus \phi$ 是一个信念集，

（⊖2）$\mathcal{B} \ominus \phi \subseteq \mathcal{B}$，

（⊖3）若 $\phi \notin \mathcal{B}$, 则 $\mathcal{B} = \mathcal{B} \ominus \phi$,

（⊖4）若 $\nvdash \phi$, 则 $\phi \notin \mathcal{B} \ominus \phi$,

（⊖5）若 $\phi \in \mathcal{B}$, 则 $\mathcal{B} \subseteq (\mathcal{B} \ominus \phi) \oplus \phi$,

（⊖6）若 $\vdash \phi \leftrightarrow \psi$, 则 $\mathcal{B} \ominus \phi = \mathcal{B} \ominus \psi$,

（⊖7）$(\mathcal{B} \ominus \phi) \cap (\mathcal{B} \ominus \psi) \subseteq \mathcal{B} \ominus (\phi \wedge \psi)$,

（⊖8）若 $\phi \notin \mathcal{B} \ominus (\phi \wedge \psi)$, 则 $\mathcal{B} \ominus (\phi \wedge \psi) \subseteq \mathcal{B} \ominus \phi$。

以上公理中，（⊖5）非常有意思，通常被称为"失而复得公理"。从上面的例子可以看出，删除一个信念 $\phi$ 的时候，也要考虑删除可能推导出它的其他信念。但是，若我们要扩张 $\phi$ 的时候，需要考虑之前删除的其他信念。因为，先删除、后扩张得到的集合是原来集合的超集。

对于修正算子，从直观上讲，一个主体接受一个新信息 $\phi$, 意味着她将这个信息纳入自己的信念集中，获得了一个一致的信念集，而且主体会设法保持尽可能多的原有信念。接下来，给出关于修正算子 $\circledast$ 的公理。用 $\mathcal{B}_\perp$ 表示一个不一致的信念集。

（⊛1）$\mathcal{B} \circledast \phi$ 是一个信念集，

（⊛2）$\phi \in \mathcal{B} \circledast \phi$,

（⊛3）$\mathcal{B} \circledast \phi \subseteq \mathcal{B} \oplus \phi$,

（⊛4）若 $\neg\phi \notin \mathcal{B}$, 则 $\mathcal{B} \oplus \phi \subseteq \mathcal{B} \circledast \phi$,

（⊛5）$\mathcal{B} \circledast \phi = \mathcal{B}_\perp$, 当且仅当 $\vdash \neg\phi$,

（⊛6）若 $\vdash \phi \leftrightarrow \psi$, 则 $\mathcal{B} \circledast \phi = \mathcal{B} \circledast \psi$,

（⊛7）$\mathcal{B} \circledast (\phi \wedge \psi) \subseteq (\mathcal{B} \circledast \phi) \oplus \psi$,

（⊛8）若 $\neg\psi \notin \mathcal{B} \circledast \phi$, 则 $(\mathcal{B} \circledast \phi) \oplus \psi \subseteq \mathcal{B} \circledast (\phi \wedge \psi)$。

（⊛3）和（⊛4）将扩张和修正算子联系起来，它们说的是，若新信息与原来的信念集 $\mathcal{B}$ 一致，则扩张和修正的结果是相同的。（⊛5）确保，只有当新信息矛盾时，我们才被迫接受一个不一致的信念集。

对于以上几个算子的性质的进一步研究，我们在这里不做详细介绍。读者可以参考 AGM 的研究领域的文献。

### 基于 DEL 的信念修正理论

与上面介绍的 AGM 理论不同，动态认知逻辑在考虑信念更新的时候，将激发的新信息作为一个动态算子，在语义层面，该算子引发的变化就是可能世界之间的合理性排序的变化。本节我们主要引入文献 [23] 中的一些研究结果。

首先考虑关于信念的模型，与认知逻辑类似，我们采用可能世界语义学。但是，对于信念而言，我们考虑的可能世界会是那些我们认为合理的世界。举例来说，我相信乘坐高铁可以达到西安，而这一点在我能够想象的、最合理的世界中似乎都是事实。这样的模型可以形式定义为：

**定义 13** 关于信念的模型是 $\mathfrak{M} = (S, \{\geqslant_{a,s}\}_{a \in A}, V)$，其中 $S$ 是可能世界的集合，$V$ 是赋值函数，$\geqslant_{a,s}$ 是主体的合理性关系。$x \geqslant_{a,s} y$ 读作：在世界 $s$ 中，主体 $a$ 认为 $x$ 至少与 $y$ 一样合理。

这样的模型最早出现在路易斯关于条件句的逻辑研究中（文献 [11]）。文献 [22] 进一步给出了所谓的"球体模型"，文献 [21] 的广义偏好关系模型也是基于类似的思想。给出这种模型后，我们可以进一步假定模型中的关系具有某些逻辑性质。譬如，文献 [5]，[28] 要求合理性关系具有自反性和传递性。文献 [11] 增加了连通性：两个世界要么前者比后者更合理，要么后者比前者更合理。与前面提到的动态认知逻辑类似，动态逻辑的部分在很大程度上独立于关于静态逻辑的形式设计。

给定模型后，我们可以解释信念算子。

$\mathfrak{M}, s \models B_a \phi$  当且仅当  主体 $a$ 立足于 $s$，在她认为最合理的所有世界 $t$ 上，有 $\mathfrak{M}, t \models \phi$。

这里的"最合理"是主体对合理性序关系 $\{(x, y) \mid x \geqslant_{a,s} y\}$ 做比较而得到的。

在信念逻辑中非常重要的一个概念是条件信念算子 $B_a^\psi \phi$，对它的解释如下：

$\mathfrak{M}, s \models B_a^\psi \phi$  当且仅当  对任意的 $t$，若 $t$ 是主体立足于 $s$ 认为最合理的世界，$\mathfrak{M}, t \models \psi$，则 $\mathfrak{M}, t \models \phi$。

条件信念的语义与条件句的解释在思想上是相通的。基于上面的静态语义，文

献 [23] 研究了"强信息"和"弱信息"导致的信念修正。这里我们给出关于弱信息一些相关的定义和定理，因为弱信息的更新是可能世界上合理性关系的调整。

**定义 14（字典序更新）**　$\Uparrow\phi$ 对可能世界上的序关系 $\geqslant$ 做如下更新：所有的 $\phi$-世界变得比所有的 $\neg\phi$-世界更合理，在这两个区域内，可能世界之间原来的序关系保持不变。

**定理 9**　字典序更新的信念动态逻辑可以如下公理化：

（a）关于条件信念的完全的静态逻辑，

（b）下面的归约公理：

— $[\Uparrow\phi]q \leftrightarrow q$, 对所有的原子公式 $q$,

— $[\Uparrow\phi]\neg\psi \leftrightarrow \neg[\Uparrow\phi]\psi$,

— $[\Uparrow\phi](\psi\wedge\chi) \leftrightarrow ([\Uparrow\phi]\psi \wedge [\Uparrow\phi]\chi)$,

— $[\Uparrow\phi]B^{\chi}\psi \leftrightarrow (E(\phi\wedge[\Uparrow\phi]\chi)\wedge B^{\phi\wedge[\Uparrow\phi]\chi}[\Uparrow\phi]\psi)\vee(\neg E(\phi\wedge[\Uparrow\phi]\chi)\wedge B^{[\Uparrow\phi]\chi}[\Uparrow\phi]\psi)$。

注意，上面的归约公理中算子 $E$ 是模态逻辑中全局的存在算子。同样，对于动态语言中的公式，归约公理提供了把动态公式翻译到静态语言中的程序。由于静态逻辑是可判定的，以上定义的动态逻辑也是可判定的。

这里通过对字典序更新算子展示了在动态认知逻辑的方法中如何研究信念修正与更新。可以看出，与 AGM 不同，通过引入具体的动态算子，定义动态算子对可能世界序关系的改变，来刻画信念的变化。这就使得针对不同的信念动态变化在逻辑语言中引入显性的动态算子成为可能。譬如，针对序关系的变化，[17] 在语义层面给出了不同算子，那么这些变化原则上都可以作为动态算子在语法层面进行研究。我们这里不再赘述。

## 2.5　几个群体知识的概念

当我们将思考从单个个体转向群体的时候，自然的问题是：如何定义一个群体的知识？直观而言，这样的知识应该是群体中每个个体都知道的。在认知逻辑中，学者们提出了"公共知识"的概念。路易斯在讨论社会约定的时候第一次提出这个概念。他指出，一个事物要成为社会的共同约定，必须首先是群体成员的公共知识。譬如，我们设定"绿灯行，红灯停"的行为规范需要事先确保这对于所有的人来说是公共知识。人工智能界的著名学者麦肯锡在研究常识推理的时候，把公共知识定义为"傻瓜"都知道的知识。公共知识之所以如此重要，在于它是多主体达成协议、开展进一步合作的前提条件。

在认知逻辑中，我们扩展语言，引入三个新算子 $E_A\phi$, $D_A\phi$ 和 $C_A\phi$。其中，$E_A\phi$ 读作"群体 $A$ 中每个主体都知道 $\phi$"，或者"$\phi$ 是群体 $A$ 的普遍知识"，$D_A\phi$ 读作"$\phi$ 是群体 $A$ 的分布式知识"，$C_A\phi$ 读作"$\phi$ 是群体 $A$ 的公共知识"。以下给出它们的真值条件：

$$\mathfrak{M}, s \models E_A\phi \quad \text{当且仅当} \quad \text{对所有的 } a \in A, \mathfrak{M}, s \models K_a\phi.$$

普遍知识的概念非常简单，就是群体中每个成员都知道。可以想象的一个情境是，大家都在听广播，每个人都知道了广播的内容。

公共知识 $C_A\phi$ 则要求更严格，它要求每个人都知道，而且群体 $A$ 中的每个人都知道 $A$ 中的每个人都知道 $\phi$, 等等。我们使用 $E_A^0\phi$ 作为 $\phi$ 的简写，$E_A^{k+1}\phi$ 作为 $E_A E_A^k\phi$ 的简写，$E_A^1\phi$ 是 $E_A\phi$ 的简写。我们使用普遍知识定义公共知识：

$$\mathfrak{M}, s \models C_A\phi \quad \text{当且仅当} \quad \mathfrak{M}, s \models E_A^k\phi, k = 1, 2, \cdots$$

在语义上看，这里提到的公共知识的要求意味着在语义模型中，从当前世界 $s$ 出发，通过群中 $k$ 个主体的认知关系，最后达到世界 $t$, $\phi$ 在 $t$ 上为真。这时，我们也称为 $t$ 是从 $s$ 可达的。因此，关于公共知识的定义也可以表述为：

$$\mathfrak{M}, s \models C_A\phi \quad \text{当且仅当} \quad \text{对所有从 } s \text{ 可达的世界 } t, \mathfrak{M}, t \models \phi.$$

一个群体 $A$ 具有分布式知识 $\phi$ 意味着群体 $A$ 中成员的知识放在一起蕴涵 $\phi$。举例来说，一个主体 $a$ 在世界 $s$ 上认为 $s$ 和 $t$ 是可能的, $u$ 不是可能的；主体 $b$ 在世界 $s$ 上认为 $s$ 和 $u$ 是可能的, $t$ 不是可能的。若有人，譬如主体 $c$, 能把 $a$ 和 $b$ 的知识放在一起，则得到只有 $s$ 是可能的。原因在于，$c$ 可以根据 $a$ 的知识排除 $u$, 根据 $b$ 的知识排除 $t$。一般而言，我们可以通过取两个主体认知关系的交，得

到分布式知识。语义定义自然得到:

$$\mathfrak{M}, s \models D_A \phi \quad \text{当且仅当} \quad \text{对所有 } t, (s, t) \in \bigcap_{a \in A} \sim_a, t \models \phi。$$

对于这几个群体知识概念,我们简要介绍一些有趣的性质。关于普遍知识,下面的性质非常容易理解:

(1) $\models E_A \phi \Leftrightarrow \bigwedge_{a \in A} K_a \phi$

性质(1)可以根据定义直接得到。关于公共知识,最著名的是所谓的"不动点公理":

(2) $\models C_A \phi \Leftrightarrow E_A(\phi \wedge C_A \phi)$

性质(2)说的是,$\phi$ 是群体 $A$ 的公共知识,当且仅当,$A$ 中所有成员知道 $\phi$,并知道 $\phi$ 是公共知识。

关于公共知识的第二个性质通常被称为归纳原则,它给出推演公共知识的一个规则:

对任意的模型,若 $\mathfrak{M} \models \phi \Rightarrow E_A(\psi \wedge \phi)$,则 $\mathfrak{M} \models \phi \Rightarrow C_A \psi$。

这里省略详细的证明。注意,对前件的证明给出了整个证明最重要的信息。通过施归纳于自然数 $k$,可以证明,对任意的 $k$, $\phi \Rightarrow E_A^k(\psi \wedge \phi)$ 是有效的。

此外,对分布式知识而言,下面两个性质也成立:

(3) $\models D_{\{a\}} \phi \Leftrightarrow K_a \phi$

(4) $\models$ 若 $A \subseteq B$, 则 $D_A \phi \Rightarrow D_B \phi$

性质(3)说的是当群体只有一个主体时,分布式知识就是个体的知识。性质(4)说的是群体的大小与分布式知识之间的关系,满足单调性。对这些概念感兴趣的读者,可以进一步参阅文献 [6], [27] 和 [32] 等工作。

## 2.6 混 合 逻 辑

由于混合逻辑思想和技术将会在本书后面的章节中用到,我们这里仅介绍混合逻辑的基本知识。本节主要参考的文献为 [4] 第 7 章和文献 [2]。从以上关于认知逻辑的介绍可以看出，可能世界语义学是我们解释句子意义的参照物，但是关于可能世界到底是什么，我们在形式语言中是无法讨论的，甚至都没有任何办法指称可能世界。混合逻辑正是在这样的背景下被提出来的，它在形式语言中引入了一类特殊的原子命题，用来表示可能世界的名字。

**定义 15（混合逻辑的语言）**　令 $P$ 是原子命题的集合，$N$ 是名字的集合，$A$ 是主体的集合。集合 $P$ 与 $N$ 可数无穷，且二者相交为空。$p$ 指称任意的原子命题，$i$ 是任意的名字，$a$ 是任意的主体。基本混合逻辑的语言 $L$ 由下面的规则定义：

$$\phi ::= i \mid p \mid \neg\phi \mid (\phi \wedge \phi) \mid \Diamond\phi \mid @_i\phi$$

根据这个语法定义，下面的公式就是合式公式：

$$\Diamond(i \wedge p) \wedge \Diamond(i \wedge q) \to (p \wedge q)$$

语言中的新算子 $@_i$ 使得我们能够跳到特定的世界，即，名字为 $i$ 的世界。公式 $@_i\phi$ 把当下关注的世界指向名字为 $i$ 的世界，在那里评价公式 $\phi$ 的真假。这个新算子有很多好的直观性质。例如，它满足分配公理：$@_i(\phi \to \psi) \to (@_i\phi \to @_i\psi)$。而且，它是自对偶的：$@_i\phi$ 与 $\neg@_i\neg\phi$ 是等价的。直观上看，算子 $@_i$ 通过将可满足关系内化在形式语言中，从而给语法和语义搭建了桥梁：

$$\mathfrak{M}, s \models \phi \quad \text{当且仅当} \quad \mathfrak{M} \models @_i\phi，i \text{ 是 } s \text{ 的名字。}$$

我们在可能世界语义学中解释混合逻辑的公式，考虑模型 $\mathfrak{M} = (S, R, V)$，$S, R$ 定义如上。现在，不同之处在于，赋值函数 $V(i)$ 对应 $S$ 中的单点集。这意味着，赋值使得每个名字只在唯一的一个世界上为真。我们称属于 $V(i)$ 的那个唯一的世界为 $i$ 的所指。对新公式的解释可以形式定义如下：

$$\mathfrak{M}, s \models i \quad \text{当且仅当} \quad s \in V(i),$$
$$\mathfrak{M}, s \models @_i\phi \quad \text{当且仅当} \quad \mathfrak{M}, d \models \phi，d \text{ 是 } i \text{ 在 } V \text{ 下的所指。}$$

注意，公式 $@_i j$ 表示由 $i$ 与 $j$ 命名的两个世界的同一性。当模型 $(S, R, V)$ 中的每个世界都有一个名字时，我们称该模型为命名模型。形式地说，对任意的 $s \in S$，都有一个名字 $i$，使得 $V(i) = \{s\}$。

尽管在语法上看起来不同,但是名字与原子命题非常类似。与基本的模态逻辑相比,混合逻辑非常简单。例如,它的可满足性问题的复杂性与基本模态逻辑一样。

**定理 10** 基本混合逻辑的可满足性问题属于 PSPACE。

这里的 PSPACE 是一种关于问题的复杂性的类,包含了所有只要用合理大小的内存(多项式量级的内存)就能解决的问题。关于计算复杂性的相关问题,参考文献 [15]。

此外,就框架性质的可定义性而言,基本模态语言中不能定义的很多性质在混合逻辑中可以被定义。下面列出几个例子,读者可以自己验证:

(非自反性) $i \to \neg \diamond i$

(非对称性) $i \to \neg \diamond \diamond i$

(反对称性) $i \to \Box(\diamond i \to i)$

(三歧性) $@_j \diamond i \lor @_j i \lor @_i \diamond j$

添加约束算子 ↓ 可以得到混合逻辑的一个扩展。在这个新语言中,有合式公式 ↓ $x.\phi$,其中 $x$ 是可能世界的变元。这个扩展使得我们能够对当下的世界命名,并且能够在后面的公式中指称它。↓ 的作用类似于一阶逻辑中的量化算子。与一阶的量词不同,混合逻辑的约束算子是局部的,而不是全局的。

我们通过一个例子来说明扩展后语言的表达力。在时态逻辑中有一个"直到"的算子。对它的解释如下: $U(\phi, \psi)$ 在状态 $m$ 上为真,如果有一个将来的状态 $m'$ 且 $\phi$ 在 $m'$ 上为真,使得 $\psi$ 在 $m$ 和 $m'$ 之间的所有状态上为真。利用 ↓ 算子,我们可以定义这个算子:

$$U(\phi, \psi) := \, \downarrow x. \diamond \downarrow y.(\phi \land @_x \Box(\diamond y \to \psi))$$

下面我们给出含有约束算子的公式的语义真值条件。假设 $X = \{x_1, x_2, \cdots\}$ 是可能世界变元的集合。给定一个指派 $g : X \to S$,世界变元 $x \in X$,世界 $s \in S$,我们定义一个新的指派 $g_s^x(x) = s$;当 $y \neq x$,$g_s^x(y) = g(y)$。

$$\mathfrak{M}, g, s \models \downarrow x.\phi \quad 当且仅当 \quad \mathfrak{M}, g_s^x, s \models \phi.$$

包含 ↓ 算子的逻辑变得更为复杂，若对语法不做任何限定的话，可满足性问题是不可判定的。这里忽略技术细节。

我们一直强调，认知逻辑是研究主体关于认知的推理。但是，主体是谁？主体有名字吗？回答这样的问题，混合逻辑给我们提供了一种可以参考的方法：能够对可能世界命名，也可以对主体命名。事实上，有名字的主体更常见，也更自然。在后面的章节中，我们将会沿这一思路提出混合逻辑的新版本，探讨有名字的主体。

# 参 考 文 献

[1] Carlos Alchourrón, Peter Gärdenfors, and David Makinson. On the logic of theory change: Partial meet contraction and revision functions. *Journal of Symbolic Logic*, 50:510–530, 1985.

[2] Carlos Areces and Balder ten Cate. Hybrid logics. In Patrick Blackburn, Johan van Benthem, and Frank Wolter, editors, *Handbook of Modal Logic*, pages 821–868. Amsterdam, Netherlands: Elsevier, 2006.

[3] Alexandru Baltag, Lawrence S. Moss, and Sawomir Solecki. The logic of common knowledge, public announcements, and private suspicions. In I. Gilboa, editor, *Proceedings of the 7th Conference on Theoretical Aspects of Rationality and Knowledge (TARK 98)*, pages 43–56. San Fransisco, CA: Morgan Kaufmann, 1998.

[4] Patrick Blackburn, Martin de Rijke, and Yde Venema. *Modal Logic*. Cambridge, England: Cambridge University Press, 2001.

[5] John P. Burgess. *Basic Tense Logic*, volume 2 of *Handbook of Philosophical Logic*, chapter 2, pages 89–133. Dordrecht, Netherlands: D. Reidel, 1984.

[6] Ronald Fagin, Joseph Y. Halpern, Yoram Moses, and Moshe Y. Vardi. *Reasoning about Knowledge*. Cambridge, MA: The MIT Press, 1995.

[7] Jelle Gerbrandy. *Bisimulation on Planet Kripke*. PhD thesis, ILLC, University of Amsterdam, 1999.

[8] Peter Hawke, Aybüke Özgün, and Franz Berto. The fundamental problem of logical omniscience. *Journal of Philosophical Logic*, 49:727–766, 2020.

[9] Jaakko Hinttika. *Knowledge and Belief*. Ithaca: Cornell University Press, 1962.

[10] John-Jules Ch. Meyer and Wiebe van der Hoek. *Epistemic Logic for Computer Science and Artificial Intelligence*. Cambridge, England: Cambridge University Press, 1995.

[11] David Lewis. *Counterfactuals*. Oxford: Blackwell, 1973.

[12] Fenrong Liu. Diversity of agents and their interaction. *Journal of Logic, Language and Information*, 18(1):23–53, 2009.

[13] Fenrong Liu. *Reasoning about Preference Dynamics*, volume 354 of *Synthese Library*. Springer, 2011.

[14] Fenrong Liu and Yanjing Wang. Reasoning about agent types and the hardest logic puzzle ever. *Minds and Machines*, 23(1):123–161, 2013.

[15] Christos H. Papadimitriou. *Computational Complexity*. Reading, MA: Addison-Wesley, 1994.

[16] Jan A. Plaza. Logics of public communications. In M. Emrich, M. Pfeifer, M. Hadzikadic, and Z. Ras, editors, *Proceedings of the 4th International Symposium on Methodologies for Intelligent Systems: Poster Session Program*, pages 201–216, 1989.

[17] Hans Rott. Shifting priorities: Simple representations for 27 iterated theory change operators. In H. Langerlund, S. Lindström, and R. Sliwinski, editors, *Modality Matters: Twenty-Five Essays in Honour of Krister Segerberg*, pages 359–384. Uppsala Philosophical Studies 53, 2006.

[18] Olivier Roy. *Thinking before Acting: Intentions, Logic and Rational Choice*. PhD thesis, ILLC, University of Amsterdam, 2008.

[19] Chenwei Shi. *Reason to Believe*. PhD thesis, ILLC, University of Amsterdam, 2018.

[20] Chenwei Shi. Collective belief as tendency toward consensus. *Journal of Philosophical Logic*, 50:593–613, 2021.

[21] Yoav Shoham. A semantical approach to nonmonotonic logics. In M. Ginsberg, editor, *Readings in Nonmonotonic Reasoning*, pages 227–250. San Fransisco CA: Morgan Kaufmann, 1987.

[22] Wolfgang Spohn. Ordinal conditional functions: A dynamic theory of epistemic states. In W.L. Harper and B. Skyrms, editors, *Causation in Decision, Belief Change and Statistics II*, pages 105–134. Dordrecht, Netherlands: Kluwer, 1988.

[23] Johan van Benthem. Dynamic logic for belief revision. *Journal of Applied Non-Classical Logic*, 17:129–156, 2007.

[24] Johan van Benthem. *Modal Logic for Open Minds*. Stanford, CA: CSLI Publications, 2010.

[25] Johan van Benthem. *Logical Dynamics of Information and Interaction*. Cambridge, England: Cambridge University Press, 2011.

[26] Hans van Ditmarsch, Joseph Y. Halpern, Wiebe van der Hoek, and Barteld Kooi. *Handbook of Epistemic Logic*. London: College Publications, 2015.

[27] Hans van Ditmarsch, Wiebe van der Hoek, and Barteld Kooi. *Dynamic Epistemic Logic*. Berlin: Springer, 2007.

[28] Frank Veltman. *Logics for Conditionals*. PhD thesis, University of Amsterdam, 1985.

[29] Georg Henrik von Wright. Deontic logic. *Mind*, 60:1–15, 1951.

[30] Georg Henrik von Wright. A new system of deontic logic. In *Danish Yearbook of Philosophy*, pages 173–182, 1964.

[31] Yanjing Wang. A logic of knowing how. In Wiebe van der Hoek, Wesley H. Holliday, and Wen-Fang Wang, editors, *Proceedings of LORI 2015*, volume 9394 of *LNCS*, pages 392–405. Springer, 2015.

[32] Yì N. Wáng. *Logical Dynamics of Group Knowledge and Subset Spaces*. PhD thesis, University of Bergen, 2013.

[33] Yì N. Wáng and Thomas Ågotnes. Public announcement logic with distributed knowledge: Expressivity, completeness and complexity. *Synthese*, 190(1 suppl.):135–162, 2013.

[34] 刘奋荣. *动态偏好逻辑*. 北京: 科学出版社, 2011.

[35] 周昌乐. *认知逻辑导论*. 北京: 清华大学出版社, 2001.

[36] 范本特姆. *逻辑之门 (四卷本)*. 北京: 科学出版社, 2008.

[37] 郭美云. *带有群体知识的动态认知逻辑*. 北京大学哲学系博士学位论文, 2006.

# 第 2 部分　基于进化理性的逻辑

# 第 3 章　信念修正与社会影响*

当个体从对自身信念或知识的推理转向对他人信念或知识的推理时，我们需要扩展概念、对更多的情境做出描述和区分。譬如，第 2 章中已经引入的公共知识（每个人都知道且知道她们知道……）和分布式知识（综合所有知识在一起，我们将会知道……）之间的区别。考虑不同的主体聚集在一起这样的一种现象，研究的问题自然也从个体的信念修正延伸到群体信念或群体意见的形成。此外，当我们考虑到社会关系时，许多关于知识传播、信念改变的问题会变得更为有趣。本章主要研究的一个问题是社会影响与认知之间的关系，即，个体在受到与其有社会关系的其他主体的影响下如何改变自己的信念，以及变化的规律是什么。

首先，我们需要声明，关于社会关系的建模不是逻辑学家们的首创。在社会心理学、人工智能和经济学中，社会关系都扮演着重要的角色。例如，文献 [8] 提出了具有开创性的工作，它从社会权力的角度研究群体的人际关系模式，随之产生了许多处理动态更新的数学和计算模型。又如，受市场营销应用的推动，文献 [7] 和 [13] 研究了如何找到社会网络中具有影响力的成员、如何实现社会影响力最大化等问题。社会网络在经济学中也得到了广泛的研究，例如颇具代表性的工作（文献 [12]）。此外，还出现了一个被称为"社会模拟"的新兴领域，该研究领域使用计算模型解释社会中的一些动态现象，并对其未来发展进行预测（参见文献 [9]）。

然而，学者们很少关注如何引导人们思考关于社会关系推理的规范。这也许是西方知识论的个体中心主义导致的结果：其他人天生不可靠，所以主体不可能以回应朋辈观点为纯粹的逻辑依据来改变自己的信念。尽管如此，日常生活中主体确

---

\* 本章部分内容首次发表于：Fenrong Liu, Jeremy Seligman, and Patrick Girard, Logical Dynamics of Belief Change in the Community, *Synthese*, 191(11): 2403-2431, 2014. 此次收录本书时进行了调整和修订。

实通过这种方式改变自己的信念。信息沿着社会关系的通道进行传播，这是传统知识论未曾涉略的问题，这对知识论的进一步发展具有重要的意义。需要强调的是，我们的出发点是逻辑学，我们将会研究如何对这种信念修正进行推理，而推理的规律是什么。这一章的工作基于之前的研究（文献 [18]，特别是文献 [15]），探究主体信念改变与社会影响之间的关系。

以下简要说明本章的方法论。首先，我们是沿着动态认知逻辑的传统继续发展（文献 [21]）。动态认知逻辑领域的学者们同样致力于研究信念修正的模型，具有代表性的工作有：文献 [4]、[20] 和 [23]。但与他们的研究不同，本章的视角是将社会关系的角色考虑进来。因此，我们很少涉及信念修正的具体细节，因为这里提出的工作与许多此类研究和解释是一致的。其次，本章引入很多例子，以轻松的风格写成，希望既能面向广大读者，也能让我们有空间去涵盖更广泛的主题。我们希望这种方式能够展示在研究信念变化逻辑时，认真对待社会关系是十分有益的。对于那些期望技术细节的读者，建议参考本书的其他章节或相关的论文，如文献 [10]，[18] 和 [19]。最后，因为关注的重点不同，我们不会使用概率或其他定量计算方法研究社会信念的变化。这里的目标是研究信念变化的逻辑，即如何推理主体在受到他人影响时改变自己信念的方式。定量方法与该研究课题存在某种关系，我们将在后面的章节继续探讨。在逻辑的定性方法和定量方法之间建立进一步的桥梁显然是一个有价值的课题，本书很多地方将会涉及此问题。

本章的结构和内容概述如下：在 3.1 节我们首先介绍信念修正的标准模型，指出该模型在文献 [1] 的传统中可被扩展至个体信念的社会影响模型。特别是，在 3.1.2 节中我们介绍一种基于阈值假设的特定模型，要求主体在受到他人影响时改变自己的信念。这种模型可以用来展示各种信念变化的动态现象，并可以使用自动机的方法进行逻辑建模和分析（见文献 [15]）。在 3.2 节，我们进一步研究使群体信念在社会影响下保持稳定的原因。同时，我们会探讨一些动态变化的具体情境，如某个体单边改变自己的信念（3.2.1 节），新的社会关系的形成或消解（3.2.3 节）。我们还会考虑这些变化对整个群体信念聚合的影响（3.2.2 节）。3.3 节介绍其他可能的模型。例如，考虑引入主体对其他人的排序，可以根据他人可靠程度的高低进行排序。最后，3.4 节从本章所依赖并继承的单命题修正/收缩模型本身出发，企图通过基于合理性关系的模型（来自文献 [6] 和 [24]）提供一种更一般的研究方案。

# 3.1　社会影响下的信念变化

所谓"受到朋友的影响"就是这样一个动态过程：一个主体改变自己的信念，使其更符合周遭朋友的信念。以下考虑关于单命题 $p$ 的影响。如果我不相信 $p$，而我的朋友中有相当一部分人相信它，我可以用以下几种方式来回应。当然，我可以无视她们的意见，镇定自若。但如果我确实受到影响并改变了自己的信念，存在至少两种达成方法：

第一，我可能会修正信念使自己也相信 $p$；

第二，更谨慎一些，我可能收缩信念，即，仅仅消除我对其否定 $\neg p$ 的信念。

我们将修正行为记作 $Rp$，收缩行为记作 $Cp$。<sup>①</sup> 我们对修正和收缩的唯一假设条件是它们是"成功的"。这意味着当我执行 $Rp$ 后，我将相信 $p$，并且，当我执行 $Cp$ 后，我将不会相信 $\neg p$。<sup>②</sup> 在逻辑上，这意味着接受以下公理：

$$[R\varphi]B\varphi$$
$$[C\varphi]\neg B\neg\varphi$$

主体是否会改变自身信念以回应朋友们的意见？如果改变，是修正还是仅仅收缩？这里的决策取决于至少三个因素：

（1）主体关于 $p$ 的态度；

（2）朋友们关于 $p$ 的信念的内聚力；

（3）在多大程度上，主体将某特定朋友作为对 $p$ 判断的权威。

为简化问题，我们先假设所有人都认为她们的朋友在所考虑的每一个问题上都具有同等权威。这个假设将在 3.3.1 节和 3.3.2 节中被取消。面对的异议内聚力越大，主体就愈有压力去改变。但同时，如果主体一开始就对 $p$ 持开放的态度，可能会比持强烈反对意见时更容易受到朋辈的影响。这些因素的具体平衡因人而异，

---

① 任何信念修正理论的支持者都可以根据自己喜欢的理论来解读 $Rp$ 和 $Cp$。上一章介绍的 AGM 解释足以应对我们的目的，但此处讨论不会过分依赖于细节。

② 虽然成功条件被许多关于信念变化的理论作为基本假设，包括 AGM 理论，但它确实施加了一些限制。特别是许多高阶命题，如摩尔类的命题形式 "$p$ 但我不相信 $p$"，都是有问题的。

甚至是因信念而异。它也可能部分地由主体对朋友或其他事情的可靠性的更高层次信念所决定。因此，我们不拘泥于一种关于影响的特殊理论，而只是区分两种影响：导致修正的影响和导致收缩的影响。在主体受影响去积极地修正自身信念以支持 $p$ 的情况下，我们说主体受强影响而相信 $p$，并将其记作 S$p$。可能还有其他原因使得主体的信念改变，但仅就社会影响而言，且其他条件不变的情况下，条件 S$p$ 是主体改变信念的必要和充分条件。同样地，当主体受到影响而仅仅收缩其关于 ¬$p$ 的信念（如果有的话），而不一定相信 $p$ 时，我们说主体受弱影响而相信 $p$，并记作 W$p$。我们还将涉及相应的受强、弱影响去相信 ¬$p$ 的消极条件，分别记作 S¬$p$ 和 W¬$p$；此外，我们将假设不可能同时受强或弱影响去既相信 $p$ 又相信 ¬$p$。

引入这些术语和符号后，我们就可以定义关于 $p$ 的社会影响的一般动态行为。主体受关于 $p$ 的影响，记作 $Ip$，指的是主体在强影响下修正自身信念以相信 $p$；否则，在弱影响下收缩其为 ¬$p$ 的信念（如果有的话），¬$p$ 的情形类似。如果主体连弱影响都未经受，则其信念保持不变。更确切地说，$Ip$ 可以被定义为如下程序：①

$$\text{若 } Sp \text{ 则 } Rp, \text{ 否则，若 } Wp \text{ 则 } C\neg p;$$
$$\text{若 } S\neg p \text{ 则 } R\neg p, \text{ 否则，若 } W\neg p \text{ 则 } Cp。$$

从逻辑学的角度来看，这意味着使用命题动态逻辑（Propositional Dynamic Logic, 简记为 PDL）②的方法处理，可以很容易地将 $R$、$C$、$S$ 和 $W$ 的逻辑系统扩展到 $I$ 的系统。尽管本章不会探讨技术层面的逻辑问题，但这一特性将允许我们在模态语言背景下根据无迭代 PDL 表达式的已知归约的结果，对社会信念变化的动态特性表述进行归约。关于 PDL 的公理化，参见如文献 [5] 中的定义 4.78 或者文献 [11]。关于动态认知逻辑（如文献 [3] 和 [22]）中动态算子的更一般化的研究，可以参阅论文 [10]。

在本书后面的章节，我们将提供各种不同的强、弱影响的具体描述，进一步给出形式语言，其中包含群体的信念和社会关系的算子。不关心技术细节的读者可以忽略这些形式化的讨论，不会影响本章的阅读。

---

① 在我们关于一个主体不能同时既受影响去相信 $p$ 又受影响去相信 ¬$p$ 的假设下，肯定或否定子句的顺序并不重要。

② PDL 是模态逻辑的扩展，将每个程序看作一个模态算子，可能世界语义模型扩展为状态转换系统，程序的执行导致状态之间的转换。具体细节，可参考文献 [11]。

### 3.1.1  影响的动态

关于命题 $p$，主体有三种可能的信念状态: 相信（$Bp$）、不相信（$B\neg p$）[①] 和没有信念 $(\neg Bp \wedge \neg B\neg p)$，缩写为 $Up$。为了讨论这些状态在朋友之间的分布，我们使用在文献 [18] 中引入的"群体逻辑"框架。在该框架中，友谊或朋友关系被看作一种对称且非自反的关系。这就是说，我是我任何朋友的朋友（对称性），而我不是我自己的朋友（非自反性）。友谊不是传递的，所以，很有可能我的朋友的朋友不是我的朋友。友谊所关联的主体的集合将被称为社会网络。通过友谊所连接的主体的子集被称为社群，此处"连接"意为该子集中任意两个主体都能通过朋友关系联系起来。

以下给出一个实例，展示社会网络中信念状态的分布:

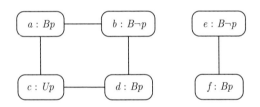

上图代表了一个由六个主体所组成的社会网络，聚集成两个社群。主体 $a$ 相信 $p$，并且 $a$ 有 $b$ 和 $c$ 两个朋友; 主体 $b$ 不相信 $p$，并且 $b$ 有 $a$ 和 $d$ 两个朋友, 等等。除了描述主体的信念状态（$Bp$, $B\neg p$, 或 $Up$），我们还将使用符号 $F$ 表示"我所有的朋友"，来描述她们在社交网络中的位置。因此，$FBp$ 意味着我所有的朋友都相信 $p$。在上面的例子中，这是对主体 $b, c$, 和 $e$ 的真实描述，但对于主体 $a, d$ 和 $f$ 该命题不成立。其对偶形式 $\langle F \rangle$ 表示"我的一些朋友"。例如，$\langle F \rangle Up$ 表示我至少有一个朋友对 $p$ 的信念态度尚未确定。这在图中仅适用于主体 $a$ 和 $d$。

给定修正和收缩的成功条件的公理，每个主体的信念状态将在这些操作下以确定的方式进行改变。$\neg p$ 的修正将使主体从状态 $Bp$ 转换到状态 $B\neg p$，其收缩则使主体从 $Bp$ 转换到 $Up$, 等等。此外，如果我们假设强影响和弱影响的触发条件仅取决于社会网络中各主体的信念状态分布，则在操作 $Ip$ 时，这种分布将以完全

---

① 注意 $\neg Bp$ 与 $B\neg p$ 之间的区别。

确定的、局部的方式发生变化。社会影响的动态变化（对每个主体的、局部的）可以由以下有限状态自动机所刻画：<sup>①</sup>

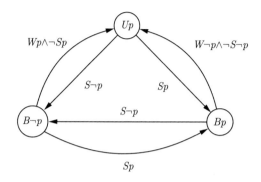

自动机的状态是主体可能的信念状态。转换的条件用相互排斥的影响条件来标记。例如，如果某主体相信 $p$，由标记着 $Bp$ 的状态表示，并且受她的朋友弱（不是强）影响去相信 $\neg p$，用标记 $(W\neg p \wedge \neg S\neg p)$ 的状态表示，之后她会收缩她关于 $p$ 的信念，并处在状态 $Up$ 上，即对 $p$ 的态度保持中立。

这一自动机模型以一种十分简约的方式，对主体受到周遭朋友的影响而发生认知状态的转换进行建模，为我们理解群体的信念修正提供了一种普遍的框架，也为我们进一步讨论问题提供了可能。

### 3.1.2　阈值模型

为说明社会影响的具体内涵，我们给强影响和弱影响以更为明确的解释。第一种方案是，强影响需要在一定阈值比例的朋友间形成内聚。保守而言，我们将阈值假定为 100%，这意味着我受强影响去相信 $p$，当且仅当，我所有的朋友都相信 $p$（且我至少有一个朋友相信 $p$）。括号里的句子使得"所有的朋友"有实际的意义，

---

① 通过有限状态自动机以分析社交逻辑动态最初由文献 [15] 提出，其表明一些有趣的动态属性（比如最终收敛到一个稳定的分布）可以被类似于我们这里所考虑的算子所表示，不过该论文中讨论的是偏好而非信念。这里我们提供了一种对信念变化的更一般的刻画，它不依赖于任何关于修正、收缩、强或弱影响的具体描述。就像在文献 [15] 中那样，重要的是要意识到自动机不是动态系统的定义，而是一种用来分析那些隐含在逻辑算子定义中的对象的工具。

否则，就逻辑学的量词而言，没有朋友相信 $p$ 时，"我所有的朋友都相信 $p$"句子也是成立的。① 受强影响去相信 $\neg p$ 的过程类似。就弱影响而言，假设一个人至少有一个朋友相信，并且不相信的朋友数量不超过某个阈值。同样，我们可以假设阈值是 0。这意味着，如果我没有受到强影响去相信 $p$，那么我受弱影响，当且仅当，我的朋友中没有人相信 $\neg p$ （且我至少有一个朋友相信 $p$）。这种对强影响和弱影响的解释可以用以下公理来表述：

$$S\varphi \leftrightarrow (FB\varphi \wedge \langle F \rangle B\varphi)$$

$$W\varphi \leftrightarrow (F\neg B\neg\varphi \wedge \langle F \rangle B\varphi)$$

下面，我们考虑一个单步影响的实例：

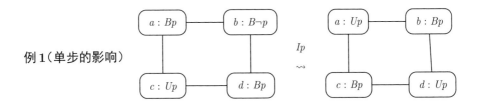

例 1（单步的影响）

在这个例子中，在刚开始的时候，主体 $a$ 和 $d$ 都相信 $p$，后受弱影响而放弃这个信念，因为她们所有的朋友都不相信 $p$ （$b$ 不相信，$c$ 不确定），且她们的一个朋友 $b$ 相信 $\neg p$。因此对 $a$ 和 $d$ 而言，$W\neg p$ 是真的，并且在社会影响 $Ip$ 的作用下，她们都收缩了其对 $p$ 的信念而变得犹豫不决。相反，主体 $b$ 和 $c$ 会受到其朋友 $a$ 和 $d$ 的强影响而相信 $p$。因此，$Sp$ 对于 $b$ 和 $c$ 而言是真的，并且在 $Ip$ 的作用下，她们都进行了修正，从而相信 $p$。注意，这里我们假设所有主体在同一时间修正她们的信念。另一种自然的情境是每个主体按一定顺序修正自己的信念，对应于各主体在不同时间基于他人信念进行修正。若对这样的情形进行研究，需要使用时态逻辑，表达在不同的时间点主体的认知状态及其变化，这似乎是一个有趣的研究方向。

---

① 　对全称量化句的解释，在一阶逻辑教材中容易找到。

## 3.2  稳定与变动状态

例 1 展示了 $Ip$ 算子单次运用后所发生的情况。从动态变化的过程可以看到，进一步的改变仍会发生。在右边的认知分布中，$a$ 和 $d$ 都受强影响去相信 $p$，因此进一步运用 $Ip$ 会使她们改变自己的信念，从而回到先前的状态。如果继续下去，会发生什么呢？在这种情况下，主体 $b$ 和 $c$ 没有进一步的变化，所以再次运用 $Ip$ 后，所有人都一致地相信 $p$。社会影响将不会引发进一步的变化。

如果算子 $Ip$ 对社群中任何主体的信念状态都没有进一步的影响，我们就称该社群是稳定的。社群内的全体成员具有一致的信念是维持社群稳定的充分而非必要条件，如例 2 所示：

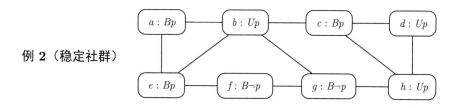

**例 2（稳定社群）**

在这个仅由单一社群组成的社会网络中，没有主体会受到强影响或弱影响。例如，主体 $b$ 对 $p$ 犹豫不决，她有三个朋友相信 $p$，但有一个不相信。根据我们对阈值影响给出的假设，这不足以让她改变信念。还应注意的是，主体 $c$ 的朋友们对 $p$ 不置可否的信念是一致的，但这对 $c$ 关于 $p$ 的信念没有影响。

例 1 中的社群刚开始不稳定，但运用一次 $Ip$ 后就变得稳定了。我们将这样的社群叫作"将要稳定"的社群。并非所有社群都会变得稳定。那些永远不稳定的社群将被称为"变动着"的社群。试举一例：

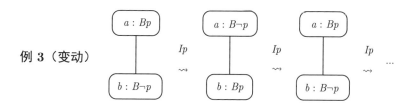

**例 3（变动）**

在例 3 中，各主体在每一阶段都受到对方的强影响，并因此修正她对 $p$ 的信念，在相信和不相信 $p$ 间交替变化。

以上的讨论表明，就社群的状态而言，有三种可能的社群类型：稳定的社群、变动的社群和目前不稳定却将要稳定的社群。此外，由于一个社会网络中不同社群彼此间没有影响，因而同时包含几种不同类型社群的社会网络完全是有可能的。

用逻辑的形式语言描述稳定性是比较容易的，因为它可以在局部完成。一个主体如果不受强影响或弱影响而相信 $p$，也不受强影响或弱影响而相信 $\neg p$，是不会改变她的信念的。同时，对于已经相信 $p$ 的主体，在受到强影响或弱影响而相信 $p$ 时，也将保持信念不变。回到自动机模型，容易看到，以下条件对于一个主体的信念不变是必要且充分的（假设强影响蕴涵弱影响）：

$$\neg(B\neg p \wedge \mathsf{W}p) \ \wedge \ \neg(Up \wedge \mathsf{S}p) \ \wedge \ \neg(Up \wedge \mathsf{S}\neg p) \ \wedge \ \neg(Bp \wedge \mathsf{W}\neg p)$$

以上的四个子句分别描述四种情形：主体将停留在自动机的一个状态上，且不会改变她的信念状态。在阈值影响的假设下，使用朋友关系和信念算子，这可以进一步表示为：

$$\neg(B\neg p \wedge F\neg B\neg p \wedge \langle F\rangle Bp) \wedge$$

$$\neg(\neg Bp \wedge \neg B\neg p \wedge FBp \wedge \langle F\rangle Bp) \wedge$$

$$\neg(\neg Bp \wedge \neg B\neg p \wedge FB\neg p \wedge \langle F\rangle B\neg p) \wedge$$

$$\neg(Bp \wedge F\neg Bp \wedge \langle F\rangle B\neg p)$$

当社群中每个主体都满足这一条件时，社群就是稳定的。刻画变动（或将要稳定）的状态有点困难。文献 [15] 包含了一个定理，展示了如何为偏好动态变化给出类似解释。这里，我们尝试给出关于信念一个类似的猜想，即一个社群（有至少两个主体）是变动的，当且仅当，社群中的每一个主体都满足如下条件：

$$(FBp \wedge FFB\neg p) \ \vee \ (FB\neg p \wedge FFBp)$$

特别地，如果社群中有任何主体在状态 $Up$ 上，且该社群尚未稳定的话，那么它将要达到稳定状态。要想用形式语言来描述它，我们需要一些全局的视角。最终，在有限次数的更新之后（可以引入 $[Ip]^n$），保持稳定的条件对每个主体都有效。

3.2.1 节中，我们将研究如何能够打破社群的稳定性，或者如何能够通过一些方法促进一个社群走向稳定。当然，我们既考虑信念在一个社群内部传播的情况，也考虑信念在社群之间的传播。

### 3.2.1  单边信念改变

抛开朋友意见的影响外，主体可能会因很多其他原因改变她们的想法。这就自然提出了如下问题：这种变化能否以及如何传播到社群的其他成员？一个非常团结的社群可能会抵制所有这些可能的变化，能够确保任何单边信念改变的主体很快恢复原来的信念。而一个不那么团结的社群，可能会受这种变化的高度影响而开始发生变化，甚至是跟随改变信念的主体进入一个新的稳定状态。我们将在这里考察一些例子，从一个全体成员一致中立的社群中单个主体转而相信 $p$ 开始：

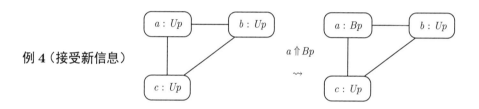

例 4（接受新信息）

在最初的稳定社群中有三个主体，她们都是朋友，而且都没有确定的信念。现在，主体 $a$ 改变她的信念为 $Bp$，在图中用 "$a \Uparrow Bp$" 表示。然而，这个变化非常有限，因为生成的新状态也是稳定的。在信念改变后，主体 $a$ 没有放弃自身信念的压力，因为她所有朋友的信念状态仅仅是中立。那些朋友，$b$ 和 $c$，处在相信 $p$ 的弱影响下，在阈值影响解释下，这还不足以使她们改变自己的中立状态。因此，主体 $a$ 的单边信念改变完全被孤立。

有时，社群内的主体的一致信念可以强大到足以抵制单边信念改变，下面的例 5 展示了这一点。

**例 5（抵制）**

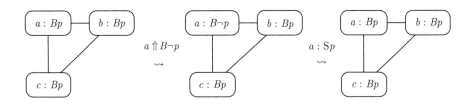

此处，主体 $a$ 首先单边修正了她对 $p$ 的信念，变为相信 $\neg p$，但在她朋友的强影响下（由图中的 "$a : Sp$" 表示）立即扭转了这一变化。

以上这两个例子阐明了社群作为一个整体对变化的抵制。例 4 是一种被动抵抗：其他主体不受影响，但容忍改变。例 5 则表现出更积极的反抗：改变信念的主体被迫回到之前的状态。如果我们改变社会网络的形式结构，即便在阈值影响下，单边信念改变也可能会带来更激进的后果。

**例 6（传道士）**

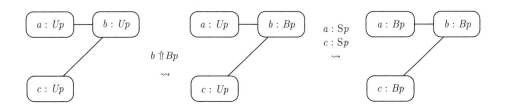

对于一个信念中立的社群，整个社群很可能会受到改变信念的单个主体的影响。如在例 6 中，突然开始相信 $p$ 的主体 $b$ 在社群中的位置至关重要，她的新信念容易得到扩散。相比较而言，处在其他位置的主体则无法取得同样的效果，下面的例 7 就是一个绝好的展示。

例 7 （局外人）

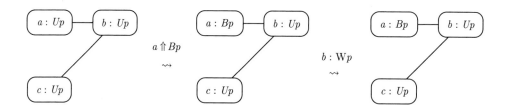

### 3.2.2 个体与群体信念

通过考察群体信念，我们可以更清楚地了解主体的单边信念改变如何影响社群的整体认知状态。一般而言，这是一个很有挑战性的问题。这里，我们假定一社群集体相信某个命题的充分条件是：社群中至少一半的成员相信该命题，没有成员不相信它，尽管有些成员可能会处于犹豫不决的状态。在这种情况下，我们可以说，该社群拥有"近乎一致的意见"。然而，即便是近乎一致的意见，也可能被某个主体的单边信念改变所推翻，如例 8 所示：

例 8 （获胜）

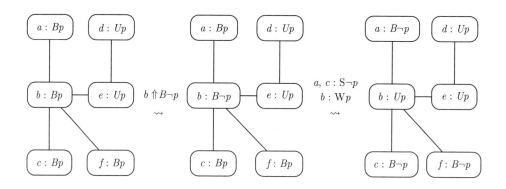

在该例中，处于中心位置的主体 $b$ 的影响改变了整个社群，使得大家对于 $p$ 获得近乎一致的意见，从而实现了一种群体信念的修正。注意，在这个例子中，认知状态未确定的主体 $d$ 和 $e$ 的存在是至关重要的。若没有她们作为稳定因素的影响，群体中其余主体就会在相信和不相信之间不停摇摆。

事实上，只要两个朋友意见一致，她们的信念就不会受影响而改变。例如，主体 $a$ 和 $b$ 是朋友，她们都相信 $p$。主体 $a$ 在强影响下改变信念的唯一条件是，她所有的朋友都相信 $\neg p$，而只要 $b$ 继续相信 $p$，这种情况就不会发生。即便是对 $a$ 的弱影响，也至少需要 $a$ 的朋友们都不相信 $p$，而这对于 $b$ 来说又是相反的。只要主体 $b$ 保持对 $p$ 的信念，$a$ 将不受（"100% 阈值"类型的）社会影响。情况是完全对称的，因此主体 $b$ 也不受影响。唯一能影响其中一方改变想法的方式就是某一个体的信念因其他原因而改变（如"单边"的信念改变）。

对偶的稳定性使得单一个体的信念变化很难影响到更大范围的社会网络。

**例 9（被击溃）**

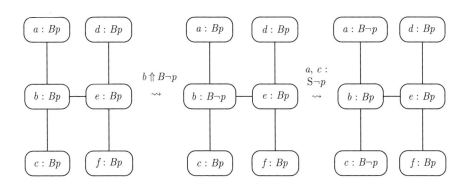

如例 9 中，在进行一次迭代后，社群将回到最初的一致信念。然而，如果两个朋友同时单边地改变信念，我们可以得到一个完全相反的一致意见：

**例 10（革命）**

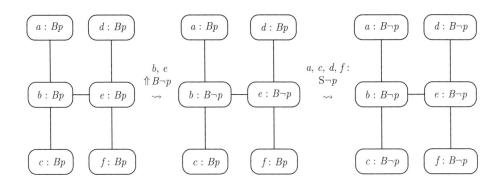

通过允许单边信念改变，我们可以让稳定的社会认知状态接受一种所谓的"社会压力测试"。非常稳定的社会结构不会因个体的信念改变而受到影响，但本来就有些不稳定的社会结构则不同。相比较而言，那些不受两个主体同时单边信念变化影响的社会结构更为稳定。事实上，我们可以用它来定义一个社群对信念或意见变化的"抵制"程度。给定一种关于社群集体信念（对 $p$）的聚合方法，如果社群的集体信念不会因群内任意 $n$ 个成员同时（以任何方式）改变她们的想法而改变，我们可以称该社群具有"$n$-抵制"的性质。那么例 8 中的社群是 0-抵制，但不是 1-抵制（在任何合理的聚合机制下），而例 9 和例 10 是 1-抵制，但不是 2-抵制。

### 3.2.3  友谊的得失

导致社群集体信念变化的另一个重要原因来自社会网络本身的变化。其中最简单的一种就是因朋友的得失而导致的变化。

**例 11（失去朋友）**

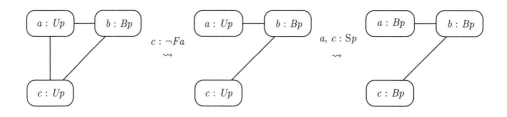

在例 11 中，刚开始，关于 $p$ 的信念在这个小群体中稳定分布，其中 $b$ 有明确的信念。接着，$a$ 与 $c$ 之间友谊的破裂，使得她们共同的朋友 $b$ 处于更具影响力的位置，从而导致 $a$ 与 $c$ 信念的进一步变化。除了改变群体意见，社会网络的变化也能将社群的状态从稳定转为波动，反之亦然。

## 例 12（稳定化）

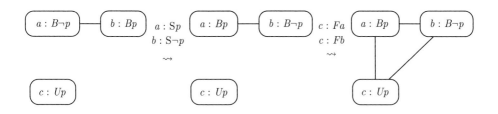

在例 12 中，刚开始由 $a$ 和 $b$ 组成的社群中，两位主体的信念处于不停的波动中。但是，当一个中立的主体 $c$ 加入后，态度来回摆动的两位主体就会稳定下来。再进一步，社会影响会使得她们进入中立的状态。下面的例子更为极端，当一个信念波动的社群有新加入的成员时，其影响可能足以改变整个社群的信念：

## 例 13（皈依者）

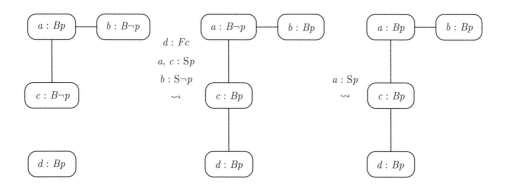

不过，我们需要注意的是，后来者加入社群的时间很重要。如果后来者遇到的那个主体持相反意见，她可能会被吸收到这种变化之中，当然，除非她是另一个更稳定的社群的成员。例如，$d$ 在一开始是另一位相信者 $e$ 的朋友，而 $e$ 与 $a$、$b$ 或 $c$ 没有关系，那么 $d$ 将免于改变。①

---

① 关于社会关系的变化，在本节探讨的基础上后来有进一步的研究。例如，李大柱的博士论文 [14] 给出了关于删除关系的逻辑，能够对下面的情形进行推理：$a$ 和 $b$ 是朋友，若 $b$ 不诚实，$a$ 会跟她断绝朋友关系。

# 3.3 可能的替代模型

到目前为止，我们采用的阈值影响模型可以说是彻头彻尾的平等主义：当涉及社会影响时，所有的朋友具有同等的影响力。正如我们在上面看到的，这种假设的一个结果是，拥有同样思想状态（相信、不相信或中立）的朋友永远不会受到影响而改变她们的信念。在这一节，我们开始考虑一种略为不同的方式：强、弱影响的条件来自朋友们意见的聚合，而她们的影响力不是等同的，而是按照一定的序排列。

假设我们的（部分）朋友是由一个可称之为"亲疏"的关系排序的。它既是非自反的，又是传递的。即，没有人会比她自己同自己更亲密；如果 $a$ 较之 $b$ 与我更亲密，$b$ 又较之 $c$ 与我更亲密，则我与 $a$ 的关系比 $c$ 更亲密。此外，这种关系不必是线性的：我有两个非常好的朋友 $a$ 和 $b$，却很难说她们谁与我更亲近一些。这种"亲疏"的说法只是一种可能的解释；通过它我们真正想表达的也许可以被称作一类社会性权力。说朋友 $a$ 比 $b$ 与我更亲密，仅仅意味着 $a$ 比 $b$ 对我的影响力更大。

对于强影响下的信念修正，我们会假设受影响的主体只会咨询她最好的朋友，且她们必须有一致的信念。这就相当于在一个非常强的要求下聚合了主体最好朋友的意见，即要求最好的朋友们全体意见一致。这仍然是一种保守的假设，但比我们一直使用的阈值模型条件更自由一些，因为不需要考虑更广范围内所有的朋友，而只是最好的朋友那一部分。

对于弱影响下的信念收缩，我们假设主体咨询了她所有朋友的意见，但她会以一种优先考虑亲密朋友的方式来聚合她们的意见。特别地，在聚合上，如果对任意一个持不相信意见的朋友都有一个比她更亲密的朋友选择相信，我们会认为主体的朋友持相信态度。这是一种"可废止"模型：持不相信观点的朋友会被比她们更亲密的朋友废止。关于这种聚合方法的研究，主要在关于偏好而非信念的领域。我们关于朋友的排序在文献 [2] 中被称为"优先图"，那里提到的方法被称为"字典序聚合"。所谓字典序，可以考虑一对单词（长度相等）和它们在字典中出现的顺序。为了防止 $Y$ 中的每个字母出现在 $X$ 中相应字母的前面（按字母顺序），$Y$ 中应有一个较早的字母出现在 $X$ 中相应字母的后面。如果单词的长度不相等，这个定义仍然可以通过用额外的"空格"字符填充较短的单词来实现，并认为这些空格出现在字母表的所有字母之前。

### 3.3.1　排位的影响

为了对社会影响的新模型进行公理化研究，在一般情况下，我们需要根据朋友对我们的影响力来区分她们。这里引入一个二元算子 $P$，使得 $P\varphi\psi$ 意为"对于任意具有性质 $\varphi$ 的朋友，我有一个更好的朋友具有 $\psi$ 的性质"。但随之带来了一些技术上的困难，因为 $P$ 不是普通的模态算子。[①]这里我们没有解决这些困难，而是使用"排位"的概念引入一种简化假设。我们最好的朋友是第 1 级的，剩下的朋友中最好的（当把最好的朋友去掉时）排在第 2 级，再剩下的朋友中最好的（把第 2 级朋友也去掉时）是第 3 级，如此等等。假设拥有更高等级就足以成为一个更好的朋友: 如果（对我来说）$a$ 是一个等级比 $b$ 高的朋友，那么 $a$ 就是我的比 $b$ 更要好的朋友。注意这个附加的假设并非无足轻重，假设我有一个最好的朋友 $a$ 和三个其他的朋友，$b$，$c$，$d$。其中 $b$ 是一个比 $d$ 更要好的朋友，如果 $b$ 和 $c$ 与我的亲疏关系是不可比较的，那么谁都不比另一个与我更亲密。这样的话，$a$ 在第 1 级，$b$ 和 $c$ 在第 2 级，$d$ 在第 3 级。这意味着 $c$ 是我比 $d$ 更要好的朋友，而这是离开排位假设我们无法得出的推论。

假设社会网络中只有有限的 $N$ 个主体，那么朋友可能的最低排位是 $N-1$。既然友谊关系是非自反的，所以要想拥有朋友，社会网络就必须至少包含两个主体。因此，我们将引入新的符号 $F_1,\cdots,F_{N-1}$，其中 $F_i$ 表示"我的所有处于 $i$ 级的朋友"。我们得到如下等价式:

$$F\varphi \quad \leftrightarrow \quad \bigwedge_{i<N} F_i\varphi$$

---

① 普通模态算子定义了"亲疏"关系，$Q\varphi\psi$ 意味着"对于我所有的 $\varphi$ 的朋友，每个更亲密的朋友都 $\psi$"。但是没有办法用 $Q$ 来定义 $P$。

现在可以用以下公理来表示排位的强、弱影响：[①]

$$S\varphi \quad \leftrightarrow \quad F_1 B\varphi \wedge \langle F_1 \rangle B\varphi$$

$$W\varphi \quad \leftrightarrow \quad \bigwedge_{i<N} F_i(B\neg\varphi \to \bigvee_{j<i} \langle F_j \rangle B\varphi) \wedge \langle F \rangle B\varphi$$

考虑如下的社会网络：

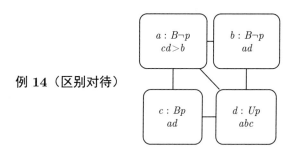

**例 14（区别对待）**

例 14 的每个节点都代表主体相信什么，以及她给朋友们的排序，可以由一个简单的等级表示。例如，$a$ 最好的朋友是 $c$ 和 $d$，而 $b$ 处在第二级，因此 $a$ 受弱影响而收缩她对 $p$ 的不相信态度。这是因为她唯一不相信 $p$ 的朋友 $b$ 排在第二级，而她最好的朋友 $c$ 相信 $p$。因此，在排位影响下，$a$ 的信念会变得不确定，而在阈值影响下，$a$ 不会改变她的信念，因为她的朋友 $b$ 和她一样不相信 $p$。

如果条件合适，排序所带来的影响可以引发变化在一个社群内更迅速的传播。在例 15 中，一个主体的新信念很快能传播到社群中那些原本信念中立的朋友们中。

---

① 这两条公理表面上看起来非常不同，但通过第一条的一个等价式，可以更清楚地显示出这种不同：

$$S\varphi \quad \leftrightarrow \quad \bigwedge_{i\leqslant N} F_i(\neg B\varphi \to \bigvee_{j<i} \langle F_j \rangle B\varphi) \wedge \langle F \rangle B\varphi$$

这表达了一个较弱的条件：对于每个不相信 $\varphi$ 的朋友，我都有一个更好的朋友持相信的态度。但要让其为假，我必须有一个不相信 $\varphi$ 的朋友，并且没有更好的朋友持相信态度。但这样的话，要么那个朋友是我最好的朋友，要么我有一个最好的朋友（因此是一个更好的朋友），她不相信 $\varphi$，从而阻止了强影响。

**例 15（传播）**

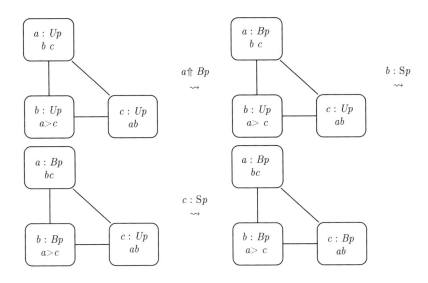

虽然阈值影响下志同道合的朋友所保持的绝对稳定性在排位影响下被瓦解，但成对的最好朋友仍免于改变。现在我们也可以考虑改变一个给定主体的朋友的排位，作为之前考虑过的友谊得失动态行为的变种。

**例 16（提升）**

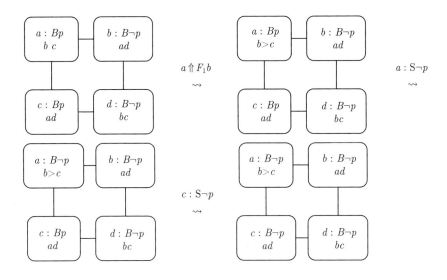

在这里，我们使用 $\Uparrow F_1 b$ 表示将主体 $b$ 提升为（唯一的）最好的朋友的行为。这种新的非对称关系让 $b$ 的不相信态度蔓延到社群的各个角落。当然，还存在许多可被研究的其他针对排序可能的动态行为。例如，主体可以把一个朋友降级，或将其提升/降级到一个指定的级别。这些问题都值得进一步研究。

### 3.3.2 相信的可靠性

在某种意义上说，上面的研究工作是将人与人之间的"亲疏"关系与信念和信念的改变联系起来。如此一来，主体关于其他主体的排位就变成模型中的一个重要因素。当然，其他的直观也会影响这里的排位考量，比如主体认为"某人比别人更有专业知识"或"某人比别人更有权威性"。① 这也引发了另一种对其他主体相对影响力的建模方式，即引入主体间一个二元关系——"更可靠"，然后通过主体在其社群中"相信"更可靠的人来表达社会影响的条件。对排位影响而言，强影响需要那些被认为是最可靠的人达成一致，而相信 $p$ 的弱影响则需要任何不相信 $p$ 的主体被一个相信 $p$ 且被认为更可靠的主体所废止。用 $L$ 代表"每一个更可靠的朋友"，我们就可以公理化这个社会影响的新概念——"可靠影响"，见下：

$$S\varphi \quad \leftrightarrow \quad B(F(\neg B\varphi \to \langle L \rangle B\varphi) \wedge \langle F \rangle B\varphi)$$

$$W\varphi \quad \leftrightarrow \quad B(F(B\neg\varphi \to \langle L \rangle B\varphi) \wedge \langle F \rangle B\varphi)$$

我们不会在此讨论这种方法的细节，只是想指出它能够提供一个将研究目标从只是描述信念影响转向关于信念影响的规范性理论。这基于以下的合理性假设：当一个人认为自己的信念被她认为可靠的人一致地反对时，改变自己的信念是合理的。当然，这样的理论还将包括何时进行信念修正，修正是否合理的约束条件等，不过在此仅仅是指出一个可能的、有前途的研究方向。

---

① 对社会网络中专家的影响，薛蕴琦的博士论文 [25] 做了更深入的研究。

# 3.4   合理性关系的动态变化

前几节关注的重点是社群中主体信念的动态变化。为提供清晰的示例，我们只考虑了关于单个命题的社会影响。但这样做的时候，我们忽略了个体信念非常重要的一个方面，即信念之间的相互依赖。一个信念的改变可能会影响到其他信念。因此，自然的问题是：在考虑社会影响力时，命题修正的先后顺序是否重要？答案是肯定的。

**例 17（多命题）**

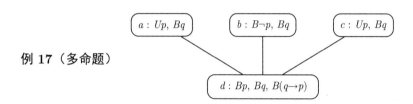

在如上描述的情形中，$d$ 是如何改变她的信念的？我们将看到，结果取决于是否先考虑对 $p$ 的影响然后再考虑对 $q$ 的影响，反之亦然。首先，考虑命题 $p$，因为她所有的朋友要么相信 $\neg p$，要么对 $p$ 犹豫不决，假设其处在阈值影响下，会得出她将会收缩信念并因此对 $p$ 中立。但由于她也相信 $q$ 和 $q \to p$，仅仅从她的信念集中去除 $p$ 是不会成功的；她也必须抛弃她对 $q$ 的信念或者她对 $q \to p$ 的信念。现在，假设她认为 $q \to p$ 比 $q$ 更牢固，因而从她的信念集中删去了 $q$。①然而 $d$ 的所有朋友都相信 $q$，在强影响下，她会修正自身信念从而相信 $q$，然后，由于相信 $q \to p$，她会再次相信 $p$。考虑 $p, q$ 顺序的影响结果是 $d$ 的信念保持不变。但在相反顺序中，她将不再相信 $p$ 和 $q$。

这是一个奇怪的结果。为解决这一问题，我们将不再使用前面引入的信念修正的方法。相反，我们采用文献 [6] 和 [24] 的方法，那里主体的信念被认为是关于可能结果的合理性的一种判断。采用这样的方法会为我们提供一个解决许多问题的新思路，使我们能够在社会环境中做出一些有趣的区分。同时，我们也可以思考对这种方法本身提出的挑战。

给定一个可能世界或状态的论域 $W$，考虑每个主体对 $W$ 中元素的相对合理

---

① 　关于牢固信念改变的更多信息，见文献 [16] 和 [17]。

性的判断。对于 $W$ 中的 $u$ 和 $v$，$u \leqslant_a v$ 意为 $a$ 认为 $v$ 至少和 $u$ 一样合理。重要的是，这种关系可能不是反对称的：两种状态可能被认为是同样合理的。此外，这种关系也可能是不完全的，即对于 $u$ 和 $v$ 哪个更合理，主体可能没有判断：$u \nleqslant_a v$ 且 $v \nleqslant_a u$。可以看出，较之前文的模型有了一个根本性的变化，主体现在有四个（而不是三个）相关的可能状态：主体 $a$ 可能会发现 $v$ 比 $u$ 严格地更合理（$u \leqslant_a v$ 和 $v \nleqslant_a u$），反之亦然，或者可能认为它们同样合理（$u \leqslant_a v$ 和 $v \leqslant_a u$）或者根本没有观点（$u \nleqslant_a v$ 和 $v \nleqslant_a u$）。

采用了这样的模型，学者们就可能以各种方式将合理性判断视为决定信念的因素。根据文献 [6] 和 [24]，主体 $a$ 相信 $p$ 仅当 $p$ 在所有对 $a$ 来说最合理的世界中都成立。一个世界是"最合理的"，是说，对主体而言不存在更严格合理的世界。虽然对如此定义的信念进行修正，学界已经有一些研究，但我们将重点考虑如何为合理性判断本身建模，并考虑合理性判断本身的动态变化。这比之前的信念修正要直接得多。如果主体希望修正信念使得她认为 $w_2$ 至少和 $w_1$ 一样合理，她应该修正为：

$$\leqslant_a \cup \{\langle w_1, w_2 \rangle\}$$

换言之，她认为 $v$ 至少和 $u$ 一样合理，当且仅当，她之前认为 $v$ 至少和 $u$ 一样合理或 $u = w_1$ 和 $v = w_2$。这样的处理会有一些小问题，特别是关于合理性判断的传递性。我们将在下面进一步讨论。同样地，如果一个主体希望修正信念使得她认为 $w_2$ 并非至少如 $w_1$ 一样合理，她应当修正为：

$$\leqslant_a \setminus \{\langle w_1, w_2 \rangle\}$$

就像在早先的模型中一样，我们还必须给出这些修正的条件。这次我们只考虑最简单的情形：主体（在积极或消极的方向上）修正自身的合理性判断，当且仅当，她所有的朋友全体持一致意见。所以，如果她们都认为 $v$ 至少和 $u$ 一样可信，她也如此；如果她们都认为 $v$ 并非至少和 $u$ 一样可信，她也一样。我们将此称为"合理性影响"，并将相应算子记作 $\mathcal{I}$。① 现在，让我们关注关于 $u, v$ 之间合理性

---

① 更准确地说，合理性影响是将所有主体的合理性判断进行转换的操作，使主体 $a$ 认为 $v$ 至少与 $u$ 一样可信，当且仅当，对偶 $\langle u, v \rangle$ 在下面集合中：
$$\leqslant_a \cup \bigcap_{a \succeq b} \leqslant_b \setminus \bigcap_{a \succeq b} \nleqslant_b$$
这里 $x \succeq y$ 表示 $x$ 是 $y$ 的朋友。注意，关系中执行加减运算的顺序并不重要，因为只要至少有一个朋友，就不可能出现所有的朋友都（不）认为 $v$ 和 $u$ 一样合理。

的两个判断，合理性影响由如下自动机刻画：

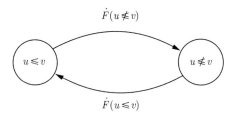

其中 $\dot{F}\varphi$ 是 $(F\varphi \wedge \langle F \rangle \varphi)$ 的缩写，即全称量词的版本，并具有存在预设。当然，这只是故事的一半，另一半是通过交换 $u$ 和 $v$ 给出的。上文提到，一个主体对 $u$ 和 $v$ 可以持四种态度之一，我们标记 $R$（表示"右"）为 $v$ 严格地比 $u$ 更可信，$L$（表示"左"）为 $u$ 严格地比 $v$ 更可信，$I$（表示"不偏斜的"）为 $u$ 和 $v$ 同样可信，以及 $O$（表示"没有意见"）。在这些项中，$u \leqslant v$ 是 $(I \vee R)$，$u \not\leqslant v$ 是 $(O \vee L)$，$v \leqslant u$ 是 $(I \vee L)$，$v \not\leqslant u$ 是 $(O \vee R)$。两部分比较的动态，可以表示为以下两个自动机：

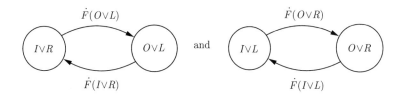

这两个自动机的乘积完全描述了关于 $L, R, I$ 和 $O$ 这四种状态的合理性影响的动态变化：

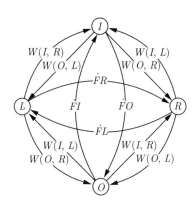

其中 $W(\alpha, \beta)$ 是条件 $(\dot{F}(\alpha \vee \beta) \wedge \neg \dot{F}\beta)$。与之前一样，我们假设如果没有适用的转换条件，那么自动机将保持当前状态。

对动态的分析表明，同类型的朋友（$L$, $R$, $I$, 或 $O$）不会受到他人的影响。从这个意义上说，这与我们先前的模型相比几乎没有什么变化；对于 $X$—$Y$—$X$ 的形式，其中的 $X$ 和 $Y$ 是主体的"类型"，有一些典型的不稳定交替；稳定性的刻画可通过文献 [15] 中的方法得到。

### 3.4.1 更细致的动态

通过合理性研究社会影响的方法，其创新之处在于它是对信念动态的更为细致的分析和刻画。虽然它在模型的合理性层面上是确定性的，但不像先前修正/收缩的方法，它在信念层次上可能是"不"确定的。例如，假设主体 $b$ 和 $c$ 是朋友且都相信 $p$。在我们之前的模型中，这使得她们在这一信念上免于被影响。如果有第三个主体 $a$ 与她们两人都是朋友（且没有其他人），无论她最初持何观点，她都会受强影响而相信 $p$。但在合理性模型中，情况就不一样了。

假设有三种可能的结果，$u_1$, $u_2$ 和 $v$，并且 $p$ 在 $u_1$ 和 $u_2$ 上为真但在 $v$ 上为假。假设主体 $b$ 认为 $u_1$ 比 $v$ 更严格合理，主体 $c$ 认为 $u_2$ 比 $v$ 更严格合理，而且这是她们做出的唯一判断。这时，主体 $a$ 不会做任何改变。如下所示：

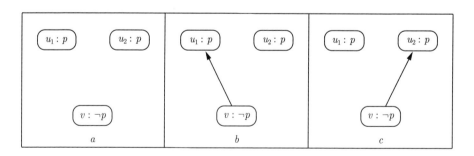

主体 $b$ 和 $c$ 认为 $u_1$ 和 $u_2$ 是最合理的结果，因此相信 $p$。她们的朋友 $a$ 认为结果 $v$ 是最合理的，并因此还未决定对 $p$ 的态度。因此，我们有以下结果：

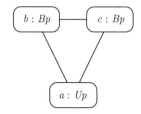

但经过对世界合理性的判断影响后，主体 $b$ 不再认为 $u_1$ 比 $v$ 更合理，因为两个朋友都不支持这种观点。同样地，主体 $c$ 放弃了她关于 $u_2$ 比 $v$ 更合理的判断，这使得所有三个主体都收敛到 $a$ 的初始观点，因此新的信念分布为：

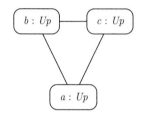

如何对这样的情况进行解释呢？在某种程度上，这一结果考虑到了主体理智的作用而不仅仅是作为结果的信念的影响。根据这种解释，主体信念背后的理由通过她对世界合理性的判断表示出来；而这些关于合理性的判断受到她所处的社会环境的影响而发生变化。比较而言，社会网络对她信念的影响反倒变得没有那么重要。

### 3.4.2　传递性问题

关于合理性判断的影响存在一个问题，即，它不能与传递性很好地共存。例如，假设三个朋友对结果 $u$，$v$ 和 $w$ 做出如下判断：

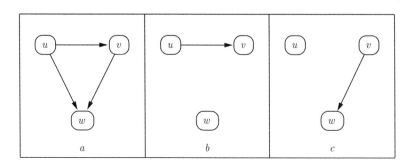

每一个主体的合理性判断都满足传递性。但在社会影响下，每个朋友将会转变到以下关于合理性判断的情形，显然，这里传递性不再成立。

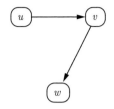

简而言之，合理性影响的动态变化不能保持模型的传递性。对此有几种可能的解决方法。一种是在计算社会影响的效果后，取每个主体的合理性关系的传递闭包。直观上，这可以被看作一种自我批判的评价行为。这将略微增加主体受到朋辈影响的难度。一个缺点是，它使得作为信念理由的合理性判断的动态变得更加难以解释：除"认为 $w$ 比 $v$ 更合理，$v$ 比 $u$ 更合理"之外，"认为 $w$ 比 $u$ 更合理"不能作为正当的理由。上面提到的那种作为信念理由的合理性判断的更细致的动态，将不得不在主要的合理性判断和那些由传递性推导的判断之间做出区分。第二种回应是稍微修改信念的定义，可以用每个主体的合理性关系的传递闭包来定义主体的信念。

# 3.5　结语和未来研究

本章的研究始终坚持一种开放的态度，建模并研究主体的信念受其社会关系影响的可能方式。与社会心理学家、社会学家提供的模型不同，这里的目标不是描述性的，而是规范性的。我们感兴趣的是社群成员可能采用的信念修正规范与信念在整个社群中分布所产生的动态属性之间的关系。尽管如此，在定性层面上可以看到，真实社群中社会信念变化的许多方面都可以从一个非常简单的，称之为"阈值影响"的模型中获得。具体而言，我们关注的问题是：什么情况下一个群体的信念能够保持稳定？这里需要考虑所有可能的动态变化，例如，各种各样的"社会压力"、群体内个人的单边信念改变、社会网络本身的改变，等等。我们还考虑了对"阈值"模型的改进和其他的替代方案。最重要的替代方案是转向考虑合理性判断，而不仅仅是信念。我们首先展示了这样的改变是由基于信念动态的困难所要求的，这些困难与被考虑的不同信念的决策顺序有关。其次，我们展示了所产生的基于合理性的解释在信念层次上是一个不确定的动态系统。最后，我们所考虑的基于合理性的解释缺乏某些直观上令人满意的特征，如保留传递性。

　　对于未来的工作，有许多有趣的开放问题值得探究。这里的每个模型都指向特定的形式系统，这些系统的静态和动态特性需要更详细的研究。特别是当 3.3.2 节给出可靠性程度的规范性解释时，排位模型是非常自然的。找到这些逻辑的公理化将是具有挑战性的问题，并可能揭示关于信念改变的推理规范的新理论。当阈值严格地介于 0 和 1 之间时，探究阈值影响的结果将使我们更接近定量理论。在每种情况下，使用这里提到的自动机模型，刻画稳定与转换的定理都是显而易见的。在思想的层面上，一个自然的问题是，是否可以使用类似的模型研究群体信念，并在个体和群体层面间探索信念变化的动态交互作用。在所有这些领域中，对关于信念变化的影响的网络结构进行更全面的研究是很有必要的。

# 参 考 文 献

[1] Carlos Alchourrón, Peter Gärdenfors, and David Makinson. On the logic of theory change: Partial meet contraction and revision functions. *Journal of Symbolic Logic*, 50:510–530, 1985.

[2] Hajnal Andréka, Mark Ryan, and Pierre-Yves Schobbens. Operators and laws for combining preferential relations. *Journal of Logic and Computation*, 12:12–53, 2002.

[3] Alexandru Baltag, Lawrence S. Moss, and Sawomir Solecki. The logic of common knowledge, public announcements, and private suspicions. In I. Gilboa, editor, *Proceedings of the 7th Conference on Theoretical Aspects of Rationality and Knowledge (TARK 98)*, pages 43–56. San Fransisco, CA: Morgan Kaufmann, 1998.

[4] Alexandru Baltag and Sonja Smets. A qualitative theory of dynamic interactive belief revision. In M. Wooldridge G. Bonanno, W. van der Hoek, editor, *Logic and*

*the Foundations of Game and Decision Theory*, volume 3 of *Texts in Logic and Games*. Amsterdam: Amsterdam University Press, 2008.

[5] Patrick Blackburn, Martin de Rijke, and Yde Venema. *Modal Logic*. Cambridge, England: Cambridge University Press, 2001.

[6] John P. Burgess. *Basic Tense Logic*, volume 2 of *Handbook of Philosophical Logic*, chapter 2, pages 89–133. Dordrecht, Netherlands: D. Reidel, 1984.

[7] Pedro M. Domingos and Matthew Richardson. Mining the network value of customers. In *Proceedings of the 7th International Conference on Knowledge Discovery and Data Mining*, pages 57–66. ACM Press, 2002.

[8] John R. French. A formal theory of social power. *Psychological Review*, 63(3):181–194, 1956.

[9] Nigel Gilbert and Klaus G. Troitzsch. *Simulation for the Social Scientist*. Open University Press, 2005.

[10] Patrick Girard, Jeremy Seligman, and Fenrong Liu. General dynamic dynamic logic. In Thomas Bolander, Torben Braüner, Silvio Ghilardi, and Lawrence S. Moss, editors, *Advances in Modal Logic*, pages 239–260. London: College Publications, 2012.

[11] David Harel, Dexter Kozen, and Jerzy Tiuryn. *Dynamic Logic*. Cambridge, MA: The MIT Press, 2000.

[12] Matthew O. Jackson. *Social and Economic Networks*. Princeton University Press, 2008.

[13] David Kempe, Jon Kleinberg, and Éva Tardos. Maximizing the spread of influence through a social network. In *Proceedings of the 9th ACM SIGKDD International Conference on Knowledge Discovery and Data Mining*, pages 137–146. ACM Press, 2003.

[14] Dazhu Li. *Formal Threads in the Social Fabric: Studies in the Logical Dynamics of Multi-Agent Interaction*. PhD thesis, Tsinghua University and University of Amsterdam, 2021.

[15] Zhen Liang and Jeremy Seligman. A logical model of the dynamics of peer pressure. *Electronic Notes in Theoretical Computer Science*, 278:275–288, 2011.

[16] Abhaya C. Nayak, Paul Nelson, and Hanan Polansky. Belief change as change in epistemic entrenchment. *Synthese*, 109(2):143–174, 1996.

[17] Hans Rott. Basic entrenchment. *Studia Logica*, 73:257–280, 2003.

[18] Jeremy Seligman, Fenrong Liu, and Patrick Girard. Logic in the community. In M. Banerjee and A. Seth, editors, *Proceedings of the 4th Indian Conference on Logic and its Applications*, volume 6521 of *LNCS*, pages 178–188. Berlin: Springer, 2011.

[19] Jeremy Seligman, Fenrong Liu, and Patrick Girard. Facebook and the epistemic logic of friendship. In Burkhard. C. Schipper, editor, *Proceedings of the 14th Conference on Theoretical Aspects of Rationality and Knowledge (TARK 2013)*, pages 229–238, Chennai, India, 2013.

[20] Johan van Benthem. Dynamic logic for belief revision. *Journal of Applied Non-Classical Logic*, 17:129–156, 2007.

[21] Johan van Benthem. *Logical Dynamics of Information and Interaction*. Cambridge, England: Cambridge University Press, 2011.

[22] Johan van Benthem, J. van Eijck, and B. Kooi. Logics of communication and change. *Information and Computation*, 204:1620–1662, 2006.

[23] Hans van Ditmarsch. Prolegomena to dynamic logic for belief revision. *Synthese (Knowledge, Rationality & Action)*, 147:229–275, 2005.

[24] Frank Veltman. *Logics for Conditionals*. PhD thesis, University of Amsterdam, 1985.

[25] Yunqi Xue. *In Search of Homo Sociologicus*. PhD thesis, The Gratuate Center, The City University of New York, 2017.

# 第 4 章　社会影响与行为预测*

社会网络是随着互联网发展而得到关注的一种社会交往的空间。它是一般意义上的社会交往的缩影。社会网络中的每个主体通过各种社会关系与其他的主体相互连接，并借由这些关系通道展开信息交流与互动。一个主体的观念的形成、信念的改变、行为方式的选择等都会受到周遭朋友或邻居的影响。近年来，逻辑学、计算机科学、语言学、社会学、心理学等学科领域都对社会网络的相关方面展开了研究。2018 年年初出现的脸谱公司个人信息泄露的事件、假新闻的事件，以及普遍存在的个人隐私的问题，都与社会网络密切相关，给研究者们提出了新的理论上的挑战。

从逻辑学的角度探讨社会网络，主要研究信息及其流动的规律。可以说，信息是社会网络中主体之间交往的媒介。在逻辑学研究领域，对信息流本身的研究从 20 世纪 80 年代就开始了，具体的研究见本书第 2 章中的综述。然而，考虑到社会网络的特征而对信息流展开的研究则是近年来才出现的方向。社会网络的一个明显特征是主体之间的社会关系凸显出来，使得理解主体之间的相互影响的机制变得非常迫切和重要。对主体的研究来说，至少可以考虑以下两个方面的问题：

第一，认知方面。主体如何在社会网络中接收信息、形成自己的观念。这里的接收信息包括自己搜集信息，也包括通过交流从别人那里获得的信息。每个主体是一个信息加工厂，从各处接收信息，最终的输出形式或产品是主体的新信念或新知识。若只从外部输出看，主体的信念随着新信息的到来在不停地"修正"。

第二，行为方面。主体行为方式的选择也会受到周遭朋友或邻居的影响。追逐

* 本章部分内容首次发表于：刘奋荣、谢立民，关于社交网络中主体行为的推理和预测，《暨南学报》(哲学社会科学版)，2018 年 12 期，第 1–8 页。此次收录本书时进行了调整和修订。

时尚，购买流行服饰、手机等用品就属于这类行为。再如，主体 $a$ 加入了某个群体，而那个群体的成员都有某个习惯，出于"合群"的考虑，$a$ 会选择采纳那个习惯。这样的行为在日常生活中司空见惯。

一旦将落脚点放在主体的认知和行为，我们所关心的问题有：在社会网络中，主体的认知和行为的动态变化机制是什么？能否预测主体的行为或信念的变化趋势？从宏观的角度看，一个社会网络空间的信念是否能够达到稳定的状态，其条件是什么？从 2011 年开始，我与同事们合作开始对这些问题展开研究，相应的成果发表在系列论文中：文献 [6]，[12]，[13]，[14]。其他国际同行也纷纷加入到这个领域的研究中，对社会网络中的信息流和主体推理的特征从不同角度展开讨论。例如，梁真和谢立民为社会网络中主体的偏好如何受到朋友的影响而改变建立了新的逻辑模型（文献 [11]）。巴塔格等对信息的瀑布效应展开深入的逻辑分析，提出了如何克服这一效应、保持群体理性的方法（文献 [1]）。克里斯托夫与合作者使用动态认知逻辑的方法研究社会网络中观点的扩散与对未来的预测（文献 [2]）。亨德瑞克斯和汉森在他们的著作《信息风暴》（*Infostorms*，文献 [7]）中，通过对一系列具体事例的分析阐明逻辑的思考和推理如何帮助人们在信息爆炸的时代保持清醒的头脑。薛韫琦对社交网络中专家的观点如何扩散进行了系统的研究，针对专家的观点与朋友影响互相冲突的问题，给出了解决方案（文献 [19]）。

本章研究的问题仍然是主体之间的相互影响。这里的影响指上面提到的两个方面：一个主体的行为选择受到朋友或邻居的影响，一个主体的信念或观点受到朋友的影响。但是，在我们的实际研究中，将暂时忽略认知和行为之间的差别，在形式上使用一个命题表示，该命题也可以看作某个观点或某种行为模式。

将社会网络的模型看作一个图，记作 $M = (A, R, V)$，$A$ 是主体的集合，$R$ 是主体之间的二元关系，$V$ 是赋值。命题 $P$ 在一个节点上为真，意味着，那个主体相信 $P$ 或选择行为 $P$。大写的 $P, Q$ 或加下标的形式表示命题；小写的字母 $a, b, c, d$ 等表示主体。就影响而言，主要探讨两种形式：单向的影响和双向的影响。本章将详细讨论这两种影响机制下的主体的认知和行为选择的动态变化，将研究重点放在对主体未来状态的推理和预测上。

# 4.1 单向影响和行为预测

主体之间的影响最简单的方式是单个方向，即，主体 $a$ 受到主体 $b$ 的影响，但是 $b$ 却不受 $a$ 的任何影响。这意味着，主体 $a$ 和 $b$ 之间的关系是非对称的，形式表示为：

$$\forall a, b \in A, aRb \Rightarrow \neg(bRa)$$

在社会网络中，普通主体与专家之间的关系就是典型的非对称关系，专家的观点会影响到普通的主体，反过来却不成立。很多社交媒体中都设有"关注"的功能。当一个主体 $a$ 选择关注 $b$ 之后，$b$ 的行为或信念就开始影响 $a$。但是，具体的影响机制如何运作？下面先考虑一个简单的动态变化规则：[①]

$$P := (P \vee \Diamond P) \quad (*)$$

这里的语言是命题模态逻辑，$\Diamond$ 是可能算子，表示社会网络中主体之间的关系。以上提到的社会网络的模型 $M = (A, R, V)$ 与我们熟悉的模态逻辑的可能世界语义模型非常类似。二者的区别在于，可能世界现在变成了主体，可能世界之间的可及关系变成了主体之间的社会关系。因此，可以在社会网络的模型中对模态公式进行解释：

$$M, a \models \Diamond P \quad \text{当且仅当} \quad \text{存在 } b, aRb \text{ 且 } M, b \models P。$$

这就是说，对 $a$ 而言，若存在一个她关注的主体 $b$，且 $b$ 具有性质 $P$ 时，我们可以说 $\Diamond P$ 对 $a$ 为真。为方便起见，在这一节我们直接用"关注"读出 $a$ 和 $b$ 之间的关系。

动态变化规则公式（*）的右边描述的是一个状态，主体是 $P$ 或者她关注一个具有性质 $P$ 的主体。整个公式实际上定义了 $P$ 的分布状况，即，已经具有性质 $P$ 的主体或能够关注到一个 $P$ 主体的主体。对于给定的一个主体，若她已经是 $P$，

---

① 这里的动态规则可以理解成程序中的赋值。即，如果当前点已经是 $P$ 或者能够看到一个 $P$ 点，则把当前点设定为 $P$。这里并不排除在当前点能看到 $\neg P$ 点的情形。

则保持不变，若她能够关注一个 $P$ 主体，则她自己要变成 $P$ （受到单向的影响）。在社会网络中，遵照此动态变化规则，可以观察到主体状态逐步变化的过程。这个简单的例子表明，一个主体的信念或行为会逐渐通过单向影响改变关注她的其他主体，从而在社交网络中扩散。

　　下面的例子，从左到右，从上到下，给出了一个小型社会网络中主体状态的五步变化。首先，整个网络中只有一个节点是黑色的，这是初始状态；第一步，跟它连接的三个节点变成黑色；之后黑色逐步扩散，最终社会网络中所有的节点都变成了黑色。

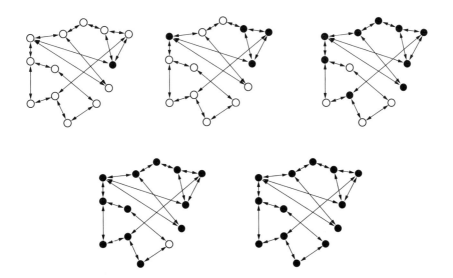

　　事实上，单向影响的现象在很多学科中被称为"扩散"。扩散的内容可以是较为先进的文化、新派的思潮，也可以是传染性疾病。我们关心的问题是这种"扩散"的最终趋势，了解趋势具有重大的实际意义。譬如，在医学领域，若能事先对某种传染性疾病的扩散有所预测，就可以提前采取一些措施进行控制。使用形式语言对主体之间的影响、信息传播机制进行表示，可以就有关的现象做出预测和进行推理。下面，使用 **D** 表示动态算子 $[P := (P \vee \Diamond P)]$。而且这个算子可以不断重复运用。例如，**DDD**$P$ 就表示三步扩散之后主体具有性质 $P$。使用纯粹的形式推演，我们可以得到下面的等价式：

$$\mathbf{D}P \quad \leftrightarrow \quad (P \vee \Diamond P)$$

**DD**$P$ $\quad\leftrightarrow\quad$ $(P \vee \diamond P) \vee \diamond(P \vee \diamond P)$

通过简化，得到

**DD**$P$ $\quad\leftrightarrow\quad$ $(P \vee \diamond P \vee \diamond\diamond P)$

使用类似的逻辑推演，得到

**DDD**$P$ $\quad\leftrightarrow\quad$ $(P \vee \diamond P \vee \diamond\diamond P \vee \diamond\diamond\diamond P)$

最后的等价公式意味着，如果以下条件之一成立，主体满足性质 $P$：主体具有性质 $P$，或者她能关注到具有性质 $P$ 的主体（$\diamond P$），或者她与具有性质 $P$ 主体有两步之遥（$\diamond\diamond P$），或者她与具有性质 $P$ 的主体有三步之遥（$\diamond\diamond\diamond P$）。这样，可以把公式 **DDD**$P$ 直接读作，主体会在三步后变成 $P$，当且仅当，她现在已经是 $P$，或者离 $P$ 主体有三步或少于三步的距离。换句话说，利用逻辑学的推演，能够直接在形式推演系统中获得主体状态的未来变化和发展的趋势。

当然，动态算子 $[P := (P \vee \diamond P)]$ 表示的是一个十分简单的扩散过程。另一个十分自然的动态变化规则是考虑到所关注主体的人数。譬如，所关注主体中绝大多数是 $P$，则当前主体会变成 $P$。为此，可以引入一个新模态算子 $\Delta P$，读作"在当下主体关注的其他主体中，有足够多的是 $P$"。当然，这里的关键是如何定义"足够多"。一个简单的做法是量化的方法，设定一个阈值 $\theta \in [0,1]$，$\theta$ 的取值可根据不同的具体情形而有所变化。例如，我们设定 $\theta = 0.7$，$\Delta P$ 就意味着，当下主体所关注的主体中 70% 是 $P$。巴塔赫及其合作者们就阈值算子的性质进行了深入研究（[1]），认为它不是规范的模态算子，但它满足单调性，即：

$$\text{从 } \phi \to \psi \text{ 可以推出 } \Delta\phi \to \Delta\psi.$$

回到单向影响，类似地，可以定义一个新的算子 **E**，即 $P := (P \vee \Delta P)$。同样，下面的推演可以得到三步或甚至无穷步之后主体状态的逻辑刻画：

**E**$P$ $\quad\leftrightarrow\quad$ $(P \vee \Delta P)$

**EE**$P$ $\quad\leftrightarrow\quad$ $(P \vee \Delta P) \vee \Delta(P \vee \Delta P)$

通过简化，得到

**EE**$P$ $\quad\leftrightarrow\quad$ $(P \vee \Delta(P \vee \Delta P))$

使用类似的逻辑推演，得到

**EEE**$P$ $\quad\leftrightarrow\quad$ $(P \vee \Delta(P \vee \Delta(P \vee \Delta P)))$

对于无穷步的变化，可以得到

$$\mathbf{E}_\infty P \quad \leftrightarrow \quad (P \vee \Delta(P \vee \Delta(P \vee \cdots)))$$

以上通过两个算子 **D** 和 **E**，展示了如何使用逻辑学的语言为直观的动态变化给出形式的定义，然后研究动态算子的迭代后果，从而对主体的认知和行为选择的长远趋势有所预测。需要指出的是，这是一种非常简单的影响模式。单向就意味着受影响的那一方是被动地接受。事实上，如果考虑的是主体的信念变化，受影响的主体通常不会盲目地跟从、接受别人的观点，而是基于一定的证据才会改变自己的信念。因此，即使在如此简单的动态变化机制下，如何引入理性的因素，仍然是一个值得进一步探讨的问题。我们将在第 7 章继续讨论基于证据的信念认知逻辑。下一节转向另一种影响模式：主体之间的影响是互相的、双向的。

## 4.2　双向影响和几个稳定性概念

在社会学领域，对主体间相互影响现象的研究可以追溯到 20 世纪 50 年代。具有影响力的工作是 1956 年弗兰西的论文《社会权力的形式理论》（文献 [4]），该论文系统研究了一个人在社会中的影响力，并将其与主体之间的关系联系起来。他给出了关于社会关系的很多公理。例如，假设一个主体的可能态度有完全赞同（1），完全反对（0），或者介于二者之间。那么，主体通过接受她关注的所有主体的平均态度而改变自己的态度。考虑下面的两个图，群体中共有 4 个主体。注意，箭头指向哪里，就是受那个主体的影响。

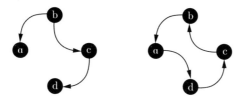

就左边的部分而言，$a$ 和 $d$ 不受任何其他主体的影响。$b$ 和 $c$ 分别受到 $a$ 和 $d$ 的影响，根据弗兰西的理论，$b$ 和 $c$ 的态度会朝着 $a$ 和 $d$ 的方向移动。图中右边的部分是所谓的"强连通"的图。$a$ 受到 $d$ 的影响，因此会朝着 $d$ 的方向移动。$d$ 会朝着 $c$ 移动，$c$ 朝着 $b$，$b$ 朝着 $a$。由于这个关系网络是循环的，她们最终会趋向最初四个初始位置的平均位置。正因为右边的图是完全连通的，最终四个主体的观点会收敛。<sup>①</sup>从方法论的角度看，社会学家通常使用矩阵等数学工具来研究类似的动态模型，刻画主体之间的相互影响。弗里德金 1998 年的著作《社会影响的结构理论》（*A Structural Theory of Social Influence*，文献 [5]）中给出下面的公式：

$$X_{n+1} = AWX_n + (I - A)X_0$$

其中，$X_n$ 表示主体在第 $n$ 步时的观点或状态，$W$ 是主体间的影响矩阵，$A$ 是表示主体在多大程度上受到他人的影响；$I$ 一般取值为 1。如果一个主体的 $A$ 值是 0.6，就意味着，每一步她的观点受到别人的影响占 60%，受到自己初始观点的影响是 $1 - 60\%$，即 40%。这里的百分比可以很自然地解释为主体对自己或他人的信任度。这个动态变化规则能否最终使主体的状态或信念稳定下来，需要依赖于线性代数的计算。类似的模型近年来有一些非常有趣的新发展，一个新的观察或假设是：一个主体往往只受到跟她观点接近的人的影响。换句话说，面对一个跟自己观点完全不同的人，主体不会受到其任何影响。这就是所谓的"受限自信"的模型。这个模型不能保证最终主体的观点会稳定下来，计算更为复杂。受到假新闻事件的启发，文献 [3] 重新审视受限自信的模型，将主体的类型明确引入模型中，特别是那些不负责任的主体。引入信任动态机制，使得他人受到不负责任主体的影响降到最低限度，从而对虚假信息获得预防机制。这里还有许多问题值得进一步思考。譬如，能否打破受限自信模型的局限性，通过输入一些外在的信息或事实（可以是随机的），来确保一个群体的认知始终是在接近真理的正确道路上。

下面考虑一种由于双向影响而导致的有趣现象。这是一个极端的例子：假设有两个主体 $a$ 和 $b$，$a$ 的态度是赞同 (pro)，$b$ 是反对 (con)。$a$ 和 $b$ 互相影响，并且假设她们对自己的观点没有信心，总是接受对方的观点。容易看出，根据上一节的动态变化规则（*），$a$ 和 $b$ 的态度会不断变化，$a$ 因为 $b$ 是"反对"首先变成"反对"，$b$ 也因为 $a$ 是"赞同"首先变成"赞同"，之后每一步她们都变成对方的态度，如此反复……这样的现象有些奇怪，也有些不可思议。那么，如何通过改变动态变化的机制来避免主体行为选择的这种不断反复呢？一种可能的方案如下定义：

$$\text{pro} := (\Box\neg\text{con} \wedge (\text{pro} \vee \Diamond\text{pro}))$$

---

① 关于收敛与群体潜在信念的进一步研究，参见第 5 章的讨论和石辰威的论文 [16]。

$$\text{con} := (\Box\neg\text{pro} \wedge (\text{con} \vee \Diamond\text{con}))$$

第一个公式说的意思是，当下面两个条件同时成立时，主体的态度应该是"赞同"：

（1）主体已经是"赞同"或她能看到一个持"赞同"意见的主体，

（2）主体看不到一个"反对"的主体。

第二个公式的解释与此完全类似。之前的例子因为不满足条件（2），因此，$a$ 或 $b$ 都不会立即转换态度，相反，她们会一直保持现有的状态。利用下面的自动机能够把主体的态度转换形象地刻画出来：

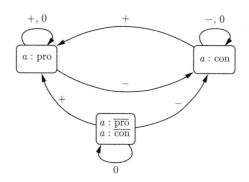

上图中"$a:\text{pro}$"表示 $a$ 的态度是"赞同"。符号 $+$、$-$ 和 $0$ 分别表示主体受到的不同影响：

　　$+$：正面的影响　　有的朋友赞同，没有朋友反对；

　　$-$：负面的影响　　有的朋友反对，没有朋友是赞同；

　　$0$：居中的影响　　其他的情况。

举例来说，若 $a$ 的态度是"赞同"（$a:\text{pro}$），受到的影响是负面的，即，有的朋友反对，没有朋友是赞同，那么她下一步会转换态度到"反对"（$a:\text{con}$）。利用上面的自动机，给定一个社会网络，所有主体的状态转化都可以直接推演出来。当然，本章还是关心主体状态变化的规律或趋势，希望使用逻辑的语言来找到某些有规律的现象的条件刻画。其中，我们最关心的是主体的态度是否能够达到稳定状态。基于线性算子的动态系统的计算是很多人所熟识的。我们知道，初始的观点分布可以逼近但可能永远达不到稳定的状态。可以证明，基于逻辑学的动态系统，如果有穷的对称网络中所有节点满足下面的性质：

$$(\Box pro \land \Box\Box con) \lor (\Box con \land \Box\Box pro)$$

那么这样的社会网络不会达到稳定状态 。这个公式刻画的是下面两种情况：

（1）$a$ 所有关注的对象都持有"赞同"的态度，同时，$a$ 所关注的对象所关注的对象都持"反对"态度；

（2）$a$ 所有关注的对象都持有"反对"的态度，同时，$a$ 所关注的对象所关注的对象都持"赞同"态度。

容易看出，任何一种情况都会导致态度反复转换的情形，从而使得整个社会网络达不到稳定状态。

当考虑的网络是无穷大时，需要区分两个稳定性的概念：一个是上面刚刚讨论的网络的稳定状态，另一个是网络的稳定化，但不一定达到稳定状态。试想一下传染病在无穷人口中传播的情境（当然，全世界的人口是有穷的，但是暂时假设它是无穷的）。在初始阶段，只有一个人患上了这种病，但是其他任何人，只要跟他接触，就会传染上此病。换句话说，病的传染在所难免。考虑具体的一个人，他迟早会得病，大体上跟他与病原的距离成比例。但是，"未来有一个时间点每个人都会得病"的断言显然不成立。这是因为，第一个人患病之后，考虑任何一个时间点，总会有人与最初的病原足够远，而且他还没有得病。

我们称社会网络中的一个节点在算子 O 的作用下是稳定的（stable），如果 O 的应用不会改变那个点的状态。就单方向的信息扩散实例而言，一个点一旦拥有了所扩散的点的性质，它就是稳定的。在这之前，它不是稳定的。若它与具有扩散性质的那些点根本没有联系，它的状态也不会发生变化，可以看作稳定的。我们称社会网络在 O 算子的作用下是稳定化的，若其中的每个节点都最终是稳定的。换句话说，对每个节点而言，经过 O 算子的（可能是重复的）应用，这些点都是稳定的。若一个网络是连通的，扩散算子会使其稳定化，因为所扩散的性质最终可以到达任意一点。

最后，我们称一个社交网络在 O 算子的作用下是变得稳定，如果经过 O 算子的应用后，最终每个节点是稳定的。在这种情况下，存在一个时间点，在那之后所有的节点状态都保持不变，这是真正的稳定状态。需要注意的是，"稳定化的"

和"变得稳定"之间的区别只对于无穷的网络讨论才有意义。在有穷的社交网络中，这两个概念没有区别。

这些稳定性的概念对于我们理解社会网络中主体认知和行为的长远发展趋势非常有帮助。这里，我们对有穷对称网络中的稳定性的条件给出了逻辑学的刻画。对于上面提到的其他概念，相对于不同类型的社会网络，如何刻画稳定性，仍然是一个开放的问题。

# 4.3 结语和未来研究

本章重点研究社会网络中主体之间的影响，具体考察了单向的影响和双向的互相影响。在前一种影响框架下，讨论了一个观念或行为如何通过社会关系的网络扩散出去。利用模态语言表示主体之间的关系，动态算子描述主体状态变化的动态机制，本章讨论如何对主体状态的未来发展趋势进行预测。对于双向的影响，出现了非常有趣的现象，即，主体的态度可能会反复转换。我们讨论了什么样的动态条件可以避免这样的情形。同时，还提出了几种稳定性的概念，区分了有穷网络和无穷网络中这些概念的不同意义。这为进一步理解主体行为的细微差别提供了新的思考框架。

至于未来研究课题，值得讨论的几个方面如下：首先，回到对主体的认知，主体的信念修正也许需要考虑证据，还要考虑主体之间的信任关系。证据的概念与论辩密切相关。石辰威在他的博士论文（文献 [15]）中将论辩与社会网络结合起来，讨论基于论辩和社会关系的信念修正。此外，他还将社会网络的结构与信念分布和变化趋势联系起来。廖备水等以论辩逻辑为形式手段，建立偏好规范推理模型，对社会网络中主体的实践推理展开研究（文献 [8]）。这个方向才刚刚起步，还有很多开放的、有意义的问题值得思考。

谈到主体的行为，自然离不开行为规范。根据进化博弈论的观点，主体的行为规范是社会群体进化的结果（文献 [17]，[18]）。然而，进化博弈论的研究往往过分关注均衡的概念，而忽略社会结构在社会规范形成过程中所起的作用。我们知道，社会结构的不同往往会导致某个规范在时间维度上更容易稳定下来，成为社会规范的一部分，而另外一些规范被淘汰。另一方面，业已确立的社会规范与某些社会行为之间存在着各种各样的联系。譬如，某些社群的规范可能会导致该社群中的主体的行为呈现某些特点，可能导致好的或坏的结果。未来的研究可以考虑如何使用规范变化的道义逻辑，展开对社会网络中主体行为规范的研究。

最后，我们的社会交往是有策略的。在社会网络中，每个主体在接收他人信息的时候，也在发布自己的信息，表达自己的观点。主体为了达到某个目标，可能选择发布信息 $P$ 而不是 $Q$。或者，可能选择与 $a$ 建立或断绝社交关系。需要有逻辑系统来刻画社会关系的改变。① 主体做出这些选择的时候也在利用自己关于他人、他人之间关系的知识。这是典型的博弈，每个主体都是玩家。从博弈的角度看社会网络中信念或观点的分布，对主体 $a$ 来说，跟自己观点一致的人越多，$a$ 获得的效益越多，这可以作为博弈的基本原则。这样，主体之间展开的合作或竞争最终是看谁获得的效益多。

我们正处在一个以互联网为主的网络化时代，一方面，未来对信息的依赖性将会进一步加强，研究社会网络中信息流的新规律对人们的认识具有重要的理论意义。另一方面，面对无人驾驶系统等具有人工智能性质的新技术，急需对动态环境下主体的推理模型、主体之间相互协作等问题进行基础的理论研究。对以上提到的开放问题的逻辑研究一定会进一步推动基础研究领域的理论发展。

# 参 考 文 献

[1] Alexandru Baltag, Zoé Christoff, Jens U. Hansen, and Sonja Smets. Logical models of informational cascades. In J. van Benthem and F. Liu, editors, *Logic across the University: Foundations and Applications*, pages 405–432. London: College Publications, 2013.

[2] Alexandru Baltag, Zoé Christoff, Rasmus K. Rendsvig, and Sonja Smets. Dynamic epistemic logics of diffusion and prediction in social networks. *Studia Logica*, 107(3):489–531, 2019.

---

① 关于社会关系在博弈视角下的动态变化的逻辑研究，参见李大柱的博士论文 [10] 和论文 [9]。

[3]　Igor Douven and Rainer Hegselmann. Mis- and disinformation in a bounded confidence model. *Artificial Intelligence*, 291:103415, 2021.

[4]　John R. French. A formal theory of social power. *Psychological Review*, 63(3):181–194, 1956.

[5]　Noah Friedkin. *A Structural Theory of Social Influence*. Cambridge, England: Cambridge University Press, 1998.

[6]　Patrick Girard, Jeremy Seligman, and Fenrong Liu. General dynamic dynamic logic. In Thomas Bolander, Torben Braüner, Silvio Ghilardi, and Lawrence S. Moss, editors, *Advances in Modal Logic*, pages 239–260. London: College Publications, 2012.

[7]　Pelle G. Hansen and Vincent F. Hendricks. *Infostorms: How to Take Information Punches and Save Democracy*. Copernicus Books / Springer, 2014.

[8]　Chonghui Li and Beishui Liao. Integrating individual preferences into collective argumentation. In Pietro Baroni, Christoph Benzmüller, and Yì N. Wáng, editors, *Logic and Argumentation - 4th International Conference, CLAR 2021, Hangzhou, China, October 20-22, 2021, Proceedings*, volume 13040 of *LNCS*, pages 284–301. Springer, 2021.

[9]　Dazhu Li. Losing connection: the modal logic of definable link deletion. *Journal of Logic and Computation*, 30(3):715–743, 2020.

[10]　Dazhu Li. *Formal Threads in the Social Fabric: Studies in the Logical Dynamics of Multi-Agent Interaction*. PhD thesis, Tsinghua University and University of Amsterdam, 2021.

[11]　Zhen Liang and Jeremy Seligman. A logical model of the dynamics of peer pressure. *Electronic Notes in Theoretical Computer Science*, 278:275–288, 2011.

[12]　Fenrong Liu, Jermey Seligman, and Patrick Girard. Logical dynamics of belief change in the community. *Synthese*, 191:2403–2431, 2014.

[13]　Jeremy Seligman, Fenrong Liu, and Patrick Girard. Logic in the community. In M. Banerjee and A. Seth, editors, *Proceedings of the 4th Indian Conference on Logic and its Applications*, volume 6521 of *LNCS*, pages 178–188. Berlin: Springer, 2011.

[14]　Jeremy Seligman, Fenrong Liu, and Patrick Girard. Facebook and the epistemic logic of friendship. In Burkhard. C. Schipper, editor, *Proceedings of the 14th*

*Conference on Theoretical Aspects of Rationality and Knowledge (TARK 2013)*, pages 229–238, Chennai, India, 2013.

[15] Chenwei Shi. *Reason to Believe.* PhD thesis, ILLC, University of Amsterdam, 2018.

[16] Chenwei Shi. Collective belief as tendency toward consensus. *Journal of Philosophical Logic*, 50:593–613, 2021.

[17] Brian Skyrms. *Evolution of the Social Contract.* Cambrdige: Cambridge University Press, 2014.

[18] Brian Skyrms. *Social Dynamics.* Oxford: Oxford University Press, 2014.

[19] Yunqi Xue. *In Search of Homo Sociologicus.* PhD thesis, The Gratuate Center, The City University of New York, 2017.

# 第 5 章　社会结构与群体信念*

在前面的章节中，我们逐步使用越来越量化的模型对信念修正进行研究。本章将会继续这样的探索。具体而言，本章的研究路径更接近格里姆（例如文献 [4]）和斯克姆思等哲学家的做法，采用动态系统、量化模型的方法理解哲学和逻辑学的问题。这里，我们关心的仍然是社会网络中主体信念的变化，以及主体之间的相互影响。不同之处在于，我们将主体相互之间的影响看作一个不断动态变化的过程，从而可以对这个过程本身的性质进行研究，帮助我们理解主体信念的变化规律。此外，我们也将相互影响中的一些主体作为一个群体，并关心群体的认知态度如何。事实上，这一章中的群体认知态度的概念"潜在的群体信念"是全新的，我们将动态系统中主体信念变化的趋势作为定义的基础。在这些研究中，一个重要的洞见是：群体的社会结构与潜在的群体信念具有重要的联系。

本章的结构为：5.1 节引入刻画信念的模型与主体之间关系的信任矩阵，给出信念更新的过程，并强调客观概率的新解释；5.2 节直接引入群体的潜在信念的定义，并阐述这个概念的几个重要特征；5.3 节则是回到信任矩阵，讨论信任矩阵与由它生产的转换矩阵的结构特征，说明强连通性和非周期性是确保群体信念收敛的充要条件；5.4 节简要总结并提出未来可能的研究问题。

---

\* 本章的内容基于笔者和石辰威的讨论与合作，以及笔者在不同场合的报告。定理的具体证明参见文献 [7]。

# 5.1 信念与信任矩阵

对群体中主体的信念动态变化进行研究，需要具备三个关键的因素：第一，关于信念的表征；第二，关于群体中主体之间社会关系的表征；第三，关于对动态变化部分的建模。我们逐个因素讨论，引入本章的直观想法和一些基本的概念。

对于信念，我们采用二元质化信念，就是在阈值模型的基础上直接将相信某个命题表示为 1，不相信表示为 0。[①]

考虑下面的一个例子，群体 $G$ 有 3 个主体，主体的信念表征为 3-维向量，其中第 $i$ 个值表示第 $i$ 个主体的信念状态。在阈值模型中，针对一个命题 $P$, 主体或者相信 $P$ （值为 1），或者不相信 $P$ （值为 0）。

$$\mathbf{b} = \begin{bmatrix} 1 \\ 1 \\ 0 \end{bmatrix}$$

阈值模型也在文献 [1], [3], [6] 等研究工作中都有采用。其优点在于一旦阈值（量化因素）选定，信念就是一个质化的概念。本章仍然采用这样的观点。

对主体之间的社会关系的建模是本章乃至本书主要的目标。这里，我们将把社会关系抽象成主体之间的信任度，使用信任矩阵来表征。例如，考虑一个群体由 3 个主体构成 {1, 2, 3}，她们相互之间的信任可以用下面的矩阵表示：

$$\mathbf{T} = \begin{bmatrix} 0 & 1 & 0 \\ 0.4 & 0 & 0.6 \\ 1 & 0 & 0 \end{bmatrix}$$

在这个矩阵中，每一行的数字总和是 1, 表示一个主体对包括自己在内的三个主体的信任值的分布。例如，$\mathbf{T}_{12} = 1$ 表示主体 1 只信任主体 2, $\mathbf{T}_{23} = 0.6$ 表示主

---

① 社会学领域比较著名的德格鲁特模型（文献 [2]）中，主体对一个命题的信念用区间 [0,1] 的实数表示，理解成主体对该命题为真的信念度或主观概率。我们这里尽量保持主体信念的质化表示。

体 2 对主体 3 的信任度是 0.6。注意到，对角线位置表示主体对自己的信任。上面的例子中，它们都是 0，意味着主体对自己不信任。但是，在其他的场合主体可以设置这个值，让自己的观点在群体中贡献更大。

这里需要指出的是，一个信任矩阵可以转换成一个图，而图可以看作对主体社会网络进行建模的更为直观的一种形式。回顾我们之前的模型，社会网络的主体是图中的节点，她们之间的社会关系是节点之间的关系。譬如，上面的信任矩阵就可以转换成下面的图：

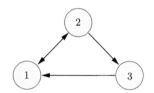

注意这里的箭头指向，主体 1 和 2 是相互信任的，但 3 信任 1，1 不信任 3，2 信任 3，3 不信任 2。我们还可以把信任度直接标在箭头上。总之，这样的图可以直观地看出群体中几个主体相互之间的关系。

最后，我们考虑动态变化。在上面两个因素确定的情况下，主体信念在社会影响下的变化，从数学的角度看，自然是用表示信念的向量与信任矩阵相乘所得的结果。

还是回到上面的例子，三个主体在她们的信念的初始状态之后，由于受到其他主体的影响而进行一次信念更新。群体的三位成员在社会影响下的信念修正如下：

$$\mathbf{Tb} = \begin{bmatrix} 0 & 1 & 0 \\ 0.4 & 0 & 0.6 \\ 1 & 0 & 0 \end{bmatrix} \begin{bmatrix} 1 \\ 1 \\ 0 \end{bmatrix} = \begin{bmatrix} 1 \\ 0.4 \\ 1 \end{bmatrix}$$

注意这里第二个主体得到了 0.4 的值。这个结果是可以预见的，毕竟我们是在做矩阵的乘法。若是在德格鲁特模型中，0.4 就是主体 2 下一步相信一个给定命题的主观概率。因为我们现在采用了质化信念的方法，也就是说，得到的新的信念状态要么是 1，要么是 0。因此，在这里需要给 0.4 一个新的解释：我们引入客观概率，将 0.4 理解成主体 2 下一步相信给定命题的客观概率。因此，实际上我们对下面的两个命题做了区分：

（1）主观概率。主体下一步相信命题 $P$ 的概率是 0.4，这一点是确定的。

（2）客观概率。有 0.4 的概率主体会下一步相信 $P$。

总之，给定群体成员当下的信念状态，以及群体内部的信任矩阵，每一次更新可以给出每个主体下一步的信念状态。事实上，每一轮的更新，对一个主体来说是一次观点的聚合，不管是有意识还是无意识。每次执行聚合都决定主体下个阶段的信念。

再次考虑上面计算 **Tb** 的过程，一个主体相信命题 $P$ 的可能性与其他主体相信该命题的可能性无关。因此，我们可以通过把所有主体相信给定命题的相应概率相乘，来计算群体从 **b** 过渡到信念状态 $[1,1,1]^\top$ 的概率，即 $1 \times 0.4 \times 1 = 0.4$。

给定 **b** 和 **T**，由于第二个主体相信命题 $P$ 的概率为 0.4，因此她不相信该命题的概率为 0.6。所以该群体从 **b** 过渡到 $[1,0,1]^\top$ 的概率是 $1 \times 0.6 \times 1 = 0.6$。保持信任矩阵 **T** 不变，如果群体以不同的初始信念状态开始，则转换概率将相应变化，如下矩阵所示：

$$
\mathbb{T} = 
\begin{array}{c}
\phantom{000}\\
111\\
110\\
101\\
100\\
011\\
010\\
001\\
000
\end{array}
\begin{array}{cccccccc}
111 & 110 & 101 & 100 & 011 & 010 & 001 & 000\\
\end{array}
\left(
\begin{array}{cccccccc}
1 & 0 & 0 & 0 & 0 & 0 & 0 & 0\\
0.4 & 0 & 0.6 & 0 & 0 & 0 & 0 & 0\\
0 & 0 & 0 & 0 & 1 & 0 & 0 & 0\\
0 & 0 & 0 & 0 & 0.4 & 0 & 0.6 & 0\\
0 & 0.6 & 0 & 0.4 & 0 & 0 & 0 & 0\\
0 & 0 & 0 & 1 & 0 & 0 & 0 & 0\\
0 & 0 & 0 & 0 & 0 & 0.6 & 0 & 0.4\\
0 & 0 & 0 & 0 & 0 & 0 & 0 & 1
\end{array}
\right)
$$

注意 $\mathbb{T}$ 的第二行，即状态为 110 的行。假设群体的当前信念状态是 110，这一行表示状态转换到所有其他可能的信念状态的概率。同样，观察 $\mathbb{T}$ 的每一行的数值总和为 1。

转换矩阵会不停地变化下去，譬如，二次变化的结果是：

$$
\mathbb{T}^2 =
\begin{array}{c c}
 & \begin{array}{c c c c c c c c}
111 & 110 & 101 & 100 & 011 & 010 & 001 & 000
\end{array} \\
\begin{array}{c}
111 \\ 110 \\ 101 \\ 100 \\ 011 \\ 010 \\ 001 \\ 000
\end{array}
&
\left(
\begin{array}{c c c c c c c c}
1 & 0 & 0 & 0 & 0 & 0 & 0 & 0 \\
0.4 & 0 & 0 & 0 & 0.6 & 0 & 0 & 0 \\
0 & 0.6 & 0 & 0.4 & 0 & 0 & 0 & 0 \\
0 & 0.24 & 0 & 0.16 & 0 & 0.36 & 0 & 0.24 \\
0.24 & 0 & 0.36 & 0 & 0.16 & 0 & 0.24 & 0 \\
0 & 0 & 0 & 0 & 0.4 & 0 & 0.6 & 0 \\
0 & 0 & 0 & 0.6 & 0 & 0 & 0 & 0.4 \\
0 & 0 & 0 & 0 & 0 & 0 & 0 & 1
\end{array}
\right)
\end{array}
$$

我们用 $\mathbb{T}^n_{110,111}$ 表示给定信任矩阵 $\mathbf{T}$，从状态 110 经过 $n$ 步转换到 111 的概率。下一节，我们将会在这个基础上引入模型，并定义群体潜在信念的概念。

# 5.2　群体的潜在信念

将所有元素收集在一起，我们就可以定义模型了。

**定义 1（二元信念模型）**　定义一个二元信念模型 $M = (G, \mathbf{T}, \mathfrak{b}, \mathbb{T})$，其中

- $G$ 是 $m$ 个主体的集合；
- $\mathbf{T}$ 是一个 $m \times m$ 信任矩阵；
- $\mathfrak{b}$ 是所有 $m$ 个主体具有的信念，是二元向量的集合；
- $\mathbb{T}$ 是由信任矩阵生成的状态转换矩阵。

我们可以定义新的群体信念概念：

**定义 2（群体的潜在信念）**　如果一个群体 $G$ 的初始信念状态是 $\mathbf{b}$，若存在一个自然数 $N$ 使得对所有 $n \geqslant N$，有

$$
\mathbb{T}^n_{\mathbf{b}\mathbf{1}} > 0.5,
$$

那么，该群体对于给定命题具有潜在的信念。

直观上说，如果在足够多的步骤之后，整个群体总是更有可能 $(> 0.5)$ 会对给定命题达成一致意见，我们说该群体对于该命题具有潜在的信念。$\mathbb{T}$ 的下标中，1 表示群里所有主体信念都转换到 1 的状态。

关于这个新的群体信念，论文 [7] 进一步给出了通常克里普克意义上的解释，并研究了它的逻辑性质。在这一章中，我们的重点在于考察这样的一个群体信念的概念与社会结构之间的关系，因此在下一节主要把精力放在研究信任矩阵更新过程中收敛的条件等问题。这里，我们对群体信念概念本身做一些简要的说明。

这个定义具有以下几个明显的特征：首先，群体信念是社会影响的结果。可以看出，潜在信念的定义是基于信任矩阵和转换矩阵做出的，而且，主体的信念在不停地更新迭代。这反映了主体之间的相互影响在群体信念形成过程中扮演重要角色。其次，高概率趋于共识是定义群体信念的关键直观。我们知道，引入客观概率后，群体成员的信念变化是基于客观的转换概率。在定义中，我们借助 0.5 的阈值规则，要求高于 0.5 的概率群中主体趋向达成共识。这与作为群体的认知态度的要求相一致，毕竟概率若是很低，是谈不上整个群体的认知态度的。最后，这个概念还反映了稳定性。潜在的信念要求对达成共识一直保持较高的概率，就是对所有 $n \geqslant N$，都会有高概率的趋向共识。换句话说，这一稳定性的要求确保潜在的信念不仅仅是一时的巧合。①

给出定义并不意味着给定一个群体的信念变化，一定存在这样的潜在的群体信念。那么，我们如何知道什么情况下，这样的群体信念是存在的。下一节我们将针对群体中主体之间的关系结构做进一步探讨。

## 5.3　社会网络的结构与收敛

5.2 节中我们已经看到马尔可夫链的迭代"进化"，使用迭代矩阵 $\mathbb{T}^n$ 表示给定现在的信念状态，$n$ 步之后马尔可夫链转换到其他信念状态的概率。那么，就这个迭代过程而言，下面的两个问题就变得十分自然：

**问题 1**　当 $n$ 趋于 $\infty$，在什么条件下 $\mathbb{T}^n$ 收敛？

---

① 文献 [5] 提出了单个主体信念的稳定性概念，感兴趣的读者可以做比较。

直观上说，收敛意味着转换概率趋于稳定，这意味着群体具有某种达成一致信念的趋势。

**问题 2**  如果迭代收敛，极限矩阵具有什么特点？

为了给出答案，我们先引入一些概念。首先，一个图是强连通的，若所有的节点都可以通过某个通道到达彼此。若与其关联的图是强连通的，我们说一个信任矩阵是强连通的。

**定义 3 （非周期性）**  给定一个信任矩阵 $\mathbf{T}$，模型中主体 $i$ 的周期为集合 $\{n \in \mathbb{N} \mid \mathbf{T}_{ii}^n > 0\}$ 中成员的最大公约数 (gcd)：

$$d(i) = \gcd\{n \in \mathbb{N} \mid \mathbf{T}_{ii}^n > 0\}$$

如果 $d(i) = 1$，主体 $i$ 是非周期性的；如果 $d(i) > 1$，则主体是周期性的。如果 $\mathbf{T}$ 中的所有主体都是非周期性的，则它是非周期性的。

下面举例说明为什么需要引入非周期性的概念。考虑两个主体，每个主体相信对方而不相信自己，一个主体初始的信念状态是 1，另一个是 0，她们会不停地变化，永远不会稳定下来。非周期性的规定可以避免信念状态之间的不停振荡。下面是这个例子的具体展开，它不满足非周期性：

**例 1**  给定下面的信任矩阵

$$\mathbf{T} = \begin{bmatrix} 0 & 1 \\ 1 & 0 \end{bmatrix} \tag{5.1}$$

它对应的转换矩阵是

$$\mathbb{T} = \begin{array}{c} \\ 11 \\ 10 \\ 01 \\ 00 \end{array} \begin{array}{cccc} 11 & 10 & 01 & 00 \\ \begin{pmatrix} 1 & 0 & 0 & 0 \\ 0 & 0 & 1 & 0 \\ 0 & 1 & 0 & 0 \\ 0 & 0 & 0 & 1 \end{pmatrix} \end{array} \tag{5.2}$$

计算 $\mathbb{T}^n$，我们会发现下面的模式。当 n 是奇数时，$\mathbb{T}^n = \mathbb{T}$；当 $n$ 是偶数时，$\mathbb{T}^n$ 为

$$\begin{pmatrix} 1 & 0 & 0 & 0 \\ 0 & 1 & 0 & 0 \\ 0 & 0 & 1 & 0 \\ 0 & 0 & 0 & 1 \end{pmatrix}$$

可以看到，这个转换矩阵不能收敛。

下面给出定理，回答上面提出的第一个问题。

**定理 1**   给定二元信念模型 $M$，其中的信任矩阵 **T** 满足强连通性、非周期性，则它的状态转换矩阵会收敛到一个极限矩阵。

同样，为了回答第二个问题，我们还需要定义吸收的马尔科夫链。

**定义 4（吸收的）**   如果不可能离开马尔可夫链的状态 $s_i$，则称该状态为吸收的（$\mathbb{T}_{ii} = 1$）。

如果马尔可夫链包含至少一个吸收状态，并且如果对于每个状态，达到吸收状态的概率（不一定是一步完成）都是严格的正数，则称该马尔科夫链是吸收的。

**例 2**   下面的马可夫链中，状态 **1** (111) 和 **0** (000) 就是吸收的状态。

$$\mathbb{T}^{100} \approx$$

| | 111 | 110 | 101 | 100 | 011 | 010 | 001 | 000 |
|---|---|---|---|---|---|---|---|---|
| 111 | 1 | 0 | 0 | 0 | 0 | 0 | 0 | 0 |
| 110 | 0.77 | 0 | 0 | 0 | 0 | 0 | 0 | 0.23 |
| 101 | 0.62 | 0 | 0 | 0 | 0 | 0 | 0 | 0.38 |
| 100 | 0.38 | 0 | 0 | 0 | 0 | 0 | 0 | 0.62 |
| 011 | 0.62 | 0 | 0 | 0 | 0 | 0 | 0 | 0.38 |
| 010 | 0.38 | 0 | 0 | 0 | 0 | 0 | 0 | 0.62 |
| 001 | 0.23 | 0 | 0 | 0 | 0 | 0 | 0 | 0.77 |
| 000 | 0 | 0 | 0 | 0 | 0 | 0 | 0 | 1 |

对问题 2 的回答是下面的定理。

**定理 2**　给定二元信念模型 $M$，其中的信任矩阵 $\mathbf{T}$ 满足强连通性、非周期性，则它的状态转换矩阵是一个吸收的马可夫链矩阵。

定理 3 将信任矩阵与状态转换矩阵的结构性质联系在一起，这是本章最重要的一个定理。

**定理 3**　给定二元信念模型 $M$，若其中信任矩阵 $\mathbf{T}$ 是强连通的，下面的几个命题是等价的：

（1）信任矩阵 $\mathbf{T}$ 是非周期性的。

（2）信任矩阵 $\mathbf{T}$ 是收敛的。

（3）由信任矩阵 $\mathbf{T}$ 生成的状态转换矩阵是吸收的。

（4）由信任矩阵 $\mathbf{T}$ 生成的状态转换矩阵是收敛的。

该定理和前面定理的证明，详见文献 [7]。

# 5.4　结语和未来研究

我们采用动态系统模型研究个体与群体信念之间的相互联系。我们找到了关于社会结构的一般条件，能够保证群体信念趋于稳定。我们引入了一个群体潜在信念的新概念，对于这个概念本身的研究具有重要的意义。当然，这里引发了一些非常有价值的新问题：

第一，到目前为止，信任矩阵是给定的，在更新过程中是保持不变的，但是在现实中，主体之间的信任会发生变化，如何在现有的框架中纳入这个考量，是非常有意义的研究。

第二，一个群体是不是足够聪明？换句话说，群体的成员能否最终习得真理？若答案是否定的，给定一个有穷的群体，作为群体外的主体，能否采取措施使得群体内部成员朝着真理的方向学习？

最后，与传统的认知逻辑研究信念不同，这里的方法是动态系统的方法，主体的信念变化遵循非常简单的规则，那么这样的主体还能称得上是"理性的"吗？关于理性概念的进一步思考，在后面的章节将进一步展开。

# 参 考 文 献

[1] Alexandru Baltag and Sonja Smets. Dynamic belief revision over multi-agent plausibility models. In *Proceedings of the 7th Conference on Logic and the Foundations of Game and Decision Theory (LOFT 06)*, Liverpool, 2006.

[2] Morris H. DeGroot. Reaching a consensus. *Journal of the American Statistical Association*, 69(345):118–121, 1974.

[3] Umberto Grandi, Emiliano Lorini, and Laurent Perrussel. Strategic disclosure of opinions on a social network. *CoRR*, abs/1602.02710, 2016.

[4] Patrick Grim, Gary Mar, and Paul St. Denis. *The Philosophical Computer: Exploratory Essays in Philosophical Computer Modeling*. Cambridge, MA: The MIT Press, 1998.

[5] Hannes Leitgeb. *The Stability of Belief: How Rational Belief Coheres with Probability*. Oxford: Oxford University Press, 2017.

[6] Fenrong Liu, Jermey Seligman, and Patrick Girard. Logical dynamics of belief change in the community. *Synthese*, 191:2403–2431, 2014.

[7] Chenwei Shi. Collective opinion as tendency towards consensus. *Journal of Philosophical Logic*, 50:593–613, 2021.

# 第 3 部分　基于审思理性的逻辑

# 第 6 章　社会友谊逻辑<sup>*</sup>

本章将给出一种二维模态逻辑，一个维度指的是主体之间的社会关系，另一个则是主体的认知态度。该逻辑可以用于推理关于主体的知识和主体间社会关系的变化模式。在模型中明确引入主体，这使得我们能够表达带索引词的句子，如"我是你的朋友"和"你，我的朋友，处于危险之中"等。

这项研究工作的技术框架是"普遍的动态动态逻辑"(GDDL)，它提供了一种更为一般的方法，用于扩展带有动态算子的模态逻辑，以推理各种模型转换：从那些在命题动态逻辑中可定义的转换开始，进一步考虑更微妙的算子。例如，动态认知逻辑和相关系统所建模的主体间的秘密交流与互动。在这一章中，我们只给出GDDL 的基本内容，对该逻辑涉及的技术细节感兴趣的读者可以阅读论文 [4]。

本章主要研究在社会网络中主体进行交流时出现的一些有趣的概念及其性质。这里的交流不仅包括一个主体和另一个主体之间的交流，也包括一个主体与一个群体的交流。例如，把我的朋友们作为一个群体，我告知她们某事。交流有三个组成部分：发送者、消息和接收者。我们可以根据关注的重点，针对某个或某些方面开展研究。例如，查理可能会告诉贝拉"你有危险"或"我有危险"。他可能会向所有人宣告"我的朋友有危险"。如果贝拉是他的朋友，这将意味着她有危险。查理也可能只向他的朋友发送消息说他们有危险。所有这些交流的可能性，连同交流的认知后果，都是本章研究的重点。

就这一章所涵盖的内容而言，不仅讨论公开宣告，还会讨论提问这样的交流行

---

\*　本章部分内容首次发表于：Jeremy Seligman, Fenrong Liu, and Patrick Girard, Facebook and Epistemic Logic of Friendship, in Burkhard C. Schipper (eds.) *Proceedings of the 14th Conference on Theoretical Aspects of Rationality and Knowledge (TARK2013)*, Chennai, India. pp. 229-238, 2013. 此次收录本书时进行了调整和修订。

为。我们假设主体都是诚实的，也会考虑结交新朋友、断交等导致社会关系变化的算子。本章还会讨论公共知识在社会网络下的新内涵。特别地，本章会通过一系列有趣的例子引出相关的问题，展示逻辑建模的优越性。

# 6.1　语言和语义

认知友谊逻辑 (EFL) 的形式语言 $\mathcal{L}$ 基于下面两类原子命题：（1）命题变元 $\rho \in \mathsf{Prop}$，表示像 "我处于危险中" 这样的含有索引词的句子；（2）有穷多个主体名字 $n \in \mathsf{ANom}$。认知友谊逻辑的语言归纳定义如下：

$$\varphi \quad ::= \quad \rho \mid n \mid \neg\varphi \mid (\varphi \wedge \varphi) \mid K\varphi \mid F\varphi \mid A\varphi$$

我们将 $K\varphi$ 读作 "我知道 $\varphi$"，将 $F\varphi$ 读作 "我所有的朋友都具有性质 $\varphi$"，将 $A\varphi$ 读作 "每个主体都具有性质 $\varphi$"。

以上语言的模型是形如 $M = \langle W, A, k, f, g, V \rangle$ 的克里普克模型，其中，$W$ 是认知状态的集合，$A$ 是主体的集合，模型中其他要素解释如下：

1. $k$ 是每个主体 $a \in A$ 的等价关系族 $k_a$，表示 $a$ 无法区分的认知可能性（标准的 S5 认知逻辑）。

2. $f$ 是每个 $w \in W$ 的对称且非自反关系 $f_w$ 的族，表示状态 $w$ 上的友谊关系。

3. $g$ 是将每个名字 $n \in \mathsf{ANom}$ 映射到以 $n$ 命名的主体 $g(n) \in A$ 的函数。当模型从上下文中清楚时，我们将 $g(n)$ 缩写为 $\underline{n}$。

4. $V$ 是一个将 $\mathsf{Prop}$ 中的命题变元映射到 $W \times A$ 的子集的赋值函数，其中，$(w, a) \in V(p)$ 表示索引命题 $p$ 对于处于状态 $w$ 的主体 $a$ 成立。

例如，图 6.1 是一个非常简单的模型，只有一个命题变元 $p$ 和一个主体名字 $n$。状态集 $W = \{u_0, u_1\}$，主体集 $A = \{a, b\}$，$g(n) = a$，$n$ 是主体 $a$ 的名字。两个主体都不知道他们处于哪个状态，所以 $k_a = k_b$ 是全关系。这由图中的两列表示，左列用粗线显示 $k_a$ 关系，右列显示 $k_b$ 关系。我们假设认知关系是对称的，因此这些线是无方向的。在更复杂的图中，我们将假设所描述的认知关系是图上所示关系的自反、传递闭包。图中的行节点之间用虚线表示关系 $f_{u_0}$ （第一行）和 $f_{u_1}$ （第二行）。这表示两个主体在 $W$ 的两个状态中都是朋友关系。同样，我们假设朋友关系是对称的，因此表示这些关系的虚线也是无方向的。但是，对于行上的关系，我们并没有自反、传递闭包的预设，因为 $f_w$ 可能是非自反的，也可能不是传递的。最后，$p$ 仅对于状态 $u_0$ 的主体 $a$ 成立，即 $V(p) = \{(u_0, a)\}$，在图中我们把 $p$ 写在 $(u_0, a)$ 附近。

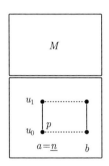

图 6.1　一个简单的 EFL 模型

以上定义的模型用于解释具有索引词的语言 $\mathcal{L}$，真值条件定义如下：

| | | |
|---|---|---|
| $M, w, a \models \rho$ | 当且仅当 | 对 $\rho \in \mathsf{Prop}$, $(w, a) \in V(\rho)$, |
| $M, w, a \models n$ | 当且仅当 | 对 $n \in \mathsf{ANom}$, $g(n) = a$, |
| $M, w, a \models \neg\varphi$ | 当且仅当 | $M, w, a \not\models \varphi$, |
| $M, w, a \models (\varphi \wedge \psi)$ | 当且仅当 | $M, w, a \models \varphi$ 并且 $M, w, a \models \psi$, |
| $M, w, a \models K\varphi$ | 当且仅当 | 对任意 $v \in W$, 若 $k_a(w, v)$, 则 $M, v, a \models \varphi$, |
| $M, w, a \models F\varphi$ | 当且仅当 | 对任意 $b \in A$, 若 $f_w(a, b)$, 则 $M, w, b \models \varphi$, |
| $M, w, a \models A\varphi$ | 当且仅当 | 对任意 $b \in A$, 有 $M, w, b \models \varphi$。 |

在模态逻辑中，可以定义算子的对偶，我们将其写在尖括号内：$\langle K \rangle = \neg K \neg$ "……在我的认知上是可能的"；$\langle F \rangle = \neg F \neg$ "我有一个朋友, 她……"；$\langle A \rangle = \neg A \neg$ "有一个人，她……"。由于代词在英语中的用法，我们需要在形式语言和自然语言的转换中谨慎行为。例如，如果 $d$ 表示"我有危险"，那么 $\langle F \rangle K d$ 表示"我有一个朋友知道她有危险"，而不是"我有一个朋友知道我有危险"。

我们也使用类似混合逻辑的算子 $@_n\varphi = A(n \to \varphi)$ 的缩写。注意，此时只有一个参照点，也可以等价地写成 $@_n\varphi = \langle A\rangle\,(n \wedge \varphi)$。[1] 例如，如果 $\underline{n}$ 是查理，那么算子 $@_n$ 只是将索引主语转移到查理，因此 $@_n d$ 意味着"查理处于危险之中"。

如果 $M$ 中的每个主体都有一个名字，即对于每个 $a \in A$，都有一个 $n \in \mathsf{ANom}$ 使得 $g(n) = a$，我们说模型 $M$ 是一个主体有名字的模型。图 6.1 中描述的模型不是一个主体有名字的模型，因为主体 $b$ 没有名字。在下文中，我们将假设所有主体都有名字，因此我们有时使用图中代表主体的字母作为语言中的名称，暂时忽略 $n$ 和 $\underline{n}$ 之间的区别。

在主体有名字的模型中，我们可以定义下箭头算子 $\downarrow n$，如下：

$$\downarrow n\,\varphi := \bigvee_{m \in \mathsf{ANom}} \left( m \wedge \varphi \begin{bmatrix} n \\ m \end{bmatrix} \right)$$

其中，$\varphi \begin{bmatrix} n \\ m \end{bmatrix}$ 是用 $\varphi$ 中的 $m$ 替换有名字的主体 $n$ 的结果。通过将 $n$ 的所指对象转移到当前主体，这提供了一种在其他算子的范围内引用"我"的方法。当 $M$ 是主体有名字的模型时，

$$M, w, a \models \downarrow n\,\varphi \quad \text{当且仅当} \quad M\begin{bmatrix} n \\ a \end{bmatrix}, w, a \models \varphi。$$

其中，$M\begin{bmatrix} n \\ a \end{bmatrix}$ 是改变模型 $M$ 使得 $n$ 是 $a$ 名字所得到的结果。[2]

这使得我们能够表达下面的命题，如 $\downarrow n\,FK\langle F\rangle n$，说的是"我所有的朋友都知道她们和我是朋友"，至少假设每个主体都有名字。但是，这个假设没有那么严格，因为在我们迄今为止考虑的所有应用中，都可以假设有穷的主体集合是预先指

---

[1] 虽然这让人想起混合逻辑，但是，"主体的名字" $n$、约束算子 $\downarrow n$ 和算子 $@_n$ 与它们在经典混合逻辑中的用法并不完全相同，而是某种二维的变种。例如，一个真正的名字是在唯一一个参照点上为真，而在我们的模型中参照点是序对 $\langle w, a\rangle$。

[2] 更精确地说，$M\begin{bmatrix} n \\ a \end{bmatrix} = \langle W, A, k, f, g\begin{bmatrix} n \\ a \end{bmatrix}, V\rangle$ 其中，对于 $m \in \mathsf{ANom}$，如果 $m = n$ $g\begin{bmatrix} n \\ a \end{bmatrix}(m) = a$，否则且 $g\begin{bmatrix} n \\ a \end{bmatrix}(m) = g(m)$。

定的。①

**关系和变化**　我们将定义一类算子 $\mathcal{D}$ 和模型上对应的动态行为，使得对于每个 $\Delta \in \mathcal{D}$ 和每个 $\mathcal{L}$ 模型 $M$，有一个 $\mathcal{L}$ 模型 $\Delta M$，并且对于 $M$ 的每个状态 $w$，$\Delta M$ 的状态 $\Delta w$。然后，我们将 $\mathcal{L}$ 扩展为一种语言 $\mathcal{L}(\mathcal{D})$ 的动态认知友谊逻辑 (DEFL) 通过添加 $\mathcal{D}$ 的元素作为命题算子，并且给出以下定义：

$$M, w, a \models \Delta\varphi \quad \text{当且仅当} \quad \Delta M, \Delta w, a \models \varphi。$$

为了定义 $\mathcal{D}$，我们使用命题动态逻辑语言和基本程序 $K$、$F$ 和 $A$，由下式给出：

$$\mathcal{T} \quad \pi ::= K \mid F \mid A \mid \varphi? \mid (\pi;\pi) \mid (\pi \cup \pi) \mid \pi^*$$
$$\mathcal{F} \quad \varphi ::= \rho \mid n \mid \neg\varphi \mid (\varphi \vee \varphi) \mid \langle\pi\rangle\varphi$$

对于 $\rho \in$ Prop 和 $n \in$ ANom，模型 $M$ 中程序 $\pi \in \mathcal{T}$ 和公式 $\varphi \in \mathcal{F}$ 的意义按照表 6.1 中的形式给出。

注意，解释 $K$、$F$ 和 $A$ 的句子分别指向二维语义下各自对应的关系。复杂的程序以通常的方式构建：$(\pi_1;\pi_2)$ 表示 $\pi_1$ 和 $\pi_2$ 的关系组合，$(\pi_1 \cup \pi_2)$ 表示两个程序的并（或选择），$\varphi?$ 表示测试，由 $(w,a)$ 到自身的关系构成，当且仅当，$M, w, a \models \varphi$。$\pi^*$ 表示 $\pi$ 的自反传递闭包，被理解为程序的迭代。

注意，在符号使用方面，包含存在算子 $\langle K\rangle$、$\langle F\rangle$ 和 $\langle A\rangle$ 的 EFL 的公式 $\varphi$ 也被看作程序公式。这是由下面比较显然的语义等价条件所保证的：

$$M, w, a \models \varphi \quad \text{当且仅当} \quad (w,a) \in [\![\varphi]\!]^M。$$

动态算子的类将会使用普遍动态动态逻辑 (GDDL) 的理论定义（文献 [4]），适用于 PDL 的任何语言。我们建议读者参阅该论文以了解完整的技术细节，这里我们只介绍当前所需的理论部分。

最简单的 GDDL 算子称为 PDL-转换。这些包括通过重新定义基本程序来转换模型的赋值语句。例如，算子 $[K := \pi]$ 作用于模型 $M$ 以生成新模型 $[K := \pi]M$，

---

① ↓$n$ 可以作为一个初始算子引入到逻辑中，去掉对主体有名字的模型假设条件，可以通过编码铺砖问题证明该逻辑是不可判定的（参考文献 [2]）。

使得

$$\llbracket K \rrbracket^{[K:=\pi]M} = \llbracket \pi \rrbracket^M$$

状态上没有发生变化：$[K := \pi]w = w$，因此 DEFL 算子具有以下语义：

$$M, w, a \models [K:=\pi]\varphi \quad \text{当且仅当} \quad [K:=\pi]M, w, a \models \varphi \text{。}$$

**表 6.1　PDL 项和公式的语义**

| PDL 项 | 公式的语义 |
|---|---|
| $\llbracket \rho \rrbracket^M$ | $= V(\rho)$, for $\rho \in \mathsf{Prop}$ |
| $\llbracket n \rrbracket^M$ | $= W \times \{g(n)\}$, for $n \in \mathsf{ANom}$ |
| $\llbracket (\varphi \wedge \psi) \rrbracket^M$ | $= \llbracket \varphi \rrbracket^M \cap \llbracket \psi \rrbracket^M$ |
| $\llbracket \neg\varphi \rrbracket^M$ | $= W \times A \setminus \llbracket \varphi \rrbracket^M$ |
| $\llbracket \langle \pi \rangle \varphi \rrbracket^M$ | $= \{(w,a) \in W \times A \mid (w,a)\llbracket \pi \rrbracket^M(v,a), \text{并且存在 } (v,a) \in W \times A, (v,a) \in \}$ $\llbracket \varphi \rrbracket^M$ |
| $\llbracket K \rrbracket^M$ | $= \{\langle (w,a),(v,a) \rangle \mid k_a(w,v)\}$ |
| $\llbracket F \rrbracket^M$ | $= \{\langle (w,a),(w,b) \rangle \mid f_w(a,b)\}$ |
| $\llbracket A \rrbracket^M$ | $= \{\langle (w,a),(w,b) \rangle \mid a,b \in A, w \in W\}$ |
| $\llbracket \varphi? \rrbracket^M$ | $= \{\langle w,w \rangle \mid w \in \llbracket \varphi \rrbracket^M\}$ |
| $\llbracket \pi_1; \pi_2 \rrbracket^M$ | $= \{\langle w,v \rangle \mid X(s \in W, w\llbracket \pi_1 \rrbracket^M s \text{ 且 } s\llbracket \pi_2 \rrbracket^M v)\}$ |
| $\llbracket \pi_1 \cup \pi_2 \rrbracket^M$ | $= \llbracket \pi_1 \rrbracket^M \text{ 或 } \llbracket \pi_2 \rrbracket^M$ |
| $\llbracket \pi^* \rrbracket^M$ | $= \{\langle w,v \rangle \mid w = v \text{ or } w_i\llbracket \pi \rrbracket^M w_{i+1} \text{ 存在 } n \geqslant 0, w_0,\ldots,w_n \in W, w_0 = w \text{ and }$ $w_n = v\}$ |

我们在选择 $\pi$ 时必须小心，以确保生成的模型 $[K := \pi]M$ 仍然是 EFL 的模型。例如，考虑程序表达式 $n?; K$。在模型 $M$ 中，如果 $(u_0, a) \in \llbracket n \rrbracket^M$ 和 $(u_0, a)\llbracket K \rrbracket^M(u_1, b)$ 成立，这个表达式会给 $(u_0, a)$ 与 $(u_1, b)$ 之间添加认知关系。以上条件成立，意味着 $g(n) = a$，$a = b$ 和 $k_a(u_0, u_1)$。那么新模型 $[K := n?; K]M$ 是结构 $\langle W, A, k', f, V \rangle$，其中，对 $b \neq a$，有 $k'_a = k_a$ 和 $k'_b = \emptyset$。这不是 EFL 的模型。为了使它成为 EFL 的模型，我们需要使每个 $k_a$ 关系都自反。这可以用程序表达式 $\top?$ 来实现，因为 $\llbracket \top? \rrbracket^M$ 是恒等关系。因此，将程序表达式 $\pi$ 设为 $(n?; K) \cup \top?$，

我们得到模型 $[\![K]\!]^{[K:=(n?;K)\cup\top?]}M$，它是结构 $\langle W,A,k'',f,V\rangle$，其中 $k''_a=k_a$ 和 $k''_b$ 是所有 $b\,(b\neq a)$ 的恒等关系。

$[K:=(a?;K)\cup\top?]$ 在特定模型中的应用如图 6.2 所示。

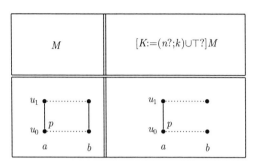

图 6.2　一个简单的 PDL-变形

在这里，$M$ 是一个主体有名字的模型，我们允许将 $a$ 同时作为 $a$ 的名字。在这个模型中，$a$ 和 $b$ 是朋友，她们都不知道自己是处于 $u_0$ 还是 $u_1$ 状态。$p$ 仅对于处于状态 $u_0$ 的主体 $a$ 成立，因此有 $M,u_0,b\models K\neg p\wedge\neg K\langle F\rangle p$，这意味着主体 $b$ 知道她不是 $p$，但不知道她是否有朋友是 $p$。在行为 $[K:=(n?;K)\cup\top?]$ 之后，我们得到了图 6.2 右侧所示的模型，其中 $k_a$ 和之前一样，但现在 $k_b$ 是同一关系。在转换后的模型中，主体 $b$ 知道她有一个朋友是 $p$。因此我们得到动态事实：

$$M,u_0,b\models[K:=(n?;K)\cup\top?]K\langle F\rangle p$$

实际上，PDL 转换，$[K:=(n?;K)\cup\top?]$ 是向除 $\underline{n}$ 之外每个主体透露所有信息的过程。我们将在本章后面继续研究更微妙的认知变化。现在先考虑下面较为复杂的一个例子。

**间谍网络**　以冷战为例，假设我们正在推理某个间谍网络暴露的影响。

贝拉 $(b)$ 是查理 $(c)$ 和埃里克 $(e)$ 的朋友，查理和埃里克彼此不是朋友。埃里克是间谍 $(s)$，但大家都不知道。埃里克知道其他人不是间谍，因为间谍知道其他的间谍（我们假设）。贝拉知道查理不是间谍，但查理并不了解她。网络曝光后，间谍和间谍的朋友都会接受调查。但就在曝光之前，一条消息

发布给所有人，揭示他们是否处于危险之中。这里的危险指的是，他们或者
自己是间谍，或者是间谍的朋友。

图 6.3 中描绘了初始情况的模型 $M$，其中 $u_0$ 代表实际状态。在 EFL 中，我
们可以陈述相关的事实，例如 $@_b(K\neg s \wedge \neg K\langle F\rangle s)$ "贝拉知道她不是间谍，但并
不知道她的朋友是不是间谍"。我们将 $d$ "我处于危险中"作为"我是间谍或者我
有间谍朋友"（$(s \vee \langle F\rangle s)$）的缩写。为了方便起见，有标记 $d$ 的那些状态表示对
该主体成立。因此图中可以读到 $@_b(d \wedge \neg Kd)$ "贝拉处于危险之中，但她并不知
道"，而 $@_b K@_c \neg d$ "贝拉知道查理没有危险"。

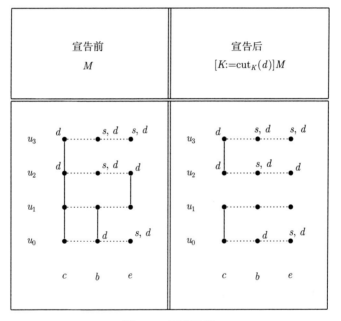

图 6.3　间谍网络

现在考虑由以下定义的 PDL-项 $\mathrm{cut}_K(\varphi)$

$$(\varphi?; K; \varphi?) \cup (\neg\varphi?; K; \neg\varphi?)$$

这将 $\langle w, a\rangle$ 与 $\langle v, b\rangle$ 关联起来，当且仅当 $a = b$，$k_a(w, v)$，并且 $\varphi$ 在两个状态 $w$ 和
$v$ 都为真或都为假。因此，算子 $[K := \mathrm{cut}_K(\varphi)]$ 产生一个新模型 $[K := \mathrm{cut}_K(\varphi)]M$，
其中，两个状态之间的 $\varphi$ 真值不一致，它们之间的链接就被删除。实际上，这向

每个主体"揭示"了 $\varphi$ 是否（对她们而言）为真的事实。这个算子最初在文献 [12] 中被引入并得到研究。

在这个例子中，$d$（"你有危险"）发布后的情况由模型 $[K := \mathsf{cut}_K(d)]M$ 给出，如图 6.3 右边部分所示。注意，$u_1$ 和 $u_2$ 之间的 $k_c$ 链接被切断，因为 $M, u_1, c \not\models d$ 但 $M, u_2, c \models d$；查理发现自己没有危险。类似地，$u_0$ 和 $u_1$ 之间的 $k_b$ 链接被切断，因为贝拉发现她的确处于危险之中（$@_b Kd$）。最后，$u_1$ 和 $u_2$ 之间的 $k_e$ 链接被切断，因为现在每个人都知道埃里克知道他是否处于危险之中（尽管只有贝拉知道到底是还是否）。

此外，使用 DEFL 语言我们可以表示关于动态变化的推理。例如，下面的模式是有效的

$$[K := \mathsf{cut}_K(\varphi)]A(K\varphi \vee K\neg\varphi)$$

它的意思是，$\varphi$ 被发布后，每个人都知道 $\varphi$ 是否为真。这里的 $\varphi$ 必须是非认知事实，例如，$d = \langle F \rangle s$。

**GDDL 算子**  更复杂的算子可以从有穷关系结构中构造出来，这些结构的元素每个都与一个 PDL 变换相关，并且其对模型的影响是通过考虑模型的变形来计算的。GDDL 算子是如下所示的 $\Delta$：

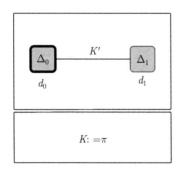

上图中实际执行的行为是 $d_0$，对模型的影响由 PDL-变形 $\Delta_0$ 给出，用黑框表示。另一个行为 $d_1$ 与 PDL-变形 $\Delta_1$ 相关联，$d_0$ 和 $d_1$ 之间的关系标记为 $K'$。[①] 动态算子对 EFL 模型 $M$ 的论域 $W$ 的影响通过形成的乘积模型 $M'$ 看出（以文

---

① 如在文献 [4] 中解释的那样，在一般情况下，可能有很多行为、新的关系符号和命题变元。

献 [1] 的方式），新模型的论域是 $W \times \{d_0, d_1\}$，$(w, d_i)$ 表示初始状态为 $w$ 时发生 $d_i$ 所生成的新状态。模型 $M'$ 由下面两个模型的拷贝构成：论域为 $W \times \{d_0\}$ 的 $[\Delta_0]M$ 和论域为 $W \times \{d_1\}$ 的 $[\Delta_1]M$，还有 $\Delta$ 中模型的拷贝。在这个例子中，对每个 $w \in W$，有 $(w, d_0)[\![K']\!]^{M'}(w, d_1)$。最后，模型 $[\Delta]M$ 是通过应用"整合" $[K := \pi]$，变换到 $M'$。这里，我们使用 PDL 程序表达式 $\pi$ 计算 $K$ 的新值，同时考虑拷贝模型 $[\Delta_0]M$ 和 $[\Delta_1]M$ 中的关系，以及 $\Delta$ 本身的新关系 $K'$。①

为了理解这个复杂的算子，先考虑一个简单的例子。$\Delta_0$ 是之前见到的 PDL-变形 $[K := (a?; K) \cup \top?]$，$\Delta_1$ 是恒等变换的情况，记作 $I$。我们还将 $\pi$ 设为 $(K \cup a?; K')^*$。

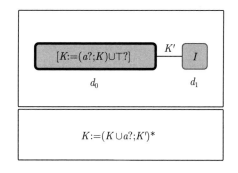

这个 GDDL 算子对前面考虑的模型 $M$ 的作用如图 6.4 所示。它表示以下的情况：行为 $d_0$ 向除 $a$ 之外的所有主体提供完全的信息。$a$ 以外的所有主体都知道 $d_0$ 的发生，而 $a$ 却一无所知。不仅 $k_a$ 在 $[\Delta_0]M$ （图的上半部分）和 $[\Delta_1]M$ （图的下半部分）中都没有变化，而且 $a$ 也不知道自己处于这两个子模型中的哪一个。图中用连接 $a$ 列的两半的垂直线表示，即，对所有的 $w \in W$，有 $(w, d_0)k_a(w, d_1)$。

需要再强调一遍，我们必须检查动态变化生成的新模型是不是 EFL 模型。在这个例子中，它确实是。由于在整合变形 $[K := (K \cup a?; K')^*]$ 中使用了迭代算子 $*$，$k_a$ 和 $k_b$ 关系是传递的。

我们称 GDDL变形 $\Delta$ 是 普遍的 EFL 动态算子，如果它是在上面定义的 PDL 表达式的语言中（可能会包含 $K'$ 关系），同时该变形保持 EFL-模型的属性，即，

---

① 一般情况更加灵活，允许在整合阶段使用并重新解释基本的表达式 $K$, $F$，以及主体的名字和命题变元。

若 $M$ 是 EFL-模型，$\Delta M$ 也是。

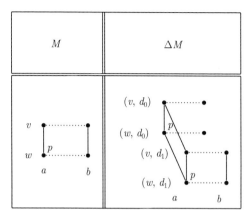

图 6.4　一个简单的 GDDL 算子

# 6.2　社 会 宣 告

现在，我们转向社会网络内部主体之间的直接交流或"宣告"。在标准分析中公开宣告逻辑（PAL，文献 [8]）仅对宣告的效果进行建模，不考虑发布公告的主体。而且，简单预设宣告的信息被所有主体所接收。在动态认知逻辑中（文献 [1]），可以建模私密的宣告，这意味着宣告信息被一部分有穷的主体接收，而不是所有人。在一般情况下，在社会网络中，宣告由三个部分构成：一个主体（发送者）向一个或多个其他主体（接收者）传输信息（消息）。这三个组件中的每一个部分都可以用不同的方式描述并加以研究。在这方面已经有一些尝试。文献 [9] 在考虑一个群体如何建立分布式知识时，分析了特定类型的通信网络。这里的通信网络指的是发生在一个主体与另一个主体之间，或一个主体与一个群体之间的信息通道。文献 [7] 采用通信图来研究主体之间的通信。主体 $i$ 直接从主体 $j$ 接收信息，在图中由主体 $i$ 到主体 $j$ 的边表示。然而，这两种研究径路都没有考虑利用社会关系描述的主体群。在本节，我们将从这个视角讨论信息交流的一些微妙之处。

首先，我们暂时忽略发送者，定义一个基本的通信行为，即，将消息 $\psi$ 发送

（我们假设是匿名的）到一群主体 $\theta$，即

$$\mathsf{send}_\theta(\psi) = [K := (\theta?; \mathsf{cut}_K(\psi)) \cup (\neg\theta?; K)]$$

行为 $\mathsf{send}_\theta(\psi)$ 向所有满足 $\theta$ 的主体揭示 $\psi$ 的真假（对于不同的主体可能不同），关系 $k_a$ 对于不满足 $\theta$ 的主体 $a$ 保持不变。

要理解这个行为如何运作，考虑在间谍网络情形中的具体行为 $\mathsf{send}_{\langle F\rangle b}(d)$。这是对贝拉的朋友（但不是贝拉本人）的匿名宣告，告知她们是否处于危险之中。这个宣告行为的效果如图 6.5 所示。描述消息接收者的公式 $\theta$ 是 $\langle F\rangle b$，查理和埃里克在实际状态 $u_0$ 中满足 $\langle F\rangle b$。因此关系 $k_c$ 和 $k_e$ 会发生变化，而 $k_b$ 则保持不变。

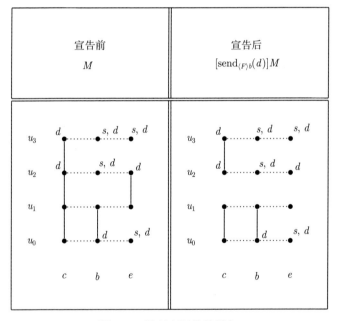

图 6.5　限制到贝拉的朋友

这只是我们对交流进行分析的开始。一方面，这种行为只是"半私密的"，即针对特定的一些个体，没有参与交流的其他主体仍然知道通信或交流行为发生过。稍后，我们将分析更加复杂的情形，其中涉及更多的隐私。例如，可能只有发送方和接收方知道通信发生过。比如，与贝拉的朋友交流后，对贝拉而言，她知道了一些她之前不知道的事情：之前她知道查理没有危险，现在她知道查理知道这件事。

用公式表示如下：

$$M, u_0, b \models [\text{send}_{\langle F \rangle b}(d)]K@_c K \neg d$$

在讨论更私密的宣告之前，我们需要将信息发送者引入模型，并探索有关消息本身的性质及其微妙之处。

**关于发送者的公告**．第一种情况是主体 $n$ 向公式 $\theta$ 所描述的主体发送的消息，其中包含消息 $\psi$，可以理解为是关于发送者的，例如 "我有危险"。$[n \triangleleft \psi!:\theta]\varphi$ 意味着 $\varphi$ 在交流后成立。这个交流需要满足下面的条件：

$$(@_n K\psi \to [\text{send}_\theta(@_n \psi)]\varphi)$$

为了更好地理解这一点，我们将研究一些简单的实例。首先，对于 $\theta = \top$，公式 $[n \triangleleft \psi!:\top]\varphi$ 意味着 $\varphi$ 在主体 $n$ 公开宣布 $\psi$ 后成立，因为它可以改写为 $(@_n K\psi \to [K:=\text{cut}_K(@_n \psi)]\varphi)$。

以上条件说的是，我们假设发送者知道发送的消息。这是相当强的假设。[1] 假设埃里克无法再保守他的秘密，告诉所有人他是间谍。在这之后，每个人都会知道他是间谍（而他的朋友贝拉也会知道她处于危险之中）。公式表示为：$[e \triangleleft s!:\top]AK@_e s$。[2] 注意 $[b \triangleleft s!:\top]AK@_b s$ 也是真的（因为它是有效的！）。这个有效式说的是，贝拉宣布后，每个人都知道她是间谍。但这里的原因完全不同：贝拉不能宣布她是间谍，因为她知道她不是间谍。[3]

第二种情况是对特定主体的宣告。在这种情况下，$\theta$ 是有名字的主体 $m$，公式 $[n \triangleleft \psi!:m]\varphi$ 意味着主体 $n$ 向 $m$ 宣布 $\psi$ 后，$\varphi$ 成立。例如，埃里克可能更加谨慎，只告诉了贝拉，之后贝拉就会知道，但查理不知道：$[e \triangleleft s!:b]@_b K@_e s$ 和 $(\neg(b \vee K@_e s) \to [e \triangleleft s!:b]\neg K@_e s)$ 都是有效的，后者表示若一个主体不是贝拉，也不知道埃里克是间谍，在埃里克向贝拉做出宣告之后，她仍然不知道埃里克是间谍。

在最一般的情况下，$\theta$ 是对一群主体的描述。例如，$[b \triangleleft \neg s!:\langle F \rangle b]\varphi$ 表示在贝拉告诉她的朋友她不是间谍后，$\varphi$ 成立。这里又有一个有效式：$[b \triangleleft \neg s!:\langle F \rangle b]@_b FK@_b \neg s$，

---

① PAL 假设公告是真实的，相当于假设它们是由上帝或其他无所不知的实体发布的。文献 [6] 研究了不同类型的主体（说真话者、说谎者和吓唬者）发布公告，这些公告如何在交流中被解释。

② 实际上，埃里克是间谍的信息成为公共知识，我们将在 6.5 节中看到。

③ 贝拉只需要确定不知道自己是间谍，就足够使她不能实施宣告的行为。

说的是，如果贝拉告诉她的朋友她不是间谍，贝拉的朋友就会知道贝拉不是间谍。

**关于接收者的宣告**　关于接收者的索引性宣告，例如"你有危险"（由埃里克向贝拉宣布）或"你是我的朋友"（由贝拉向她的朋友宣布）可以通过稍微调整语言来表达，以刻画宣告的不同的前提条件。我们如下定义 $[n:\psi! \triangleright \theta]\varphi$，即，主体 $n$ 向满足 $\theta$ 的主体宣告 $\psi$ 之后 $\varphi$ 成立：

$$(@_n A(\theta \to \psi) \to [\mathsf{send}_\theta(\psi)]\varphi)$$

先考虑宣告的简单情况，用 $[n:\psi! \triangleright \top]\varphi$ 表示，可以看成等价于 $(@_n KA\psi \to [K := \mathsf{cut}_K(\psi)]\varphi)$。例如，考虑我向所有人宣布"你有危险"。我知道每个人都处于危险之中的前提通过前件 $KAd$ 来描述，并且在宣告之后，所有人都知道她处于危险之中，正如有效式 $\downarrow n\ [n:d! \triangleright \top]AKd$ 所表示的那样。

主体对主体宣告的情况揭示了带有索引词的两种消息之间的对称性。主体 $n$ 向主体 $m$ 宣布"你有危险"等价于（再次向 $m$）宣布"$m$ 处于危险之中"。更一般地，以下等价式是有效的：

$$[n:\psi! \triangleright m]\varphi \ \leftrightarrow \ [n \triangleleft @_m\psi!:m]\varphi$$

$$[n \triangleleft \psi!:m]\varphi \ \leftrightarrow \ [n:@_n\psi! \triangleright m]\varphi$$

向一个主体的群组发布公告时，这种对称性显得更为微妙。向我的每个朋友宣布"你有危险"与向他们宣布"我所有的朋友都有危险"若是一样的，需满足一个前提条件：每个朋友知道她是我的朋友，而对他人的情况一无所知。没有这个前提条件，以下公式并不一定是有效的：

$$[n:\psi! \triangleright \langle F \rangle n]\varphi \ \leftrightarrow \ [n \triangleleft @_n F\psi!:\langle F \rangle n]\varphi$$

下面构造一个反例。将 $\psi$ 设为命题 $d$，考虑下面的模型 $M$：

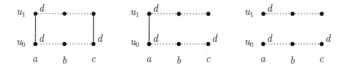

$[b\!:\!d!\rhd\langle F\rangle b]$ 的前提为 $@_bKA(\langle F\rangle b\to d)$，它等价于 $[b\lhd@_bFd!\!:\!\langle F\rangle b]$ 的前提条件 $@_bKFd$，在 $M$ 中满足。由这两个宣告分别得到中间、右边的两个模型。然而，若设 $\varphi$ 为 $@_aK@_cd$，这两个模型很容易做出区分。

当考虑面向朋友的宣告时，出现了一个有趣的新现象。考虑我向我的朋友们宣布"你是我的朋友"，这样的宣告后，$\varphi$ 保持不变，表示为 $[n\!:\!\langle F\rangle n!\rhd\langle F\rangle n]$。消息本身和关于接收者集合的描述是一样的，所以展开这个公式，我们发现宣告的前提是 $\downarrow n\,KA(\langle F\rangle n\to\langle F\rangle n)$，这是有效的，因此，任何人都可以随时宣告。但尽管如此，这样的信息还是有意义的，从 $\downarrow n\,[n\!:\!\langle F\rangle n!\rhd\langle F\rangle n]FK\langle F\rangle n$ 的有效性可以看出：在我做出这个宣布后，我的朋友们都知道她们是我的朋友，而她们以前可能并不知道这个事实。

最后，我们注意到，任何发送者—索引的公告发给一个满足 $\theta$ 的群体，并且群体中至少有一个接收者的情况下，它等价于给该群体发布接收者—索引的公告。这里的秘诀在于，关于 $n$（发送者）的命题 $\psi$ 等值于关于任意接收者的命题 $@_n\psi$。换句话说，以下公式是有效的：[①]

$$\neg A\neg\theta\to([n\lhd\psi!\!:\!\theta]\varphi)\ \leftrightarrow\ [n\!:\!@_n\psi!\rhd\theta]\varphi)$$

**秘密宣告**　形如 $[n\lhd\psi!\!:\!\theta]$ 和 $[n\!:\!\psi!\rhd\theta]$ 的交流只是半私密的。这些交流行为对模型产生影响，如果发送者满足前提条件，每个主体都会知道发生了宣告行为。例如，考虑下面的有效式：

$$\downarrow n\,[n\lhd d!\!:\!m]AK(@_nKd\to@_mK@_nd)$$

当我向 $m$ 宣布"我有危险"后，每个人都会知道下面的事实：如果我知道我有危险，那么 $m$ 也知道我有危险。这显然侵犯了我和 $m$ 之间交流的隐私。

为了使宣告行为 $\mathsf{send}_\theta(\psi)$ 更为私密，我们可以将它嵌入到一个 GDDL 算子中。这样，对于发送者—索引的宣告[②]，$\varphi$ 在主体 $n$ 秘密发布公告 $\psi$ 给 $\theta$ 主体后

---

① 这里的关键点在于发送者—索引公告的前提是 $@_nK\psi$，当 $U_A\neg\theta$ 为假时，它等价于前提 $@_nKU_A(\theta\to@_n\psi)$。

② 接收者—索引的宣告可以通过更改消息和前提条件获得，如简单的半私密情况。

成立，用公式表示为 $[n \triangleleft \psi! : \theta]\varphi$。在 GDDL 算子内部，关系 $K'$ 表示不知道交流 $\mathrm{send}_\theta^n(\psi)$ 是否发生过，没有发生过的情形由恒等变换表示，见下图示：

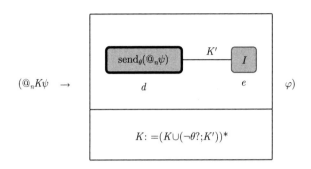

整合变形 $[K := (K \cup (\neg\theta?; K'))^*]$ 将 $K'$ 的无知限制在除 $\theta$ 以外的主体上，这进一步体现在新获得的认知关系中。当然，我们需要迭代算子 $*$ 来确保新模型中的关系是等价关系。我们将在下一节的末尾看到这个算子的一个实例。

# 6.3　知道你的朋友

到目前为止，我们模型中的友谊关系在不同的认知状态上一直保持固定。我们已经使用友谊关系来描述哪些主体接收消息，消息的具体内容也涉及友谊关系，但还没有考虑过一个主体是否知道谁跟谁是朋友的事实。正是这一点使得我们的逻辑非常有趣。下面，通过一个有点"八卦"的例子来讨论相关的问题。

佩吉 $(p)$ 知道罗杰 $(r)$ 正在欺骗 $(c)$ 他的妻子莫娜 $(m)$。更重要的是，罗杰知道佩吉知道，因为他和情妇在一起的时候偶然遇见了佩吉。莫娜不知道此事，佩吉和罗杰都知道。当罗杰发现佩吉是一个喜欢散布流言蜚语的人时，对罗杰来说情况就恶化了。因为佩吉一定会把罗杰的事情告诉她所有的朋友。罗杰不知道莫娜是不是佩吉的朋友（事实上她们是好朋友）。

我们可以用图 6.6 中的模型来表示这个例子中的社会关系网络和佩吉宣布前的认知状态，我们假设已婚夫妇也是朋友。灰色线只是为了使图更易于读出，没有特别的意义。注意，现在不同状态下的友谊关系是不同的。

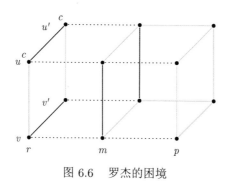

图 6.6　罗杰的困境

在罗杰 $r$ 的实际状态 $u$ 中，表 6.2 中列出的陈述都是真的。因此，可以计算，对罗杰 $r$ 而言，"佩吉告诉她的朋友们之后，我不知道莫娜会知道我在欺骗她"在世界 $u$ 上是真的。形式表示为：

$$\downarrow n \, [p \triangleleft @_n c! : \langle F \rangle p]@_m K @_n c$$

表 6.2　关于罗杰的几个事实

| $c$ | 我在欺骗 |
|---|---|
| $\downarrow n \, K(@_p K @_n c \wedge$ $@_m \neg K @_n c)$ | 我知道佩吉（但不是莫娜）知道我在欺骗 |
| $\downarrow n \, @_p K @_n K @_p K @_n c$ | 佩吉知道我知道她知道我在欺骗 |
| $\neg K @_m \langle F \rangle p \wedge$ $\neg K @_m \neg \langle F \rangle p$ | 我不知道佩吉和莫娜是不是好朋友 |
| $\downarrow n \, @_p K @_n \neg K @_m \langle F \rangle p$ | 佩吉知道我不知道她和莫娜是不是好朋友 |

我们用公式 $[p \triangleleft @_r c! : \langle F \rangle p]\varphi$ 表示佩吉宣布"罗杰在欺骗！"后命题 $\varphi$ 成立，这个公式可以扩展并进一步简化为下面的形式：

$$(@_p K @_r c \rightarrow [K := (\langle F \rangle p?; \mathsf{cut}_K(@_r c)) \cup (\neg \langle F \rangle p?; K)]\varphi)$$

在状态 $u$ 上，"佩吉知道罗杰的欺骗行为"这一命题作为预设条件是真的，因此，公式 $\varphi$ 的真假需要在图 6.7 所表示的更新后的模型中考察。注意，在这个新模型中，中间的垂直线消失了。

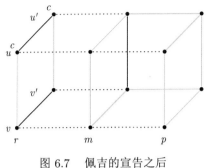

图 6.7    佩吉的宣告之后

接下来我们考虑这个例子的进一步发展：罗杰需要点隐私。

在回到家面对莫娜之前，罗杰有些不安。他很想知道莫娜知不知道他的事情。他已经知道莫娜知道当且仅当莫娜和佩吉是朋友。所以，如果佩吉告诉罗杰她们是朋友，罗杰就会为莫娜的愤怒做好准备。但是为了让罗杰计划好的借口令人信服，莫娜一定不知道罗杰知道她知道（关于这件事）。因此，佩吉私下告知罗杰变得十分重要。

现在，我们假设佩吉私下告诉了罗杰她与莫娜是朋友，表示为 $[p \triangleleft \langle F \rangle m! : r]$。命题 $\varphi$ 是否成立，需要对图 6.7 进行更新后在新模型中确定。

$$(@_r K @_m K @_r c \land \neg @_m K @_r K @_m K @_r c)$$

这说的是，罗杰知道莫娜知道他一直在欺骗，但莫娜不知道他知道。

上面提到的更新使用下面的 GDDL 算子，称为 $\Delta$：

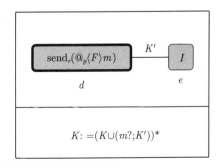

结果在图 6.8 中表示。图中上半部分代表行为 $d$ 的结果：佩吉告诉罗杰她是

莫娜的朋友（send$_r$($@_p\langle F\rangle m$)），而下半部分代表行为 $e$ 的结果：什么事情都没有发生 $(I)$，因此只是初始模型的副本。莫娜是三个人中唯一不知道发生了什么事情的人，用连接上下部分（在 $m$ 列中）状态的线来表示。我们看到 $K@_mK@_rc$ 在状态 $(u, d)$ 中对 $r$ 而言为真，因此罗杰可以准备好见莫娜。①

在佩吉宣布之后，我们可能会怀疑在模型中罗杰和莫娜仍然为朋友关系是否合适，他们的夫妻关系有可能因此而破裂。社会关系的动态变化将在 6.4.1 节中考虑。

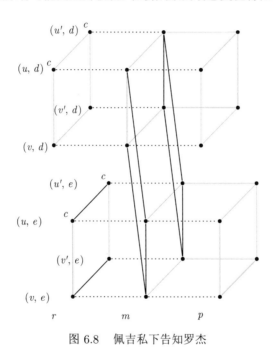

图 6.8　佩吉私下告知罗杰

# 6.4　动态行为：提问

除了发布公告外，社会网络中的主体还可以提出问题。对提问情境的建模，我们假设主体在回答问题时保持合作态度，她不会故意隐瞒自己知道的答案。②稍微

---

① 这里的额外的隐私情境仍然不那么完美，因为它导致莫娜认知的变化：她从知道罗杰不知道她和佩吉是朋友到不知道这一点。但是，这也许可以解释为，隐私只是一个程度的问题。

② 在标准动态认知逻辑中，文献 [13] 给出了如何处理与提问相关的问题。在这里，我们走一个捷径，将提问的行为归约到宣布答案的行为。

复杂的模型会考虑主体的偏好，但这超出了当前章节的范围。有了这个假设之后，当 $a$ 知道 $\psi$ 时，询问 $\psi$ 对主体 $a$ 而言是否成立与 $a$ 宣布 $\psi$ 的效果相同。同样，当 $a$ 知道 $\neg\psi$ 时，询问 $\psi$ 对主体 $a$ 而言是否成立与 $a$ 宣布 $\neg\psi$ 的效果也相同。在 $a$ 不知道 $\psi$ 是否成立的情况下，这个假设在交流中得到体现（可能仅仅是因为没有预期的回答）。考虑到这一点，我们定义以下命题：公式 $[n \triangleleft \psi? : m]\varphi$ 表示，主体 $n$ 询问主体 $m$ 命题 $\psi$ 是否成立，之后命题 $\varphi$ 成立。

$$([m \triangleleft \psi! : n]\varphi \wedge [m \triangleleft \neg\psi! : n]\varphi \wedge [m \triangleleft \neg(K\psi \vee K\neg\psi)! : n]\varphi)$$

换句话说，当 $\varphi$ 在下面的三种情况下为真时，在 $n$ 询问 $m$ $\psi$ 是否成立后 $\varphi$ 成立：（1）$m$ 回答"是"，对 $n$ 宣布 $\psi$；（2）$m$ 回答"不是"，对 $n$ 宣布 $\neg\psi$；（3）$m$ 回答"我不知道"，对 $n$ 宣布 $\neg(K\psi \vee K\neg\psi)$。这确保以下公式是有效的：

$$(@_m K @_n p \rightarrow [n \triangleleft p? : m]@_n Kp)$$

$$(@_m K @_n \neg p \rightarrow [n \triangleleft p? : m]@_n K\neg p)$$

$$(@_m \neg(K @_n p \vee K @_n \neg p)$$
$$\rightarrow [n \triangleleft p? : m]@_n K @_m \neg(K @_n p \vee K @_n \neg p))$$

举例来说，在查理 $c$ 问埃里克 $e$ 他（查理）是否处于危险中 $d$ 之后，他要么知道自己处于危险中 $Kd$，要么知道自己没有处于危险中 $K\neg d$，或者知道埃里克不知道他（查理）是否处于危险之中，$\downarrow n \, K @_e \neg(K @_n d \vee K @_n \neg d)$。

与前面我们对公告的区分类似，这里也可以区分出发送者—索引问题与接收者—索引问题。$n$ 对 $m$ 的提问"你有危险吗？"，对该问题做肯定回答相当于 $m$ 对 $n$ 宣布"我有危险"，"你"和"我"颠倒了。

与公告一样，这种提问模型假设答案只是半私密的。例如，在查理询问埃里克他是否处于危险中之后，第三方就会知道查理要么知道他是否处于危险之中，要么知道埃里克不知道答案。为了使提问更加私密，我们需要进一步引入私密宣告。这里举一个简单的例子。

罗杰私下接近佩吉，直接问她和莫娜是不是朋友。出于真诚和合作，佩吉做出肯定的回答。当然，莫娜对他们的谈话一无所知。

这个私密的提问 $[r:\langle F\rangle m?:p]$ 采用类似半私密的提问 $[r\lhd\langle F\rangle m?:p]$ 来定义，使得下面的情况发生时，$\varphi$ 会在提问后成立：

$$[p\lhd\langle F\rangle m!:r]\varphi \wedge [p\lhd\neg\langle F\rangle m!:r]\varphi \wedge [p\lhd\neg(K\langle F\rangle m \vee K\neg\langle F\rangle m)!:r]\varphi$$

在这种情况下，只有 $[p\lhd\langle F\rangle m!:r]$ 的前提条件成立，结果如图 6.8 所示。

一个有意思的问题是：能否对一个群体提问？这个问题给我们的理论提出了新的挑战。朋友们如何回答"我有危险吗？"这样的问题？按照目前的战略，她们必须通过发布宣告的方式来回答。可是，如果我有不止一个朋友知道答案，那么随之而来的就会是不止一个的宣告。但她们按什么顺序发布宣告呢？显然，我们必须考虑所有可能的顺序，在一般情况下，这涉及对任意数量的朋友进行量化。在包含有穷多个有名字的主体的模型中，这是可能的，但结果没有那么漂亮，这里忽略细节。

## 6.4.1  社会网络的动态变化

这一节我们探讨一个有趣现象：社会关系的动态变化。一个人可能某一天在脸谱上与某人成为朋友，但她可能会在第二天把那个人删除，或添加其他人为好友。这些行为虽然简单，但对主体之间的信息交互有直接的影响。考虑以下的例子：

> 罗杰害怕莫娜可能会从佩吉那里得知他的婚外情，尽力离间两位女士。他的行为旨在破坏她们的友谊，从而保护他的秘密。

为了定义删除友谊关系链接的算子，我们首先定义单方向切断主体 $n$ 和 $m$ 之间的友谊链接的结果：

$$\text{cut}_F(n,m) = (\neg n?;F) \cup (F;\neg m?)$$

但是，要删除 $n$ 和 $m$ 之间的链接，我们需要在两个方向上切断主体之间的友谊：[①]

$$[-F_{n,m}] = [F := \text{cut}_F(n,m)][F := \text{cut}_F(m,n)]$$

---

① 考虑不对称关系，例如推特上的"关注"或脸谱上的"订阅"也很有趣，可在文献 [10] 中学习。

容易证明 $[\![F]\!]^{[-F_{nm}]M} = [\![F]\!]^M \setminus \{\langle n,m \rangle, \langle m,n \rangle\}$。[①]

这对罗杰有什么帮助呢？行为 $[-F_{mp}]$ 实施以后，佩吉向她的朋友们宣布罗杰在欺骗就没有任何效果了；事实上，没有朋友可以收到她的消息。所以，模型保持不变。换句话说，在原始模型中，下面的公式对罗杰来说是真的：

$$[-F_{mp}] \downarrow n \ [p \triangleleft @_n c! : \langle F \rangle p] @_m \neg K @_n c$$

直观上说，就罗杰而言，佩吉和莫娜断绝友谊后，即使佩吉告诉她的朋友"我在欺骗"，莫娜也不会知道。

接下来，我们考虑添加一个新朋友的情况。在基本情形下，我们可以通过与删除算子类似的方式来定义新算子 $[+F_{n,m}]$，但可以再简化为：

$$[F =: F \cup (n?; A; m?)]$$

但是，若遵循脸谱和其他社交网络的协议，添加朋友必须首先向对方提出请求，得到肯定确认后才能添加对方。为了刻画这样的社会关系变化，我们需要在语言中表示主体是否想与另一个主体成为朋友。在更综合的模型中，可以利用偏好顺序表示主体更喜欢与某人成为朋友。现在，我们暂时假设在模型中有一些额外的索引关系 $d_w$，其中 $d_w(a,b)$ 解释为在状态 $w$，主体 $a$ 想要与主体 $b$ 成为朋友。令 $D$ 为相应的模态算子。

$n$ 向 $m$ 询问"你想成为我的朋友吗？"，这可以表示为 $[n \triangleleft \langle D \rangle n? : m]$。作为一个请求，我们将其解释为一个行为：如果答案是肯定的，俩人就成了朋友；若答案是否定的，社会网络不发生任何变化。尽管后者可能会带来认知的变化，例如，我了解到你不想成为我的朋友。$\varphi$ 在这样的"请求成为好友"行为发生之后成立，表示为：

$$[\mathrm{add}(m)]\varphi = \downarrow n \ [n \triangleleft \langle D \rangle n? : m]((K @_m \langle D \rangle n \wedge [+F_{n,m}]\varphi)$$

$$\vee (\neg K @_m \langle D \rangle n \wedge \varphi))$$

这个算子的私密版本可以通过使用基于 GDDL 的版本替换公开宣告和关系更新来获得。

---

① 这是根据下面的事实 $a[\![F]\!]^{[F := \mathrm{cut}_F(n,m)]M} b$ iff $a[\![F]\!]^M b$ and $\langle a,b \rangle \neq \langle n,m \rangle$。

下面的有效式展示了"请求成为好友"导致的一些认知结果：

$$\downarrow n \ (\neg \langle F \rangle m \wedge \neg K @_m \langle D \rangle n) \to$$

$$[\mathsf{add}(m)]((K @_m K \langle D \rangle n \wedge \langle F \rangle m) \vee (K @_m \neg K \langle D \rangle n \wedge \neg \langle F \rangle m))$$

这个公式说的是，如果我不是 $m$ 的朋友，而且我也不知道她想成为我的朋友，那么如果我问她，要么我知道她知道她想成为朋友，从而我们将成为朋友，要么我知道她不知道她想成为朋友，我们不会成为朋友。

## 6.5　社会网络中的公共知识

在社会网络的背景下，公共知识显然是一个重要的概念。容易想象，我们想要讨论某事是否在某个社区或我的朋友中是人人皆知的情况。要更精确地解释这个概念，至少要考虑以下两个方面的问题。第一，如何表示具有共同知识的群体。这可以通过具体列举的形式（"查理、贝拉和埃里克"）或语言描述（"查理的朋友"）甚至带索引词的描述（"我的朋友"）来实现。第二，公共知识可能是固定不变的（"查理不是间谍是众所周知的"）或者公共知识本身是包含索引词的（例如"查理的朋友们都知道我处于危险之中"或"我的朋友都知道他们处于危险之中"）。

要刻画所有这些情况，我们首先将 $\overline{K}_a$ 定义为 $(A; a?; K)$。那么 $[\overline{K}_a]\varphi$ 意味着主体 $a$ 知道 $\varphi$，形式定义如下：

$$M, w, b \models [\overline{K}_a]\varphi \quad \text{当且仅当} \quad M, v, a \models \varphi \text{ 对所有 } v \in W \text{ 使得 } k_a(w, v)。$$

这里的 $\varphi$ 可能是索引命题。因此，例如，"查理知道他不是间谍"表示为 $[\overline{K}_c]\neg s$，"贝拉知道查理不是间谍"则需要表示为 $[\overline{K}_b]@_c \neg s$。我们如下定义公共知识：

$$\mathsf{c}_\theta = (A; \theta?; K)^*; A; \theta?$$

$[\mathsf{c}_\theta]\varphi$ 大概可以解释为，$\theta$-主体之间有共同知识 $\varphi$。这样，我们就能够用形式语言谈论某个群体的公共知识。这个定义似乎比公共知识的标准概念更普遍（参见 [3]），以下通过几个应用实例来说明。这些实例根据两个方面进行划分：第一，关于群体的描述方式，譬如直接枚举群体中的主体，群体的描述中是否使用索引词；第二，公共知识的名字是否使用索引词。前文的讨论可以看出，索引词给我们的社会网络研究带来了非常有意义的讨论。事实上，每个应用实例都可以被进一步一般化。

1. 枚举主体群、关于非索引命题的公共知识。例如，贝拉和查理有共同知识，即查理不是间谍，可以表示为 $[\mathsf{c}_{(b \vee c)}]@_c \neg s$。① 我们知道，在经典认知逻辑中，为了表达公共知识，我们引入 $G$ 表示群体，公共知识算子 $C_G$ 定义为：

$$M, w, a \models C_G \varphi \quad \text{当且仅当} \quad M, v, a \models \varphi \quad \text{对所有} \quad \langle u, v \rangle \in \left( \bigcup_{a' \in G} k_{a'} \right)^*。$$

可以证明，$[\mathsf{c}_{(b \vee c)}]@_c \neg s$ 等价于 $C_{\{b,c\}}@_c \neg s$。首先，$(A; (b \vee c)?; K)^*$ 等价于 $(\overline{K}_b \cup \overline{K}_c)^*$。由于 $@_c \neg s$ 是非索引的，所以 $[A; (b \vee c)?]@_c \neg s$ 等价于 $@_c \neg s$。因此 $[\mathsf{c}_{(b \vee c)}]@_c \neg s$ 等价于 $[(\overline{K}_b \cup \overline{K}_c)^*]@_c \neg s$，从而等价于 $C_{\{b,c\}}@_c \neg s$。

2. 非索引描述的主体群、关于非索引命题的公共知识。例如，佩吉的朋友们都知道罗杰在欺骗，可以表示为 $[\mathsf{c}_{\langle F \rangle p}]@_r c$。这意味着，佩吉的每个朋友都知道罗杰在欺骗 ($@_p FK@_r c$)，而且他们每个人都知道佩吉的所有朋友都知道这件事 ($@_p FK@_p FK@_r c$)，并且他们每个人都知道他们都知道 ($@_p FK@_p FK@_p FK@_r c$)，等等。因此，它不等同于 $C_G \varphi$ 形式的任何语句。特别地，假设佩吉唯一的朋友是莫娜 ($m$) 和南希 ($n$)，以上公式不会跟 $C_{\{m,n\}}@_r c$ 具有相同的真值，这与莫娜和南希不知道佩吉的朋友一无所知的事实并不矛盾。

3. 非索引描述的主体群、关于索引命题的公共知识。这里的索引可能涉及主体群的每个成员，会出现非常微妙的情况。例如，在间谍网络曝光后，埃里克的所有朋友的公共知识是他们有危险，表示为 $[\mathsf{c}_{\langle F \rangle e}]d$。这意味着埃里克（他是间谍）的每个朋友都知道他/她处于危险之中 ($@_e FKd$)，他们每个人都知道他们都知道这一点 ($@_e FK@_e FKd$)，等等。注意，这与他们对谁与谁是朋友的知识或无知并不矛盾，只要在所有认知上无法区分的状态下，埃里克的朋友（无论他们是谁）仍然处于危险之中。在上面的 $\mathsf{c}_\theta$ 定义中，需要添加最后一部分 $A; \theta?$，原因在于：当 $\varphi$ 包含索引词时，需要确保它是关于 $\theta$ 的成员。当 $\varphi$ 不包括索引词时，这部分是多余的。

---

① 另一个具体而有趣的应用领域是我们日常使用的电子邮件，注意到我们常常使用"抄送"或"密送"的功能，这些功能决定了我们跟谁会有公共知识。[11] 中有非常有趣的分析。

4. 索引描述的主体群、关于非索引命题的公共知识。例如，我的朋友们都知道罗杰在欺骗，表示为 $\downarrow n\ [c_{\langle F\rangle n}]@_r c$。这是对上一种情况的一般化，其中 $\langle F\rangle n$ 使用有名字的 $n$，它通过 $\downarrow n$ 约束说话者。

5. 索引描述的主体群、关于说话者索引的命题的公共知识。例如，我的朋友们有共同知识，即我不是间谍，用 $\downarrow n\ [c_{\langle F\rangle n}]@_n \neg s$ 表示。这实际上并不比最后一种情况复杂。同样，索引部分全部由算子 $\downarrow n$ 来完成，为说话者创建一个临时名字 "$n$"。在这种情况下，关于群的描述 $(\langle F\rangle n)$ 和公共知识 $@_n \neg s$ 的内容都是非索引的。

6. 索引描述的主题群、关于索引命题的公共知识。该命题相对于该群的每个成员都是索引的。例如，我的朋友们都知道他们处于危险之中，用 $\downarrow n\ [c_{\langle F\rangle n}]d$ 表示。这是对之前例子的一般化。

当然，公共知识还有其他可能的方式涉及主体群的描述，例如 "我所在的社群的公共知识是 $\varphi$" $(\downarrow n\ [c_{\langle f^*\rangle n}]\varphi)$，"知道他们有危险的那些人的公共知识是 $\varphi$" $([c_{Kd}]\varphi)$，"知道他们是我的朋友的那些人的公共知识是 $\varphi$" $(\downarrow n\ [c_{K\langle F\rangle n}]\varphi)$，这些都值得进一步研究。

# 6.6　结　语

本章的研究表明，结合认知关系和社会关系，特别是在讨论索引命题时，不同类型的逻辑会帮助我们对有趣的社会情境进行推理。尽管脸谱是本章研究工作最初的灵感来源，但脸谱中提供了许多适合逻辑建模的其他有趣功能，例如，评论区和点赞。也有很多方向我们可以放宽认知友谊逻辑的比较严格的假设。例如，通过放弃友谊的对称性，可以考虑朋友之间的亲密度或层次结构（如文献 [5]）。另外，我们也可以讨论主体的信念，而不仅仅是知识，还可以添加偏好等因素。

# 参 考 文 献

[1]　Alexandru Baltag, Lawrence S. Moss, and Sawomir Solecki. The logic of common knowledge, public announcements, and private suspicions. In I. Gilboa, editor, *Pro-*

*ceedings of the 7th Conference on Theoretical Aspects of Rationality and Knowledge (TARK 98)*, pages 43–56. San Fransisco, CA: Morgan Kaufmann, 1998.

[2] Patrick Blackburn and Jeremy Seligman. What are hybrid languages? In M. Kracht, M. de Rijke, H. Wansing, and M. Zakharyaschev, editors, *Advances in Modal Logic*, volume 1 of , pages 41–62. Stanford, CA: CSLI Publications, Stanford University, 1998.

[3] Ronald Fagin, Joseph Y. Halpern, Yoram Moses, and Moshe Y. Vardi. *Reasoning about Knowledge*. Cambridge, MA: The MIT Press, 1995.

[4] Patrick Girard, Jeremy Seligman, and Fenrong Liu. General dynamic dynamic logic. In Thomas Bolander, Torben Braüner, Silvio Ghilardi, and Lawrence S. Moss, editors, *Advances in Modal Logic*, pages 239–260. London: College Publications, 2012.

[5] Fenrong Liu, Jermey Seligman, and Patrick Girard. Logical dynamics of belief change in the community. *Synthese*, 191:2403–2431, 2014.

[6] Fenrong Liu and Yanjing Wang. Reasoning about agent types and the hardest logic puzzle ever. *Minds and Machines*, 23(1):123–161, 2013.

[7] Eric Pacuit and Rohit Parikh. The logic of communication graphs. In João Alexandre Leite, Andrea Omicini, Paolo Torroni, and Pinar Yolum, editors, *Declarative Agent Languages and Technologies II, Second International Workshop, DALT 2004, New York, NY, USA, July 19, 2004, Revised Selected Papers*, volume 3476 of *LNCS*, pages 256–269. Springer, 2004.

[8] Jan A. Plaza. Logics of public communications. In M. Emrich, M. Pfeifer, M. Hadzikadic, and Z. Ras, editors, *Proceedings of the 4th International Symposium on Methodologies for Intelligent Systems: Poster Session Program*, pages 201–216, 1989.

[9] Floris Roelofsen. Distributed knowledge. *Journal of Applied Non-Classical Logics*, 17(2):255–273, 2007.

[10] Ji Ruan and Michael Thielscher. A logic for knowledge flow in social networks. In Dianhui Wang and Mark Reynolds, editors, *AI 2011: Advances in Artificial Intelligence - 24th Australasian Joint Conference, Perth, Australia, December 5-8, 2011. Proceedings*, volume 7106 of *LNCS*, pages 511–520. Springer, 2011.

[11]　Floor Sietsma and Krzysztof R. Apt. Common knowledge in email exchanges. *CoRR*, abs/1109.3322, 2011.

[12]　Johan van Benthem and Fenrong Liu. Dynamic logic of preference upgrade. *Journal of Applied Non-Classical Logic*, 17:157–182, 2007.

[13]　Johan van Benthem and Stefan Minica. Toward a dynamic logic of questions. In X. He, J. F. Horty, and E. Pacuit, editors, *Proceedings of LORI 2009*, volume 5834 of *FoLLI-LNAI*, pages 27–41. Springer, 2009.

# 第7章 基于证据和信任的动态信念逻辑*

正如哲学家艾耶尔所说，证据和信念之间的关联体现了人类理性的本质：

> ……理性人是能妥善运用理由的人：略过其他不谈，这意味着他正确预估了证据的力量。(文献 [3], p. 3)

证据和信念之间的关联也与人工智能的问题密切相关，尤其是在不确定性 (文献 [25]) 和信息融合 (文献 [12]) 情况下的推理。例如，如果我们将信息融合看作一个聚合的过程，那么其目的就是从来自不同证据的不完整或不确定的信息中提取真的知识。

本章的目的是提供一个逻辑系统，记作 DL-BET，用以刻画信任、信念和证据之间的交互。在 DL-BET 中，如果假定信念的变化是由信息来源提供的证据所引起的，那么我们需要对主体的信念和信念变化进行推理。

构建 DL-BET 所基于的核心观点是：主体从社会中的其他主体那里获得支撑事实 $\varphi$ 的证据，而这些证据可以成为相信 $\varphi$ 的理由。其中，信任是一个主体接受另一个主体所提供的信息并将其整合为新证据的必要条件。

此外，在 DL-BET 中还存在一个基本假设，即，为了形成信念"事实 $\varphi$ 为真"，主体对以下两项都很敏感：(i) 支撑事实 $\varphi$ 的证据数量；(ii) 支撑 $\varphi$ 的证据与支撑 $\varphi$ 和其否定的证据总数之比。其中"证据的数量"容易让人联想到凯恩斯著名的"论据的权重"概念，在下面这段关于概率的著名论述中我们可以找到相关的明确

\* 本章部分内容首次发表于：Fenrong Liu and Emiliano Lorini, Reasons to Believe in a Social Environment, in Olivier Roy, Allard Tamminga, Malte Willer (eds.) *Proceedings of the 13th International Conference on Deontic Logic and Normative Systems (DEON 2016)*. College Publications. London, pp 155-170, 2016. 此次收录本书时进行了调整和修订。

定义:

> ……当我们所掌握的相关证据增加时，论据的可能性大小会随之减少或增加，因为新的知识强化了不利的或有利的证据；但无论在哪种情况下，似乎都有某些东西被加强了，即我们拥有了更多的实质性基础来证实我们的结论。我们也可以这样表达：新证据的加入增加了论据的权重。(文献 [20], p. 77)

虽然本章的工作主要是理论性的，但我们相信它能为从事多主体系统应用的学者提供一定的参考价值。在这些应用中，主体被认为是虚拟实体，如机器人、聊天机器人或与人类用户交互的对话主体等。这类主体可能会被赋予根据收集到的证据形成信念的能力。举例来说，当一个联网的聊天机器人（如苹果的 Siri 或微软的 Cortana）需要向人类用户提供关于某部电影质量的信息时，特别是当人类用户想知道某部电影是否好看时，聊天机器人会访问互联网上不同的电影推荐系统，这些系统基本上都很可靠。例如，网飞、烂番茄网、互联网电影数据库等。然后聊天机器人会根据它所获得的关于"某电影好看"这一事实的证据，形成"某电影好看"这一信念并告知人类用户。

本章的内容安排如下：在 7.1 节中，我们定义逻辑系统 DL-BET 的语法和语义，并且讨论一些它的性质。DL-BET 的语义结合了刻画知识和信念的关系语义学以及刻画证据的邻域语义学。7.2 节对该逻辑的性质进一步展开研究。在 7.3 节中，给出一个可靠且完全的公理化系统。其中，完全性的证明并非平凡，因为我们既要考虑知识和信念之间的关系，又要考虑信任和证据之间的关系。在 7.4 节中，我们会讨论一些与本章相关的工作。最后，将在 7.5 节中对本章内容进行总结，并给出进一步研究的方向和开放的问题。

# 7.1　语言和语义

在本节中，我们将定义逻辑系统 DL-BET 的语法和语义，并利用一个具体的例子加以解释。

DL-BET 中的静态部分被称为 L-BET，其中包含了表示信念、知识、信任和证据来源的模态算子以及一些特殊的原子公式。这些原子公式可以用来表示主体基于证据形成某一信念的倾向，也就是说，主体需要收集多少证据，才能有足够的理由相信某一事实为真。通过增加四种动态算子，我们可以将 L-BET 扩展为 DL-BET。这四种动态算子分别表示：

（i）主体公开宣告的结果，

（ii）主体失去信任后的心智运算结果，

（iii）主体依赖他人判断的心智运算结果，

（iv）主体在评估某一事实真假时的心智运算结果。

从技术的角度看，DL-BET 结合了过去几十年发展起来的动态认知逻辑（DEL，参阅文献 [5], [28], [31]）和模态逻辑的邻域语义学 (文献 [8])。

### 7.1.1  语言

给定一个原子命题的非空可数集合 $Atm = \{p, q, \cdots\}$ 和一个表示主体的非空有穷集合 $Agt = \{i_1, i_2, \cdots, i_n\}$。$2^{Agt}$ 中的元素被称为群组（或者联盟），我们用 $J, J', \cdots$ 来表示。对于每个 $J \in 2^{Agt}$，$|J|$ 表示该联盟 $J$ 的基数。

DL-BET 中的公式（我们用 $\mathcal{L}_{\text{DL-BET}}$ 来表示）被定义如下：

$$\alpha ::= !_i\varphi \mid -_{i,j}\varphi \mid +_{i,j}\varphi \mid ?_i\varphi$$
$$\varphi ::= p \mid \text{type}(i, x, y) \mid \neg\varphi \mid \varphi \wedge \psi \mid \mathsf{K}_i\varphi \mid \mathsf{B}_i\varphi \mid \mathsf{E}_{i,j}\varphi \mid \mathsf{T}_{i,j}\varphi \mid [\alpha]\varphi$$

其中 $p \in Atm$，$i, j \in Agt$，$x \in Evd = \{k \in \mathbb{N} : 0 \leqslant k \leqslant card\,(Agt)\}$，$y$ 取自一个有穷集 $Qt \subseteq \left[\dfrac{1}{2}, 1\right]$ 使得 $1 \in Qt$。

集合 $Evd$ 和 $Qt$ 分别是所收集证据的可能数量的集合，以及额度值的集合。$Evd$ 和 $Qt$ 是有穷的，这是因为一个主体可以有许多不同的证据来证实一个特定的事实，但这些证据最多等于 $Agt$ 的大小。

公式的其他的布尔构造 $\top$，$\bot$，$\vee$，$\rightarrow$ 和 $\leftrightarrow$ 可由 $p$，$\neg$ 和 $\wedge$ 来定义。

L-BET（信念、证据和信任的逻辑）中的公式（由 $\mathcal{L}_{\text{L-BET}}$ 表示）被定义如下：

$$\varphi ::= p \mid \text{type}(i, x, y) \mid \neg\varphi \mid \varphi \wedge \psi \mid \mathsf{K}_i\varphi \mid \mathsf{B}_i\varphi \mid \mathsf{E}_{i,j}\varphi \mid \mathsf{T}_{i,j}\varphi$$

$K_i$ 是表示知识的模态算子，$K_i\varphi$ 表示"主体 $i$ 知道 $\varphi$ 为真"。$B_i\varphi$ 表示"主体 $i$ 相信 $\varphi$ 为真"。知识算子和信念算子的对偶算子被定义为：

$$\widehat{K}_i\varphi \stackrel{\mathrm{def}}{=} \neg K_i\neg\varphi,\ \widehat{B}_i\varphi \stackrel{\mathrm{def}}{=} \neg B_i\neg\varphi$$

$E_{i,j}\varphi$ 表示"基于主体 $j$ 所提供的信息，主体 $i$ 有证据能证实 $\varphi$"。

$T_{i,j}\varphi$ 表示"主体 $i$ 信任主体 $j$ 对 $\varphi$ 的判断"。值得注意的是，当 $i=j$，算子 $T_{i,j}\varphi$ 表达了主体自己相信自己（自信）的概念。正如我们之前所说，由于文献 [22]，一些刻画信任的模态算子已经在文献 [10], [24], [26] 中被研究过了。在本章中，因为信任算子 $T_{i,j}$ 并非常规的模态算子，所以我们采用文献 [22] 中的方法，使用邻域语义学来解释它。而且，我们想要刻画这样的情景：主体 $i$ 信任主体 $j$ 对于 $\varphi$ 的判断，同时也信任主体 $j$ 对于 $\neg\varphi$ 的判断，但是不能由此推断 $i$ 信任 $j$ 对 $\bot$ 的判断。也就是说，我们希望以下公式是可满足的：

$$T_{i,j}\varphi \wedge T_{i,j}\neg\varphi \wedge \neg T_{i,j}\bot$$

这意味着 $i$ 似乎能从 $j$ 处获取支撑 $\varphi$ 或者反驳 $\varphi$ 的信息。例如，比尔信任玛丽判断某只股票会上涨（即 $T_{b,m}U$）。同时，他也信任玛丽判断这只股票不会上涨（即 $T_{b,m}\neg U$）。但是他不信任玛丽对 $\bot$ 所做出的判断（即 $\neg T_{b,m}\bot$）。我们将在 7.3 节证明，公式 $\neg T_{i,j}\bot$ 是 DL-BET 中的有效式。因此，如果 $T_{i,j}$ 是一个常规的算子，$\neg(T_{i,j}\varphi \wedge T_{i,j}\neg\varphi)$ 将是有效的，但我们并不希望得到这样的结果，因为它十分违反直觉。

$\mathrm{type}(i,x,y)$ 是常项，它刻画了主体的认知类型。具体来说，$\mathrm{type}(i,x,y)$ 表示"主体 $i$ 认知上的谨慎程度等于 $x$，并且，她的接受额度等于 $y$"。主体 $i$ 的接受额度等于支撑某一事实的证据与支撑该事实或者其否定的证据总量之比，这对主体形成信念"该事实为真"来说是必要的。在判断聚合领域 (文献 [11])，人们研究过与额度类似的概念。主体 $i$ 认知上的谨慎程度对应于在形成某一事实为真的信念之前，主体需要收集能证实给定事实的证据数量。在下文中我们将论证，一个主体的认知类型刻画了主体基于所收集证据而改变信念的倾向。

我们区分四种事件类型：

$$!_i\varphi,\ -_{i,j}\varphi,\ +_{i,j}\varphi,\ \text{和}\ ?_i\varphi。$$

符号 $!_i\varphi$ 表示事件"主体 $i$ 公开宣告了 $\varphi$ 为真"。符号 $-_{i,j}\varphi$ 表示事件"主体 $i$ 对主体 $j$ 失去信任后的心理运算"。符号 $+_{i,j}\varphi$ 则表示事件"主体 $i$ 依赖主体 $j$ 对于 $\varphi$ 的判断的心理运算"。我们假设一个主体对某人失去信任或者依赖某人,是一个公开的事实(也就是说,该主体对某人失去信任或者信赖某人的判断是一个公共知识)。实际上,我们的逻辑清晰地区分了"信任某人的判断"(表示为 $T_{i,j}\varphi$)与"依赖某人的判断"(表示为 $+_{i,j}\varphi$)。前者被认为是主体的心理态度,后者则被认为是影响主体态度的心理运算。最后,符号 $?_i\varphi$ 表示事件"主体 $i$ 在评估某一事实真假时的心理运算"。我们将在下一小节证明,根据主体 $i$ 的认知状态,这种运算会有不同的可能结果。尤其当主体 $i$ 有充分的理由相信 $\varphi$ 且不相信它的否定时,主体 $i$ 有意于用 $\varphi$ 来扩张她的信念集。如果主体 $i$ 有充足的理由相信 $\varphi$ 且目前她还相信 $\varphi$ 的否定,那么主体 $i$ 将用 $\varphi$ 来修正她的信念集。

公式 $[\alpha]\varphi$ 表示"$\varphi$ 将在事件 $\alpha$ 发生后成立"。

接下来我们定义下列缩写的公式,对于每个 $i \in Agt$ 和 $x \in Evd$:

$$E_i^{\geqslant x}\varphi \overset{\text{def}}{=} \bigvee_{J \in 2^{Agt}:|J|=x} \bigwedge_{j \in J} E_{i,j}\varphi$$

$$E_i^x \varphi \overset{\text{def}}{=} E_i^{\geqslant x}\varphi \wedge \neg E_i^{\geqslant x+1}\varphi$$

$$R_i\varphi \overset{\text{def}}{=} \bigvee_{x,x',x'' \in Evd, y \in Qt: x > x', \frac{x}{x+x'} \geqslant y \text{ and } x \geqslant x''} \left( E_i^x \varphi \wedge E_i^{x'}\neg\varphi \wedge \mathsf{type}(i,x'',y) \right)$$

我们约定 $E_i^{\geqslant 0}\varphi \overset{\text{def}}{=} \top$ 且 $E_i^{\geqslant |Agt|+1}\varphi \overset{\text{def}}{=} \bot$。

$E_i^{\geqslant x}\varphi$ 表示"主体 $i$ 至少有 $x$ 个证据来证实事实 $\varphi$",而 $E_i^x\varphi$ 表示"主体 $i$ 恰好有 $x$ 个证据来证实事实 $\varphi$"。

$R_i\varphi$ 表示"主体 $i$ 有一个充分的理由相信 $\varphi$ 是真的"。根据我们的定义,一个主体有一个充分的理由相信 $\varphi$ 是真的,当且仅当:

(i)相对于 $\neg\varphi$,她有更多的证据来证实 $\varphi$,

(ii)证实 $\varphi$ 的证据与证实 $\varphi$ 或 $\neg\varphi$ 的证据总量之比等于或超过主体的接受额度,[①]

(iii)证实 $\varphi$ 的证据数量等于或超过主体的认知谨慎度的阈值。

---

① 这个比例可以被理解为 $\varphi$ 为真的概率,是根据证实 $\varphi$ 的证据的数量计算出来的。

在 7.1.2 节，我们将重点论证"有充分的理由相信 $\varphi$ 为真"会确保评估 $\varphi$ 是否为真的心理运算导致两种结果：主体信念集被 $\varphi$ 扩张或修正。

## 7.1.2  语义

这一节我们给出证据源模型，并为逻辑 DL-BET 提供语义解释：

**定义 1（证据源模型）**  一个证据源模型（简称 $ESM$）是一个多元组 $M=(W, E, D, S, C, T, V)$，其中：

- $W$ 是一个世界或者情景的集合；
- $E: Agt \longrightarrow 2^{W \times W}$，对所有的 $i \in Agt$，$E(i)$ 是 $W$ 上的一个认知关系；
- $D: Agt \longrightarrow 2^{W \times W}$，对所有 $i \in Agt$，$D(i)$ 是 $W$ 上的一个信念关系；
- $S: Agt \times Agt \times W \longrightarrow 2^{2^{W}}$ 是一个证据源函数；
- $C: Agt \times Agt \times W \longrightarrow 2^{2^{W}}$ 是一个信任函数；
- $T: Agt \times W \longrightarrow Evd \times Qt$ 是一个认知类型函数；
- $V: W \longrightarrow 2^{Atm}$ 是一个赋值函数。

对于所有的 $i, j \in Agt$，$w, v \in W$ 以及所有的 $X \subseteq W$，该模型满足下列条件：

- **（C1）** $E(i)$ 是一个等价关系；
- **（C2）** $D(i)$ 是一个连续关系；
- **（C3）** $D(i) \subseteq E(i)$；
- **（C4）** 如果 $wE(i)v$，那么 $D(i)(w) = D(i)(v)$；
- **（C5）** 如果 $wE(i)v$，那么 $S(i,j,w) = S(i,j,v)$；
- **（C6）** 如果 $wE(i)v$，那么 $C(i,j,w) = C(i,j,v)$；
- **（C7）** 如果 $X \in C(i,j,v)$，那么 $X \subseteq E(i)(w)$；
- **（C8）** $\emptyset \notin C(i,j,v)$；
- **（C9）** 如果 $X \in S(i,j,v)$，那么 $X \in C(i,j,v)$；
- **（C10）** 如果 $wE(i)v$，那么 $T(i,w) = T(i,v)$。

其中对于 $W$ 上的任意二元关系 $R$，$R(w) = \{v \in W : wRv\}$。

为方便起见，我们用 $E_i$ 来代替 $E(i)$，用 $D_i$ 来代替 $D(i)$。对于每个 $w \in W$，

$E_i(w)$ 和 $D_i(w)$ 被分别称为主体 $i$ 在 $w$ 上的信息集和信念集。主体 $i$ 在 $w$ 上的信息集是主体 $i$ 在 $w$ 上所能想象到的世界的集合。而主体 $i$ 在 $w$ 上的信念集是在 $w$ 上被主体 $i$ 认为是合理的世界的集合。

约束条件（C1）保证了认知关系 $E(i)$ 只是传统意义上的不可区分关系，我们用它来刻画具有正自省、负自省能力的主体的知识概念，而且知识满足事实性。约束条件（C2）则确保了至少有一个世界被主体认为是合理的。这也保证了信念的一致性。

约束条件（C3）保证了合理的世界集一定包含在主体想象到的世界集合之中。根据文献 [21]，ESM 需要主体有能力去判断一个想象的场景是不是合理的。①

约束条件（C4）是说如果有两个世界在主体 $i$ 的同一个信息集中，那么主体 $i$ 在这两个世界中拥有相同的信念集。换句话说，一个主体知道她的信念。

需要注意的是，从约束条件（C1）至（C4）能推出每个关系 $D_i$ 都是传递的和欧性的。

$S(i,j,w)$ 是主体 $j$ 向主体 $i$ 所提供的证据集。根据文献 [30] 中的解释，一个证据可以被一个世界集所表示。因此约束条件（C5）表示如果两个世界在主体 $i$ 的同一个信息集中，那么主体 $i$ 在这两个世界中拥有相同的证据。换言之，一个主体知道她所有的证据。

信任函数 $C$ 刻画一个主体对其他主体判断的信任。具体来说，因为每个世界集 $X$ 都是某个公式的语义对应，那么 $X \in C(i,j,w)$ 的意义就是在世界 $w$ 上，主体 $i$ 信任主体 $j$ 对 $X$ 所对应公式为真的判断。因此约束条件（C6）是说如果两个世界在主体 $i$ 的同一个信息集中，那么主体 $i$ 在这两个世界有相同的信任。这个约束条件表示了信任的正自省性质，也就是说一个主体知道她是否信任某人。

约束条件（C7）刻画了知识和信任之间的相容性。根据约束条件（C7），主体只能在与她当前信息集相容的事实上信任某人。而根据约束条件（C8），主体不能在不一致的事实上信任某人。

约束条件（C9）表示了证据和信任之间的基本关系：一个主体 $i$ 只有信任主体 $j$ 的判断时，才能从 $j$ 处获得证据。也就是说，对某一信息来源的信任是使其所

---

① 显然，我们能想象出一些被认为是不可能的场景。例如一个人完全可以想象她是法国的总统，但同时又认为这种情况是不可能的。

提供的信息成为证据的必要条件。值得注意的是，从约束条件（C7）和（C9）可以推导出一个主体只能拥有与她当前信息集相容的事实的证据。而从约束条件（C8）和（C9）可以推出一个主体不能拥有对不一致事实的证据，即：

- 如果 $X \in S(i, j, v)$ 那么 $X \subseteq E(i)(w)$, 且
- $\emptyset \notin S(i, j, v)$。

$T(i, w)$ 是指主体 $i$ 在世界 $w$ 上的认知类型。因此约束条件（C10）表示如果两个世界在主体 $i$ 的同一个信息集中，那么主体 $i$ 在这两个世界中拥有同一种认知类型。换言之，一个主体知道她的认知类型。如上文所强调的，一个主体的认知类型由主体认知上的谨慎度和主体的接受额度来定义。

DL-BET 中公式的真值条件被递归地定义如下：

**定义 2（真值条件）**　令 $M = (W, E, D, S, C, T, V)$ 为一个 $ESM$ 模型，$w \in W$。那么：

$$M, w \models p \Longleftrightarrow p \in V(w),$$

$$M, w \models \mathsf{type}(i, x, y) \Longleftrightarrow T(i, w) = (x, y),$$

$$M, w \models \neg\varphi \Longleftrightarrow M, w \not\models \varphi,$$

$$M, w \models \varphi \wedge \psi \Longleftrightarrow M, w \models \varphi \text{ 并且} M, w \models \psi,$$

$$M, w \models \mathsf{K}_i\varphi \Longleftrightarrow \forall v \in E_i(w) : M, v \models \varphi,$$

$$M, w \models \mathsf{B}_i\varphi \Longleftrightarrow \forall v \in D_i(w) : M, v \models \varphi,$$

$$M, w \models \mathsf{E}_{i,j}\varphi \Longleftrightarrow \|\varphi\|_{i,w}^M \in S(i, j, w),$$

$$M, w \models \mathsf{T}_{i,j}\varphi \Longleftrightarrow \|\varphi\|_{i,w}^M \in C(i, j, w),$$

$$M, w \models [\alpha]\psi \Longleftrightarrow M^\alpha, w \models \psi。$$

其中，

$$\|\varphi\|_{i,w}^M = \{v \in W : M, v \models \varphi\} \cap E_i(w),$$

$M^{!_i\varphi}$, $M^{-_{i,j}\varphi}$, $M^{+_{i,j}\varphi}$ 以及 $M^{?_i\varphi}$ 是根据下文中的定义 3，4，5 和 6 来定义的更新模型。

根据上述真值条件，可以得到以下的语义解释：主体 $i$ 在世界 $w$ 上知道 $\varphi$，当且仅当，主体 $i$ 在世界 $w$ 上所想象到的所有世界中，$\varphi$ 都为真。主体 $i$ 在世界 $w$ 上相信 $\varphi$，当且仅当，主体 $i$ 在世界 $w$ 上认为合理的所有世界中，$\varphi$ 都为真。在世界 $w$ 上主体 $j$ 向主体 $i$ 提供了证实 $\varphi$ 的证据，当且仅当，在世界 $w$ 上主体 $i$ 在她的证据集 $S(i,j,w)$ 中拥有对应于公式 $\varphi$ 的事实（即 $\|\varphi\|_{i,w}^{M}$）。在世界 $w$ 上主体 $i$ 信任主体 $j$ 对于事实 $\varphi$ 的判断，当且仅当，在世界 $w$ 上主体 $i$ 的信任集 $C(i,j,w)$ 中存在对应于公式 $\varphi$ 的事实（即 $\|\varphi\|_{i,w}^{M}$）。

接下来，我们定义由四种事件触发的更新模型。

**定义 3（$!_i\varphi$ 更新）**  令 $M = (W, E, D, S, C, T, V)$ 为一个 ESM 模型。$M^{!_i\varphi}$ 是一个多元组 $(W, E, D, S^{!_i\varphi}, C, T, V)$，使得对于所有 $j, k \in Agt$ 和 $w \in W$，我们有：

$$S^{!_i\varphi}(j, k, w) = \begin{cases} S(j, k, w) \cup \{\|\varphi\|_{j,w}^{M}\} & \text{如果} k = i \text{ 且} M, w \models \mathsf{T}_{j,i}\varphi \\ S(j, k, w) & \text{否则} \end{cases}$$

根据定义 3，如果一个主体宣告了 $\varphi$ 为真，那么她会把关于 $\varphi$ 的新证据只提供给那些相信她对 $\varphi$ 所做的判断的人。

**定义 4（$-_{i,j}\varphi$ 更新）**  令 $M = (W, E, D, S, C, T, V)$ 为一个 ESM 模型。$M^{-_{i,j}\varphi}$ 是一个多元组 $(W, E, D, S^{-_{i,j}\varphi}, C^{-_{i,j}\varphi}, T, V)$，使得对所有 $k, l \in Agt$ 和 $w \in W$，我们有：

$$S^{-_{i,j}\varphi}(k, l, w) = \begin{cases} S(k, l, w) \setminus \{\|\varphi\|_{k,w}^{M}\} & \text{如果} k = i \text{ 且} l = j \\ S(k, l, w) & \text{否则} \end{cases}$$

$$C^{-_{i,j}\varphi}(k, l, w) = \begin{cases} C(k, l, w) \setminus \{\|\varphi\|_{k,w}^{M}\} & \text{如果} k = i \text{ 且} l = j \\ C(k, l, w) & \text{否则} \end{cases}$$

根据定义 4，如果一个主体 $i$ 在给定事实上失去了对主体 $j$ 的信任，那么这个事实就会从主体 $i$ 信任 $j$ 所判断的事实集合中移除出去。并且，为了保证定义 1 中的约束（C9）能在该模型的更新运算中被保持，该事实也将从主体 $j$ 向 $i$ 提供的证据集中被移除。

**定义 5（$+_{i,j}\varphi$ 更新）**　令 $M = (W,E,D,S,C,T,V)$ 为一个 $ESM$ 模型。$M^{+i,j\varphi}$ 是一个多元组 $(W,E,D,S,C^{+i,j\varphi},T,V)$，使得对所有 $k,l \in Agt$ 和 $w \in W$，我们有：

$$C^{+i,j\varphi}(k,l,w) = \begin{cases} C(k,l,w) \cup \{||\varphi||_{k,w}^M\} & \text{如果} k = i \text{ 且} l = j \text{ 且} M,w \models \widehat{\mathsf{K}}_i\varphi \\ C(k,l,w) & \text{否则} \end{cases}$$

根据定义 5，如果主体 $i$ 依赖于主体 $j$ 关于某一事实的判断，那么这个事实将被加进主体 $i$ 信任 $j$ 所判断的事实集合之中，但前提是这个事实要和主体 $i$ 的知识一致。这个前提条件保证了约束条件（C8）在定义 5 的更新运算中被保持。

**定义 6（$?_i\varphi$ 更新）**　令 $M = (W,E,D,S,C,T,V)$ 为一个 $ESM$ 模型。$M^{?_i\varphi}$ 是一个多元组 $(W,E,D^{?_i\varphi},S,C,T,V)$，使得对所有 $j \in Agt$ 和 $w \in W$，我们有：

$$D_j^{?_i\varphi}(w) = \begin{cases} D_j(w) \cap ||\varphi||_{j,w}^M & \text{如果} j = i \text{ 且} M,w \models \mathsf{R}_i\varphi \wedge \neg\mathsf{B}_i\neg\varphi \\ D_j(w) \cap ||\neg\varphi||_{j,w}^M & \text{如果} j = i \text{ 且} M,w \models \mathsf{R}_i\neg\varphi \wedge \neg\mathsf{B}_i\varphi \\ ||\varphi||_{j,w}^M & \text{如果} j = i \text{ 且} M,w \models \mathsf{R}_i\varphi \wedge \mathsf{B}_i\neg\varphi \\ ||\neg\varphi||_{j,w}^M & \text{如果} j = i \text{ 且} M,w \models \mathsf{R}_i\neg\varphi \wedge \mathsf{B}_i\varphi \\ D_j(w) & \text{否则} \end{cases}$$

根据定义 6，判断 $\varphi$ 真值的心智运算有五种可能的结果：

- 如果主体有充分的理由相信 $\varphi$ 为真，并且不相信 $\varphi$ 为假，那么她会从她的信念集合中移除 $\varphi$ 在其上为假的世界，由此来扩张她的信念。
- 如果主体有充分的理由相信 $\varphi$ 为假，并且不相信 $\varphi$ 为真，那么她会从她的信念集合中移除 $\varphi$ 在其上为真的世界，由此来扩张她的信念。
- 如果主体有充分的理由相信 $\varphi$ 为真，并且目前相信 $\varphi$ 为假，那么她会从她的信念集合中移除 $\varphi$ 在其上为假的世界，并且增加所有她信息集中 $\varphi$ 在其上为真的世界，且由此来修正她的信念。
- 如果主体有充分的理由相信 $\varphi$ 为假，并且目前相信 $\varphi$ 为真，那么她会从她的信念集合中移除 $\varphi$ 在其上为真的世界，并且增加所有她信息集中 $\varphi$ 在其上为假的世界，且由此来修正她的信念。

- 如果主体没有充分的理由相信 $\varphi$ 为真，并且没有充分的理由相信 $\varphi$ 为假，那么她不会对 $\varphi$ 做出判断，也就是悬置判断，并且不会改变她的信念值。

这些不同的结果强调了扩张、修正，以及悬置判断之间的区别。根据文献 [1]，前两种心理运算在信念修正领域被广泛地研究。扩张刻画了增加主体相信的事实集的想法。而在向信念集添加与已有信息不一致的新信息之后，修正实现了恢复一致性的想法。在认识论领域有不少对最后一种心智运算的研究（参见文献 [15]）。这一运算刻画了这样一个观点，即主体不愿意将新信息整合到她的信念中，除非她已经收集了足够的证据来证实它。

下述命题表明，我们给出的几种模型更新运算都是良定义的，因为它们保持了证据源模型类 $(ESMs)$ 在定义 1 中的性质。

**命题 1**  如果 $M$ 是一个 $ESM$ 模型，那么 $M^{!_i\varphi}$，$M^{-_{i,j}\varphi}$，$M^{+_{i,j}\varphi}$ 和 $M^{?_i\varphi}$ 也是 $ESMs$。

对所有的 $\varphi \in \mathcal{L}_{\text{DL-BET}}$，$\models \varphi$ 表示在模型类 $ESMs$ 上 $\varphi$ 是有效的。也就是说，对于每个 $M = (W, E, D, S, C, T, V)$ 和每个 $w \in W$，有 $M, w \models \varphi$。$\varphi$ 是可满足的，当且仅当，在模型类 $ESMs$ 上 $\neg\varphi$ 并非是有效的。

# 7.2  性质和实例

## 7.2.1  DL-BET 的一些性质

在本节中，我们将讨论 DL-BET 的一些基本性质。首先，我们先考虑下列有关证据、信任和理由的静态性质：

$$\models \mathsf{T}_{i,j}\varphi \rightarrow \widehat{\mathsf{K}}_i\varphi \tag{7.1}$$

$$\models \mathsf{E}_{i,j}\varphi \rightarrow \widehat{\mathsf{K}}_i\varphi \tag{7.2}$$

$$\models \mathsf{R}_i\varphi \rightarrow \widehat{\mathsf{K}}_i\varphi \tag{7.3}$$

$$\models \neg(\mathsf{R}_i\varphi \wedge \mathsf{R}_i\neg\varphi) \tag{7.4}$$

根据有效式 (7.1), (7.2) 和 (7.3)，信任、证据和理由总是与知识一致。有效式 (7.4) 说明了一个主体不能有不一致的理由。

接下来，我们再来探究一些动态性质。但只有 DL-BET 的命题片段具备这些动态性质。令 $\mathcal{L}_{Atm}$ 为由原子集合 $Atm$ 构建得到的命题语言。对于 $\varphi, \psi \in \mathcal{L}_{Atm}$，我们可得：

$$\models \mathsf{T}_{i,j}\varphi \to [!_j\varphi]\mathsf{E}_{i,j}\varphi \qquad (7.5)$$

$$\models [-_{i,j}\varphi](\neg\mathsf{E}_{i,j}\varphi \wedge \neg\mathsf{T}_{i,j}\varphi) \qquad (7.6)$$

$$\models \widehat{\mathsf{K}}_i\varphi \to [+_{i,j}\varphi]\mathsf{T}_{i,j}\varphi \qquad (7.7)$$

$$\models \mathsf{R}_i\varphi \to [?_i\varphi]\mathsf{B}_i\varphi \qquad (7.8)$$

$$\models \mathsf{R}_i\neg\varphi \to [?_i\varphi]\mathsf{B}_i\neg\varphi \qquad (7.9)$$

$$\models \big((\mathsf{R}_i\varphi \wedge \mathsf{K}_i(\varphi \to \psi)) \vee (\mathsf{R}_i\neg\varphi \wedge \mathsf{K}_i(\neg\varphi \to \psi))\big) \to [?_i\varphi]\mathsf{B}_i\psi \qquad (7.10)$$

$$\models \big((\mathsf{R}_i\varphi \wedge \neg\mathsf{B}_i\neg\varphi \wedge \mathsf{B}_i\psi) \vee (\mathsf{R}_i\neg\varphi \wedge \neg\mathsf{B}_i\neg\varphi \wedge \mathsf{B}_i\psi)\big) \to [?_i\varphi]\mathsf{B}_i\psi \qquad (7.11)$$

根据有效式 (7.5)，如果一个主体信任信息来源对于 $\varphi$ 的判断，那么在信息来源公开宣告了 $\varphi$ 为真之后，她还会得到能证实 $\varphi$ 的其他证据。有效式 (7.6) 和 (7.7) 刻画了两种心智运算的基本性质，即对某人判断失去信任的心理运算和依赖某人判断的心智运算。具体来说，在对主体 $j$ 关于 $\varphi$ 的判断失去信任后，主体 $i$ 不再信任主体 $j$ 关于 $\varphi$ 的判断，并且主体 $j$ 也无法再向 $i$ 提供关于 $\varphi$ 的证据了。如果 $\varphi$ 与主体 $i$ 的知识相一致，且 $i$ 依赖于主体 $j$ 关于 $\varphi$ 的判断，那么主体 $i$ 确实信任 $j$ 关于 $\varphi$ 的判断。有效式 (7.8) 和 (7.9) 则强调了理由在形成信念的过程中的作用：如果主体 $i$ 有一个充分的理由相信 $\varphi$（或 $\neg\varphi$），那么在她对 $\varphi$ 的真值有了自己的判断后，她会开始相信 $\varphi$（或 $\neg\varphi$）。有效式 (7.10) 强调了知识在基于理由的信念变化中的作用：如果主体 $i$ 有一个充分的理由相信 $\varphi$（或 $\neg\varphi$），并且知道 $\varphi$（或 $\neg\varphi$）蕴涵 $\psi$，那么在她对 $\varphi$ 的真值有了自己的判断后，她会开始相信 $\psi$。有效式 (7.11) 则是在说基于理由的信念扩张的保守方面：如果主体 $i$ 有一个充分的理由相信 $\varphi$（或 $\neg\varphi$）和 $\psi$，但并不相信 $\varphi$（或 $\neg\varphi$）的否定，那么在她对 $\varphi$ 的真值有了自己的判断后，她会继续相信 $\psi$。

我们之所以要将 $\varphi$ 和 $\psi$ 处理为命题公式，是因为存在一些 DL-BET-公式（如

摩尔类的公式 $p \wedge \neg B_i p$)，上述的有效式 (7.5)~(7.11) 对这些公式并不成立。比如，下列公式并非有效：

$$R_i(p \wedge \neg B_i p) \rightarrow [?_i(p \wedge \neg B_i p)]B_i(p \wedge \neg B_i p)$$

这是一个很直观的结论，因为如果我有一个充分的理由去相信我对于 $p$ 的不确定状态是不恰当的，那么在我判断了 $p$ 的真假后，我会开始相信 $p$，并且我相信我会相信 $p$（因为我会对我的信念进行内省）。

## 7.2.2　实例

在这一节中，我们将用一个关于 AI 应用的具体例子来进一步说明 DL-BET 的语法和语义。

假设一个用户想知道泰伦斯·马利克的电影《生命之树》是不是一部好看的电影，她向聊天机器人 ($c$) 问了这个问题。这个机器人可以访问四个互联网上的信息源，即维基百科 ($W$)、互联网电影数据库 IMDb ($I$)、亚马逊网 ($A$) 和烂番茄网 ($RT$)。机器人知道如果"电影《生命之树》获得过戛纳电影节金棕榈奖"（由命题符号 $p$ 来表示），那么《生命之树》是一部好看的电影"（由命题符号 $q$ 来表示）：

$$Hyp1 \stackrel{\text{def}}{=} K_c(p \rightarrow q)$$

进一步假设，这个聊天机器人信任烂番茄网和亚马逊网关于 $q$ 和 $\neg q$ 的判断。也就是说，烂番茄网或亚马逊网认定《生命之树》是一部好看的电影或者不是一部好看的电影，那么这份信息将作为证实事实 $q, \neg q$ 的一份证据。机器人还信任维基百科和 IMDb 关于 $p$ 和 $\neg p$ 的判断：

$$Hyp2 \stackrel{\text{def}}{=} T_{c,W}p \wedge T_{c,I}p \wedge$$

$$T_{c,W}\neg p \wedge T_{c,I}\neg p \wedge$$

$$T_{c,RT}q \wedge T_{c,A}q \wedge$$

$$T_{c,RT}\neg q \wedge T_{c,A}\neg q$$

假设聊天机器人具备以下特征：（i）不确定 $p$ 和 $q$ 是否为真；（ii）没有证据证实 $p, \neg p, q$ 以及 $\neg q$；（iii）它认知上的谨慎度等于 2，接受额度等于 1。我们可以将这些假设用语言表示为：

$$Hyp3 \stackrel{\text{def}}{=} \neg \mathsf{B}_c p \wedge \neg \mathsf{B}_c \neg p \wedge \neg \mathsf{B}_c q \wedge \neg \mathsf{B}_c \neg q \wedge$$

$$\mathsf{E}_c^0 p \wedge \mathsf{E}_c^0 \neg p \wedge \mathsf{E}_c^0 q \wedge \mathsf{E}_c^0 \neg q \wedge \mathsf{type}(c, 2, 1)$$

因此，如果聊天机器人从亚马逊那里得知《生命之树》是一部好看的电影，而从烂番茄网那里得知《生命之树》不是一部好看的电影，那么它将无法得出有关《生命之树》的结论，且依旧对答案保持不确定的状态：

$$\models (Hyp1 \wedge Hyp2 \wedge Hyp3) \rightarrow [!_A q][!_{RT} \neg q][?_c q](\neg \mathsf{B}_c q \wedge \neg \mathsf{B}_c \neg q)$$

但是如果聊天机器人从维基百科和 IMDb 那里得知电影《生命之树》获得过戛纳电影节金棕榈奖，那么它将推断出《生命之树》是一部好电影：

$$\models (Hyp1 \wedge Hyp2 \wedge Hyp3) \rightarrow [!_W p][!_I p][?_c p]\mathsf{B}_c q$$

## 7.3　公 理 系 统

在本节中，我们将给出 L-BET 可靠且完全的公理化系统，以及它的动态扩展 DL-BET。系统 L-BET 的完全性证明基于对典范模型的构造。除了两个公理外，L-BET 中的所有公理都以常规的方式来证明所构造的典范模型是一个证据源模型 $ESM$。而 L-BET 中有两个特殊的公理会以一种非常规的方式来证明真值引理，这两个公理分别刻画了知识和信任之间的关系，以及知识和证据之间的关系。

**定义 7（L-BET）**　我们通过下列规则和公理将 $L\text{-}BET$ 定义为经典命题逻辑的扩展：

$$(\mathsf{K}_i \varphi \wedge \mathsf{K}_i(\varphi \rightarrow \psi)) \rightarrow \mathsf{K}_i \psi \tag{$\mathbf{K}_{\mathsf{K}_i}$}$$

$$\mathsf{K}_i \varphi \rightarrow \varphi \tag{$\mathbf{T}_{\mathsf{K}_i}$}$$

$$\mathsf{K}_i \varphi \rightarrow \mathsf{K}_i \mathsf{K}_i \varphi \tag{$\mathbf{4}_{\mathsf{K}_i}$}$$

$$\neg K_i\varphi \to K_i\neg K_i\varphi \tag{$\mathbf{5}_{K_i}$}$$

$$(B_i\varphi \wedge B_i(\varphi \to \psi)) \to B_i\psi \tag{$\mathbf{K}_{B_i}$}$$

$$\neg(B_i\varphi \wedge B_i\neg\varphi) \tag{$\mathbf{D}_{B_i}$}$$

$$\neg T_{i,j}\bot \tag{$\mathbf{Cons}_{T_{i,j}}$}$$

$$\bigvee_{x\in Evd, y\in Qt} \text{type}(i,x,y) \tag{$\mathbf{AtLeast}_{\text{type}(i,x,y)}$}$$

$$\tag{7.12}$$

$$\text{type}(i,x,y) \to \neg\text{type}(i,x',y') \text{ if } x \neq x' \text{ or } y \neq y' \tag{$\mathbf{AtMost}_{\text{type}(i,x,y)}$}$$

$$K_i\varphi \to B_i\varphi \tag{$\mathbf{Mix1}_{K_i,B_i}$}$$

$$B_i\varphi \to K_iB_i\varphi \tag{$\mathbf{Mix2}_{K_i,B_i}$}$$

$$\text{type}(i,x,y) \to K_i\text{type}(i,x,y) \tag{$\mathbf{Mix}_{K_i,\text{type}(i,x,y)}$}$$

$$E_{i,j}\varphi \to T_{i,j}\varphi \tag{$\mathbf{Mix}_{E_{i,j},T_{i,j}}$}$$

$$E_{i,j}\varphi \to K_iE_{i,j}\varphi \tag{$\mathbf{Mix1}_{K_i,E_{i,j}}$}$$

$$T_{i,j}\varphi \to K_iT_{i,j}\varphi \tag{$\mathbf{Mix1}_{K_i,T_{i,j}}$}$$

$$(T_{i,j}\varphi \wedge K_i(\varphi \leftrightarrow \psi)) \to T_{i,j}\psi \tag{$\mathbf{Mix2}_{K_i,T_{i,j}}$}$$

$$(E_{i,j}\varphi \wedge K_i(\varphi \leftrightarrow \psi)) \to E_{i,j}\psi \tag{$\mathbf{Mix2}_{K_i,E_{i,j}}$}$$

$$\frac{\varphi}{K_i\varphi} \tag{$\mathbf{Nec}_{K_i}$}$$

通过 ($\mathbf{Nec}_{K_i}$) 和 ($\mathbf{Mix1}_{K_i,B_i}$) 可证 $B_i$ 的必然性规则。由 ($\mathbf{Mix1}_{K_i,B_i}$) 和 ($\mathbf{Mix2}_{K_i,B_i}$) 可证 $B_i$ 的公理 4。通过 ($\mathbf{Mix1}_{K_i,B_i}$)($\mathbf{Mix2}_{K_i,B_i}$)($\mathbf{K}_{K_i}$) ($\mathbf{T}_{K_i}$)($\mathbf{4}_{K_i}$) 和 ($\mathbf{5}_{K_i}$)，可证 $B_i$ 的公理 5。对此的语法证明可在文献 [23] 中找到。最后，由 ($\mathbf{Nec}_{K_i}$) ($\mathbf{Mix2}_{K_i,T_{i,j}}$) 和 ($\mathbf{Mix2}_{K_i,E_{i,j}}$) 可证下列关于信任和证据的等价推理规则：

$$\frac{\varphi \leftrightarrow \psi}{T_{i,j}\varphi \leftrightarrow T_{i,j}\psi} \tag{7.13}$$

$$\frac{\varphi \leftrightarrow \psi}{E_{i,j}\varphi \leftrightarrow E_{i,j}\psi} \tag{7.14}$$

**定理 1** 对于模型类 $ESMs$，逻辑 $L\text{-}BET$ 是可靠且完全的。

逻辑 DL-BET 的公理化包含所有 L-BET 中的原则，在添加一个规约公理集和等价替换的规则。

**定义 8**　通过下列动态算子 $[!_i\varphi]$ 的规约公理，我们将 $DL\text{-}BET$ 定义为 $L\text{-}BET$ 的一个动态扩展：

$$[!_i\varphi]p \leftrightarrow \rightarrow p \tag{$\mathbf{Red}_{!_i\varphi,p}$}$$

$$[!_i\varphi]\mathsf{type}(k,x,y) \leftrightarrow \mathsf{type}(k,x,y) \tag{$\mathbf{Red}_{!_i\varphi,\mathsf{type}(l,x,y)}$}$$

$$[!_i\varphi]\neg\psi \leftrightarrow \neg[!_i\varphi]\psi \tag{$\mathbf{Red}_{!_i\varphi,\neg}$}$$

$$[!_i\varphi](\psi \wedge \chi) \leftrightarrow ([!_i\varphi]\psi \wedge [!_i\varphi]\chi) \tag{$\mathbf{Red}_{!_i\varphi,\wedge}$}$$

$$[!_i\varphi]\mathsf{K}_j\psi \leftrightarrow \mathsf{K}_j[!_i\varphi]\psi \tag{$\mathbf{Red}_{!_i\varphi,\mathsf{K}_j}$}$$

$$\tag{7.15}$$

$$[!_i\varphi]\mathsf{B}_j\psi \leftrightarrow \mathsf{B}_j[!_i\varphi]\psi \tag{$\mathbf{Red}_{!_i\varphi,\mathsf{B}_j}$}$$

$$[!_i\varphi]\mathsf{E}_{j,k}\psi \leftrightarrow \mathsf{E}_{j,k}[!_i\varphi]\psi \text{ if } i \neq k \tag{$\mathbf{Red}_{!_i\varphi,\mathsf{E}_{j,k}}$}$$

$$[!_i\varphi]\mathsf{E}_{j,i}\psi \leftrightarrow \Big(\big(\mathsf{T}_{j,i}\varphi \rightarrow (\mathsf{E}_{j,i}[!_i\varphi]\psi \vee \mathsf{K}_j(\varphi \leftrightarrow [!_i\varphi]\psi))\big) \wedge$$
$$(\neg\mathsf{T}_{j,i}\varphi \rightarrow \mathsf{E}_{j,i}[!_i\varphi]\psi)\Big) \tag{$\mathbf{Red}_{!_i\varphi,\mathsf{E}_{j,i}}$}$$

$$[!_i\varphi]\mathsf{T}_{j,k}\psi \leftrightarrow \mathsf{T}_{j,k}[!_i\varphi]\psi \tag{$\mathbf{Red}_{!_i\varphi,\mathsf{T}_{j,k}}$}$$

针对动态算子 $[-_{i,j}\varphi]$，有以下公理：

$$[-_{i,j}\varphi]p \leftrightarrow \rightarrow p \tag{$\mathbf{Red}_{-_{i,j}\varphi,p}$}$$

$$[-_{i,j}\varphi]\mathsf{type}(k,x,y) \leftrightarrow \mathsf{type}(k,x,y) \tag{$\mathbf{Red}_{-_{i,j}\varphi,\mathsf{type}(l,x,y)}$}$$

$$[-_{i,j}\varphi]\neg\psi \leftrightarrow \neg[-_{i,j}\varphi]\psi \tag{$\mathbf{Red}_{-_{i,j}\varphi,\neg}$}$$

$$[-_{i,j}\varphi](\psi \wedge \chi) \leftrightarrow ([-_{i,j}\varphi]\psi \wedge [-_{i,j}\varphi]\chi) \tag{$\mathbf{Red}_{-_{i,j}\varphi,\wedge}$}$$

$$[-_{i,j}\varphi]\mathsf{K}_k\psi \leftrightarrow \mathsf{K}_k[-_{i,j}\varphi]\psi \tag{$\mathbf{Red}_{-_{i,j}\varphi,\mathsf{K}_k}$}$$

$$[-_{i,j}\varphi]\mathsf{B}_k\psi \leftrightarrow \mathsf{B}_k[-_{i,j}\varphi]\psi \tag{$\mathbf{Red}_{-_{i,j}\varphi,\mathsf{B}_k}$}$$

$$[-_{i,j}\varphi]\mathsf{E}_{k,l}\psi \leftrightarrow \mathsf{E}_{k,l}[-_{i,j}\varphi]\psi \text{ if } i \neq k \text{ or } j \neq l \tag{$\mathbf{Red}_{-_{i,j}\varphi,\mathsf{E}_{k,l}}$}$$

$$[-_{i,j}\varphi]\mathsf{E}_{i,j}\psi \leftrightarrow \big(\mathsf{E}_{i,j}[-_{i,j}\varphi]\psi \vee \neg\mathsf{K}_i(\varphi \leftrightarrow [-_{i,j}\varphi]\psi)\big) \tag{$\mathbf{Red}_{-_{i,j}\varphi,\mathsf{E}_{i,j}}$}$$

$$[-_{i,j}\varphi]\mathsf{T}_{k,l}\psi \leftrightarrow \mathsf{T}_{k,l}[-_{i,j}\varphi]\psi \text{ if } i \neq k \text{ or } j \neq l \qquad (\mathbf{Red}_{-_{i,j}\varphi,\mathsf{T}_{k,l}})$$

$$[-_{i,j}\varphi]\mathsf{T}_{i,j}\psi \leftrightarrow \big(\mathsf{T}_{i,j}[-_{i,j}\varphi]\psi \vee \neg\mathsf{K}_i(\varphi \leftrightarrow [-_{i,j}\varphi]\psi)\big) \qquad (\mathbf{Red}_{-_{i,j}\varphi,\mathsf{T}_{i,j}})$$

针对动态算子 $[+_{i,j}\varphi]$，有以下公理：

$$[+_{i,j}\varphi]p \leftrightarrow \rightarrow p \qquad (\mathbf{Red}_{+_{i,j}\varphi,p})$$

$$[+_{i,j}\varphi]\mathsf{type}(k,x,y) \leftrightarrow \mathsf{type}(k,x,y) \qquad (\mathbf{Red}_{+_{i,j}\varphi,\mathsf{type}(l,x,y)})$$

$$[+_{i,j}\varphi]\neg\psi \leftrightarrow \neg[+_{i,j}\varphi]\psi \qquad (\mathbf{Red}_{+_{i,j}\varphi,\neg})$$

$$[+_{i,j}\varphi](\psi \wedge \chi) \leftrightarrow ([+_{i,j}\varphi]\psi \wedge [+_{i,j}\varphi]\chi) \qquad (\mathbf{Red}_{+_{i,j}\varphi,\wedge})$$

$$[+_{i,j}\varphi]\mathsf{K}_k\psi \leftrightarrow \mathsf{K}_k[+_{i,j}\varphi]\psi \qquad (\mathbf{Red}_{+_{i,j}\varphi,\mathsf{K}_k})$$

$$[+_{i,j}\varphi]\mathsf{B}_k\psi \leftrightarrow \mathsf{B}_k[+_{i,j}\varphi]\psi \qquad (\mathbf{Red}_{+_{i,j}\varphi,\mathsf{B}_k})$$

$$[+_{i,j}\varphi]\mathsf{E}_{k,l}\psi \leftrightarrow \mathsf{E}_{k,l}[+_{i,j}\varphi]\psi \qquad (\mathbf{Red}_{+_{i,j}\varphi,\mathsf{E}_{k,l}})$$

$$[+_{i,j}\varphi]\mathsf{T}_{k,l}\psi \leftrightarrow \mathsf{T}_{k,l}[+_{i,j}\varphi]\psi \text{ if } i \neq k \text{ or } j \neq l \qquad (\mathbf{Red}_{+_{i,j}\varphi,\mathsf{T}_{k,l}})$$

$$[+_{i,j}\varphi]\mathsf{T}_{i,j}\psi \leftrightarrow \Big(\big(\hat{\mathsf{K}}_i\varphi \rightarrow (\mathsf{T}_{i,j}[+_{i,j}\varphi]\psi \vee \mathsf{K}_i(\varphi \leftrightarrow [+_{i,j}\varphi]\psi))\big) \wedge$$
$$\big(\mathsf{K}_i\neg\varphi \rightarrow \mathsf{T}_{i,j}[+_{i,j}\varphi]\psi\big)\Big) \qquad (\mathbf{Red}_{+_{i,j}\varphi,\mathsf{T}_{i,j}})$$

针对动态算子 $[?_i\varphi]$，有以下公理：

$$[?_i\varphi]p \leftrightarrow p \qquad (\mathbf{Red}_{?_i\varphi,p})$$

$$[?_i\varphi]\mathsf{type}(k,x,y) \leftrightarrow \mathsf{type}(k,x,y) \qquad (\mathbf{Red}_{?_i\varphi,\mathsf{type}(l,x,y)})$$

$$[?_i\varphi]\neg\psi \leftrightarrow \neg[?_i\varphi]\psi \qquad (\mathbf{Red}_{?_i\varphi,\neg})$$

$$[?_i\varphi](\psi \wedge \chi) \leftrightarrow ([?_i\varphi]\psi \wedge [?_i\varphi]\chi) \qquad (\mathbf{Red}_{?_i\varphi,\wedge})$$

$$[?_i\varphi]\mathsf{K}_j\psi \leftrightarrow \mathsf{K}_j[?_i\varphi]\psi \qquad (\mathbf{Red}_{?_i\varphi,\mathsf{K}_j})$$

$$[?_i\varphi]\mathsf{B}_j\psi \leftrightarrow \mathsf{B}_j[?_i\varphi]\psi \text{ if } i \neq j \qquad (\mathbf{Red}_{?_i\varphi,\mathsf{B}_j})$$

$$[?_i\varphi]\mathsf{B}_i\psi \leftrightarrow \Big(\big(\alpha_1 \rightarrow \mathsf{B}_i(\varphi \rightarrow [?_i\varphi]\psi)\big) \wedge \big(\alpha_2 \rightarrow \mathsf{B}_i(\neg\varphi \rightarrow [?_i\varphi]\psi)\big) \wedge$$
$$\big(\alpha_3 \rightarrow \mathsf{K}_i(\varphi \rightarrow [?_i\varphi]\psi)\big) \wedge \big(\alpha_4 \rightarrow \mathsf{K}_i(\neg\varphi \rightarrow [?_i\varphi]\psi)\big) \wedge$$
$$\big(\alpha_5 \rightarrow \mathsf{B}_i[?_i\varphi]\psi\big)\Big) \qquad (\mathbf{Red}_{?_i\varphi,\mathsf{B}_i})$$

$$[?_i\varphi]\mathsf{E}_{j,k}\psi \leftrightarrow \mathsf{E}_{j,k}[?_i\varphi]\psi \qquad\qquad (\mathbf{Red}_{?_i\varphi,\mathsf{E}_{j,k}})$$

$$[?_i\varphi]\mathsf{E}_{j,k}\psi \leftrightarrow \mathsf{E}_{j,k}[?_i\varphi]\psi \qquad\qquad (\mathbf{Red}_{?_i\varphi,\mathsf{E}_{j,k}})$$

$$[?_i\varphi]\mathsf{T}_{j,k}\psi \leftrightarrow \mathsf{T}_{j,k}[?_i\varphi]\psi \qquad\qquad (\mathbf{Red}_{?_i\varphi,\mathsf{T}_{j,k}})$$

还有，下列推理规则：

$$\frac{\psi_1 \leftrightarrow \psi_2}{\varphi \leftrightarrow \varphi[\psi_1/\psi_2]} \qquad\qquad (\mathbf{RRE})$$

以及：

$$\alpha_1 \stackrel{\mathrm{def}}{=} \mathsf{R}_i\varphi \wedge \neg\mathsf{B}_i\neg\varphi$$

$$\alpha_2 \stackrel{\mathrm{def}}{=} \mathsf{R}_i\neg\varphi \wedge \neg\mathsf{B}_i\varphi$$

$$\alpha_3 \stackrel{\mathrm{def}}{=} \mathsf{R}_i\varphi \wedge \mathsf{B}_i\neg\varphi$$

$$\alpha_4 \stackrel{\mathrm{def}}{=} \mathsf{R}_i\neg\varphi \wedge \mathsf{B}_i\varphi$$

$$\alpha_5 \stackrel{\mathrm{def}}{=} \neg\alpha_1 \wedge \neg\alpha_2 \wedge \neg\alpha_3 \wedge \neg\alpha_4 \wedge$$

通过定理 1，我们可推出 DL-BET 的完全性，因为对于任何 DL-BET-公式，都可以用规约公理和规则 $(RRE)$ 找到一个可证明等价的 L-BET-公式。

**定理 2**　对于模型类 ESMs，*DL-BET* 是可靠且完全的。

# 7.4　相 关 研 究

文献 [2] 提出了名为核证逻辑的证明系统，其中证据被表示为一个项，而对证据的处理则是基于项的运算。在此基础上，文献 [6] 进一步引入了显性和隐性信念、信念修正的概念等。与之不同的是，文献 [29], [30] 采用邻域语义学的框架，使用模态逻辑对信念和证据进行研究。其中，证据以可能世界集族的形式被添加到标准的信念模型之中。此外，他们还研究了基于证据的信念变化。实际上，这些方法与我们所构造的 DL-BET 都有相似之处，即，我们都是针对证据和信念之间的关系进行建模。

近年来，社会网络对个体信念变化的影响引起了人们的广泛关注。本书第 3 章提出了一个带阈值的有穷状态自动机模型来处理社会影响。例如，对于一个主体 $i$，如果她的所有邻居都相信 $\neg p$，那么她可能会从相信 $p$ 变为相信 $\neg p$。这个模型能成功地解释一些社会现象，比如同辈压力或采纳他人的行为模式。在文献 [9] 中，该模型被进一步地发展，并研究了社会网络的各种特征及其随时间演变的特性，包括关于信息流和观点传播的性质。文献 [32] 则着眼于研究专家在社会网络中的影响力，并说明了当主体在信念更新中面对冲突时该如何抉择。这些工作与 DL-BET 的相似点在于它们都是针对信念变化和信念形成提出模型，并且信念的变化和形成都需要处理不同信息源提供的可能冲突的信息。

当考虑在信息交互环境中主体之间的关系时，信任是最核心的因素。早期的研究工作，如文献 [22]，研究了信任对主体信念形成的影响。作者通过一个公理刻画了下面的规律：如果主体 $i$ 相信主体 $j$ 告诉了她关于 $p$ 的真相，并且她信任 $j$ 关于 $p$ 的判断，那么她也会相信 $p$。在社会网络的环境中，文献 [4] 引入了主体之间信任和证据强度的定量测量，并规定了这些参数如何影响一个人对新证据的评估。文献 [24] 则研究了基于信任的信念变化，也就是信念变化取决于接收者对信息源的信任程度。在文献 [17] 中，作者们用类似的方式将信任看作信念修正前的预处理步骤。根据社会选择理论，文献 [16] 认为人们可以把信念的形成或改变看作一个从不同的信息来源中汇聚意见的过程。这些方法与 DL-BET 的共同之处在于对信息源的信任在信念变化或形成中起着基础性的作用。

同样地，在信息聚合的研究领域，对信念、证据和信任的重视引发了许多相关的研究工作，例如文献 [13], [18], [19] 和 [25]。然而，这些方法在很大程度上依赖于贝叶斯概率理论。例如，在所谓的主观概率逻辑中，约桑基于邓普斯特–谢弗规则提出了一个新的贝叶斯更新函数，并用它来研究信念修正。与之不同的是，我们在 DL-BET 系统中主要关注的是知识、信念、证据和信任之间的逻辑关系，以及关于它们的推理规则。因此，我们的工作本质上是定性的。

# 7.5　结　　论

在本章中，我们提出了一个名为"信念、证据和信任的动态逻辑"的新逻辑系统 DL-BET。在这个逻辑系统中，我们可以在多主体环境中对基于证据的信念形成和信念改变进行推理。我们为静态的逻辑 L-BET 和它的动态扩展 DL-BET 提供了一个完全的公理化系统。此外，我们还通过一个关于机器人与人类互动的具体例子说明了 DL-BET 的表达力。

我们所提供的有关信念修正的逻辑解释（定义 6）似乎有些激进：如果一个主体有一个充分的理由去相信某个事实 $\varphi$，并且她当下相信 $\varphi$ 的否定，那么在她做出 $\varphi$ 是否为真的判断后，她将在信念集增加她信息集中所有 $\varphi$ 在其上为真的世界。

感兴趣的读者可以继续考虑下面的问题：通过对每个主体的可能世界进行合理性排序，来扩展逻辑 DL-BET 的形式语义（正如传统上对于信念修正的模态逻辑分析，参见文献 [7], [27]）。在这个扩展中，我们能假设：主体用 $\varphi$ 进行信念修正之后，她只会将信息集中 $\varphi$ 在其上为真的最好的世界添加进信念集（根据合理性排序）。由此我们能进一步改善信念修正的运算。

我们曾多次强调，认知上的谨慎度和接受额度共同规定了一个人为了形成或改变一个信念所需证据的数量。虽然我们的框架可以处理数目，但是我们还是设法构造了一个完全的逻辑系统。在之后的工作中，我们希望扩展现有的模型，使其能够处理证据和信念中的不确定性，以及对信息源的信任程度或信任分级。我们希望探索一下，如果仍然以一种定性的方法而不是定量的方法来研究，建模之路能走多远。

主体往往通过社会交往从可信的来源处获取信息，并基于一定的原因形成信念。在本章中，我们已经研究了认知上的原因。希望在未来的工作中，能够用主体的目标和偏好来扩展现有的框架，以便将实践原因纳入我们的分析中来，并研究它与认知原因之间的关系。这有可能会让现有框架更接近文献 [14] 中提到的认知信任模型，且由此能在其中处理句子如"为了实现 $\varphi$，$i$ 信任 $j$ 做 $\alpha$"。

# 参 考 文 献

[1] Carlos Alchourrón, Peter Gärdenfors, and David Makinson. On the logic of theory change: Partial meet contraction and revision functions. *Journal of Symbolic Logic*, 50:510–530, 1985.

[2] Sergei N. Artemov. The logic of justification. *The Review of Symbolic Logic*, 1(4):477–513, 2001.

[3] Alfred J. Ayer. *Probability and Evidence.* New York: Columbia University Press, 1972.

[4] Alexandru Baltag, Fenrong Liu, and Sonja Smets. Reason-based belief revision in social networks. Slides, KNAW-Workshp on The Logical Dynamics of Information, Agency and Interaction, Amsterdam, 2014.

[5] Alexandru Baltag, Lawrence S. Moss, and Sławomir Solecki. The logic of common knowledge, public announcements, and private suspicions. In I. Gilboa, editor, *Proceedings of the 7th Conference on Theoretical Aspects of Rationality and Knowledge (TARK 98)*, pages 43–56. San Fransisco, CA: Morgan Kaufmann, 1998.

[6] Alexandru Baltag, Brian Renne, and Sonja Smets. The logic of justified belief, explicit knowledge, and conclusive evidence. *Annals of Pure and Applied Logic*, 165(1):49–81, 2014.

[7] Alexandru Baltag and Sonja Smets. A qualitative theory of dynamic interactive belief revision. In M. Wooldridge G. Bonanno, W. van der Hoek, editor, *Logic and the Foundations of Game and Decision Theory*, volume 3 of *Texts in Logic and Games*. Amsterdam: Amsterdam University Press, 2008.

[8] Brian F. Chellas. *Modal Logic: An Introduction.* New York: Cambridge University Press, 1980.

[9] Zoé Christoff. *Dynamic Logics of Networks. Information Flow and the Spread of Opinion.* PhD thesis, ILLC, University of Amsterdam, 2016.

[10] Mehdi Dastani, Andreas Herzig, Joris Hulstijn, and Leendert van der Torre. Inferring trust. In *Proc. of the 5th International Workshop on Computational Logic in Multi-Agent Systems (CLIMA V)*, volume 3487 of *LNCS*, pages 144–160, 2004.

[11] Franz Dietrich and Christian List. Judgment aggregation by quota rules: majority voting generalized. *Journal of theoretical politics*, 19(4):391–424, 2007.

[12] Didier Dubois, Weiru Liu, Jianbing Ma, and Henri Prade. The basic principles of uncertain information fusion. an organised review of merging rules in different representation frameworks. *Information Fusion*, 32:12–39, 2016.

[13]  Didier Dubois and Henri Prade. Representation and combination of uncertainty with belief functions and possibility measures. *Computational Intelligence*, 4(3):244–264, 1988.

[14]  Rino Falcone and Cristiano Castelfranchi. Social trust: A cognitive approach. In Yao-Hua Tan Cristiano Castelfranchi, editor, *Trust and deception in virtual societies*, chapter 1, pages 55–90. Springer Netherlands, 2001.

[15]  Jane Friedman. Suspended judgment. *Philosophical Studies*, 162(2):165–181, 2013.

[16]  Umberto Grandi, Emiliano Lorini, and Laurent Perrussel. Propositional opinion diffusion. In *Proc. of the 14th International Conference on Autonomous Agents and Multiagent Systems (AAMAS 2015)*, pages 989–997. ACM Press, 2015.

[17]  Aaron Hunter and Richard Booth. Trust-sensitive belief revision. In *Proc. of the Twenty-Fourth International Joint Conference on Artificial Intelligence (IJCAI 2015)*, AAAI Press, pages 3062–3068, 2015.

[18]  Audun Jøsang. A logic for uncertain probabilities. *International Journal of Uncertainty, Fuzziness and Knowledge-Based Systems*, 9(3):279–311, 2016.

[19]  Audun Jøsang and Robin Hankin. Interpretation and fusion of hyper opinions in subjective logic. In *15th International Conference on Information Fusion, FUSION 2012, Singapore, July 9-12, 2012*, pages 1225–1232. IEEE, 2012.

[20]  John M. Keynes. *A Treatise on Probability*, volume 8 of *The Collected Writings of John Maynard Keynes*. London: Macmillan, 1973.

[21]  Sarit Kraus and Daniel Lehmann. Knowledge, belief and time. *Theoretical Computer Science*, 58:155–174, 1988.

[22]  Churn-Jung Liau. Belief, information acquisition, and trust in multi-agent systems: a modal logic formulation. *Artificial Intelligence*, 149(1):31–60, 2003.

[23]  Emiliano Lorini. A minimal logic for interactive epistemology. *Synthese*, 193(3):725–755, 2016.

[24]  Emiliano Lorini, Guifei Jiang, and Laurent Perrussel. Trust-based belief change. In *Proc. of the 21st European Conference on Artificial Intelligence (ECAI 2014)*, pages 549–554. IOS Press, 2014.

[25]  Glenn Shafer. *A Mathematical Theory of Evidence*. Princeton: Princeton University Press, 1976.

[26] Munindar P. Singh. Trust as dependence: a logical approach. In Liz Sonenberg, Peter Stone, Kagan Tumer, and Pinar Yolum, editors, *10th International Conference on Autonomous Agents and Multiagent Systems (AAMAS 2011), Taipei, Taiwan, May 2-6, 2011, Volume 1-3*, pages 863–870. IFAAMAS, 2011.

[27] Johan van Benthem. Dynamic logic for belief revision. *Journal of Applied Non-Classical Logic*, 17:129–156, 2007.

[28] Johan van Benthem. *Logical Dynamics of Information and Interaction*. Cambridge, England: Cambridge University Press, 2011.

[29] Johan van Benthem, David Fernández-Duque, and Eric Pacuit. Evidence logic: A new look at neighborhood structures. In Thomas Bolander, Torben Braüner, Silvio Ghilardi, and Larry Moss, editors, *Advances in Modal Logic*, pages 97–118. London: College Publications, 2012.

[30] Johan van Benthem and Eric Pacuit. Dynamic logics of evidence-based beliefs. *Studia Logica*, 99(1-3):61–92, 2011.

[31] Hans van Ditmarsch, Wiebe van der Hoek, and Barteld Kooi. *Dynamic Epistemic Logic*. Berlin: Springer, 2007.

[32] Yunqi Xue and Rohit Parikh. Strategic belief updates through influence in a community. *Studies in Logic*, 8:124–143, 2015.

# 第 4 部分　图博弈模型

# 第 8 章　社会网络与博弈模型*

　　图博弈指的是在有向图或无向图上展开的博弈。其中，图中的节点可以有标注，节点之间的边可以是各种各样的关系。这种博弈应用非常广泛，常常用来模拟计算、辩论、信息交流、社会网络、战争情境等。例如，就社会网络而言，正如在论文 [12] 中展示的那样，图中的节点可以看作主体，节点之间的边可以表示社会关系，也可以是主体之间信息交互的通道。就论辩而言 (文献 [5])，图中的节点是论证，节点之间的关系是论证之间的攻击关系。换句话说，图博弈能够在理论上为社会网络或论辩提供一个模型。在图博弈的研究中，均衡、必胜策略等概念常常被用来研究玩家的推理和行为。另外，逻辑学作为研究主体推理的一门重要学科，通过形式语言、语义、公理化等手段对其展开研究。模态逻辑是 20 世纪 60 年代开始兴起的一门新的逻辑学分支，克里普克的可能世界语义学的模型与图博弈有着非常多的相似点，每个节点是一个可能世界，可能世界之间是基于主体认知的可及关系。这一部分，我们将通过两个实例和现有的研究成果展示图博弈与模态逻辑之间的密切关系。

## 8.1　两个博弈

### 8.1.1　旅行博弈

　　我们先介绍一个图上的旅行博弈。如下图所示，两名玩家 $A$ 和 $E$ 中的一位从图 $G$ 的某个节点开始沿着 $G$ 的边旅行到另一个节点，另一位玩家接着从新节点出

---

* 本章部分内容首次发表于：范丙申、刘奋荣，图博弈的设计与模态逻辑的发展，《清华大学学报》(哲学社会科学版)，2019 年第 34 卷，第 2 期，第 131–139 页。此次收录本书时进行了调整和修订。

发旅行，如此轮流。如果轮到某个玩家，但没有边可以移动，那么该玩家就输了博弈。如果博弈可以无限进行下去，则玩家 $E$ 赢。

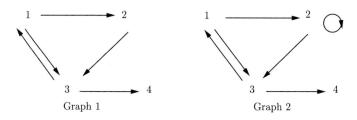

Graph 1            Graph 2

具体而言，我们假设玩家 $A$ 先出发。考虑图中左边的部分。玩家 $A$ 从节点 1 出发，从 1 旅行到 3，玩家 $E$ 接着旅行到 4，因为从 4 出发没有边了，$A$ 输。当然，若 $E$ 选择移动到 1，然后 $A$ 旅行到 3，如此不断重复，博弈一直进行下去，$E$ 赢得博弈。有趣的是，$A$ 在这个图博弈中有一个必胜策略：$A$ 从 1 出发先旅行到 2，然后 $E$ 旅行到 3，而这时，$A$ 旅行到 4，这样可以确保 $E$ 无路可走，$A$ 赢得博弈。如果旅行的出发点在其他节点，我们可以采用类似的方法进行分析。

接下来，我们考虑图中右边的部分。请注意边的细微变化，即，节点 2 上有一个自反的边。这就意味着，玩家在节点 2 的地方可以在原地旅行。我们仍然考虑玩家 $A$ 从节点 1 开始旅行，则在这个博弈中，$E$ 有一个必胜策略。我们考虑可能的几种情形：首先，假如 $A$ 从 1 旅行到 3，$E$ 可以不停地回到 1，从而获得胜利。其次，如果 $A$ 旅行到 2，$E$ 走自反的边、停留在节点 2。最后，如果 $A$ 想要防止 $E$ 通过自反的边无限地停留在 2 而获胜，她必须移动到 3，随后 $E$ 可以移动到 4 而获胜。

旅行博弈可以有其他的变种。譬如，获胜的条件可能不同于上面的例子，我们将在本章的后面进一步探讨。就目前的旅行博弈版本而言，根据盖尔–斯图尔特定理，旅行博弈是"确定的"。这就是说，给定任意的图 $G$ 和起始位置 $s$，记作 $(G, s)$，玩家 $A$ 或者玩家 $E$ 一定有一个必胜的策略。这样的形式结果能够帮助我们更好地理解图博弈中主体的行为规律、博弈的结果趋向。

对逻辑学而言，旅行博弈有太多的启发意义。正如上面所提到的，图与模态逻辑的可能世界语义学有着惊人的相似性：图上的旅行是逻辑学家们立即辨认出的可能世界之间的可及关系，完全可以用模态算子来刻画。具体来说，玩家 $E$ 的必胜策略通常涉及一个迭代的全称–存在模态算子 $\Box\Diamond$，它的意思是，对于 $A$ 的任何

选择 $E$ 都有一个相应的移动策略。形式化而言，$E$ 在图博弈中的获胜位置可以由下面的模态 $\mu$-演算公式刻画:[①]

$$\nu p.\Box\Diamond p$$

这个不动点公式刻画了图中节点的最大子集 $P$。它的意思是，不论玩家 $A$ 如何旅行，玩家 $E$ 都可以一直在 $P$ 集中移动。[②]

也就是说，关于旅行博弈的基本逻辑理论都包含在模态逻辑的理论中。由此，我们可以直接利用模态逻辑的相关结果得到一些关于旅行博弈的推论和规律。譬如，我们可以在多项式时间内完成图的模态性质的模型检测。模态语言对于博弈所使用的图是互模拟不变的，这就使得通常的模态逻辑结论在图的变化下保持不变。还有，旅行博弈的模态逻辑的有效式是可判定的。

## 8.1.2    蓄意破坏博弈

蓄意破坏博弈有两个玩家，一个是旅行者，一个是恶魔。旅行者从图 $G$ 中的某一节点 $s$ 出发开始旅行，一次沿着一条边进行。恶魔 $D$ 每次可以切断图中任何一条边。二者轮流进行。当旅行者达到目标节点或目标区域时，她赢得博弈；当旅行者在某个点无法移动时，她就输了博弈；当没有边可以切断时，恶魔输了博弈。与前面的旅行博弈最大的不同在于，在蓄意破坏博弈中，由于恶魔不停地切断边，初始的图会随着博弈的进行而发生变化。

我们看下面一个具体的博弈。假设旅行者从节点 1 出发，希望到达目标节点 4。

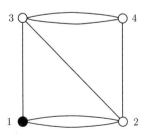

---

① 关于模态 $\mu$-演算和其他不动点算子的导引，参见文献 [17]。

② 这里实际上涉及 "稳定性" 的概念，譬如，社交网络中主体的行为在什么条件下能够达到稳定状态。最新的讨论见论文 [18]。

在这个博弈中，恶魔有必胜策略：她首先切断 3 和 4 之间一条边，之后适当回应旅行者的移动就可以赢得博弈。这里需要注意的是，恶魔的能力是全局性的，她可以切断图中任何一条边。如果我们规定恶魔只能切断旅行者所在点连接的边，那么她就没有必胜的策略了。这些不难看出，我们不再赘述。

同样，蓄意破坏博弈可以对很多有意义的情境进行建模。譬如，受干扰情况下的计算或信息获取过程，或迫使玩家进入图的某一子目标区域的学习过程。蓄意破坏博弈也满足盖尔-斯图尔特定理的条件，即，此类博弈是可确定的。因此，或者旅行者或者恶魔总是有必胜策略的。

就模态逻辑而言，范丙申及其合作者们给出了新的模态逻辑对蓄意破坏博弈中主体的行为进行研究，参见 [2]。这个逻辑在基本的模态逻辑之上添加了新的非标准模态算子 $\blacksquare$ 来刻画图的更改，即，描述当一条边 [一个有序对 $(x, y)$] 从当前的可及关系中被删除后，在当前点上哪些句子为真。旅行者的必胜策略与下面的模态算子模式相关：

$$\blacksquare \diamond \blacksquare \diamond \cdots$$

具有这种模式的句子的意思是，无论恶魔怎么切边，旅行者都可以继续旅行。要想刻画旅行者在图博弈中的获胜位置，仍然需要进一步扩展逻辑的语言，把算子 $\blacksquare$ 加入到模态 $\mu$-演算中。例如，假设蓄意破坏博弈的目标区域是所有满足公式 $\gamma$ 的节点的集合，我们可以用下面这个公式刻画旅行者的获胜位置：

$$\nu p.(\gamma \vee (\diamond \top \wedge \blacksquare \diamond p))$$

与旅行博弈不同的是，蓄意破坏博弈的模态理论没有那么简单，相反，有一些让人吃惊的结果。基本的蓄意破坏模态逻辑的模型检测复杂度是多项式空间而非多项式时间。这意味着，在包含干扰的博弈算法中出现了复杂性的跳跃。此外，虽然这类模态逻辑仍可以有效地翻译为一阶逻辑，但它不是可判定的；尽管原则上它是可公理化的，比如说使用适当修改的表列系统方法，但简单的公理化结果仍然没有找到。对于蓄意破坏 $\mu$-演算，情况更为复杂。对不动点逼近的估值很可能需要跨越不同的图。这里存在很多开放的问题需要进一步研究。

我们希望通过上面的两个例子说明图博弈与模态逻辑之间的关系。图博弈的规则可以不同，图本身可以发生变化，相应地，在逻辑学领域，可以利用基本模态逻辑或其扩展去刻画博弈中主体的行为、必胜策略，并研究与博弈相关的其他问题和规律。逻辑学与博弈之间的这种关联也是本章要重点讨论的问题，主要讨论这种关联如何成为可能，能给我们提供什么样的思考和启发。

# 8.2　博弈的本地化

这一节我们考虑上面博弈的几个具体变种，并逐一讨论与之匹配的可能的逻辑理论。

## 8.2.1　旅行博弈的本地化和占位博弈

首先，考虑在旅行博弈中两个玩家本地化的情形。所谓本地化，指的是两个玩家都在图中旅行，有自己的出发点和路线。也就是说，博弈的起始位置由 $(G, s, t)$ 刻画，其中 $G$ 是博弈图，$s$ 是玩家 $A$ 的起点，$t$ 是玩家 $E$ 的起点。我们可以让 $A$ 先旅行，也可以让两个玩家同时旅行。这里我们考虑前者，即所谓的序列博弈，一个玩家旅行一步之后另一个玩家也旅行一步，二者轮流进行。[①] 此外，我们规定获胜条件或设定一个目标。假定两个玩家的目标都是永远移动下去，这样的博弈就不再是零和博弈了，因为两个玩家都能无限移动的结果是平局。尽管我们会说，当一个玩家被卡住而另一个仍可以继续移动时，前一个玩家就输了。

这样的简单修改颠覆了旅行博弈的博弈特性，因为玩家的行为不再直接影响到其对手。当然，从长远的角度看，两位玩家的行为还是互相影响的。即便如此，与模态逻辑的联系仍然存在。此时，模态逻辑的模型是图 $(G, s, t)$，其中 $s$ 和 $t$ 是两个不同的节点；模态语言则是"二维的"，而命题变元在单个节点上为真。我们需要添加下面两个"旅行模态算子"：

$$(G, s, t) \models \langle left \rangle \phi \quad \text{当且仅当} \quad \text{存在点 } s', Rss' \text{ 且 } (G, s', t) \models \phi$$

$$(G, s, t) \models \langle right \rangle \phi \quad \text{当且仅当} \quad \text{存在点 } t', Rtt' \text{ 且 } (G, s, t') \models \phi$$

---

① 序列博弈是玩家选择策略有时间先后的博弈形式。与之相对的是两个玩家同时选择策略，叫作共时博弈。

利用这两个模态算子，我们能够更严格地表述前面的一些结果。比如，在起始位置为 $(s,t)$ 的有限图中，如果存在自然数 $k$ 使得 $[left]^k\bot$ 在 $s$ 上为真，且 $[right]^k\bot$ 在 $t$ 上为假，则第一个玩家就会输掉博弈。类似的研究已经在文献中存在，例如文献 [13]。此外，玩家的无限移动路径的存在性也可以用 $\mu$-演算公式 $\nu p.\Diamond p$ 来刻画。① 二维模型的基本模态逻辑仍然是可判定的，它与标准的极小模态逻辑没有太大的差别。这是因为这个新的模态语言可以翻译到只包含两个变元的一阶逻辑片段，而这个片段是可判定的。

与上述情景稍有不同，我们可以给两个玩家设定各自所要到达的不同目标区域。这个版本的博弈有一个问题，就是图上的两个玩家是否能够真正互动？一个玩家的行为会必然改变或限制其他玩家的行为吗？这涉及我们如何理解博弈中主体之间互动的问题。下面的这个例子更能体现这一问题。

我们每个人小时候都玩过捉迷藏的游戏，这里考虑只有两个玩家的情形。事实上，博弈的输赢直接与玩家之间的接触或互动有关。当藏起来的那个玩家听到她的对手说"我找到你啦"的时候，这就意味着后者已经赢得了博弈。在很多国家，类似的游戏也很常见。譬如，有一个游戏叫作"追捕游戏"，两个玩家 $A$ 和 $E$ 在同一点相遇，则 $A$ 赢得博弈。这种博弈所对应的逻辑可以像前面一样使用二维模型和模态算子。不过，要表达这种博弈的目标，我们需要特别引入一个新的命题常元 $I$，

$$M, s, t \models I \quad \text{当且仅当} \quad s = t$$

换句话说，常元 $I$ 表示图 $G$ 上的等同关系。下面的逻辑公式刻画的是 $E$ 的获胜位置：

$$[right]\langle left\rangle\neg I$$

添加常元后的二维模态逻辑的更多性质，我们将在下一章展开深入研究。②

---

① 然而，在基本模态语言中，甚至在模态 $\mu$-演算中，似乎没有一个公式可以表达首先到达目标这样的性质。

② 相遇博弈和模态互模拟之间有一个有趣的类比。如果两个模型 $M$, $N$ 上的点 $s, t$ 之间满足如下条件，则它们之间具有互模拟关系：从 $s$ 到 $M$ 中 $s$ 的某个后继点 $s'$ 的每一步，都存在 $t$ 到 $N$ 中 $t$ 的某个后继点 $t'$ 的某一步与之相匹配（即 $s'Zt'$ 成立）。博弈的互模拟很像相遇/回避博弈。众所周知，互模拟是不能用只包含三个变号的一阶公式来刻画的，因此它的元理论比较复杂。

下面，我们接着讨论另外一种博弈，叫作占位博弈，玩家在图上要占据某个部分。我们可以设定"玩家到达各自所指定的目标区域"为决胜条件，考虑下面的具体例子：

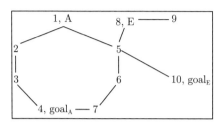

假设玩家 $A$ 从顶点 1 开始移动，三步后 $A$ 可以达到她的目标点 4，但这样会给玩家 $E$ 足够的时间到达她的目标点 10。所以，即使移动到 5 不是 $A$ 到达其目标点的最短路径，$A$ 也应该先移动到此处，从而使 $E$ 不能到达她的目标点 10。为了刻画一步步的占位产生的动态变化，我们需要在相应的逻辑语言中至少增加一个动态模态算子 $[+p]$。公式 $[+p]\phi$ 说的是，当我们使得原子公式 $p$ 在当前点上为真时 $\phi$ 成立。形式定义如下：

$$M, s \models [+p]\phi \quad 当且仅当 \quad M^+, s \models \phi$$

其中，$M^+$ 与原模型 $M$ 的区别之处在于 $p$ 在 $s$ 上为真。这里的动态算子事实上是一种本地赋值，即让某一原子公式在当前位置上变成真的。以上逻辑语言的扩展看起来非常简单，但是可以证明，这个逻辑可以嵌入已知的不可判定的混合逻辑中去，具体细节见文献 [14]。因此，加入 $[+p]$ 模态算子的模态逻辑是不可判定的。

与占位游戏类似的还有许多十分流行的棋盘游戏，比如，卡坦岛拓荒游戏。每个玩家都有自己独特的颜色，如果玩家所在的某个点还没有被着色，她会用自己的颜色来着色该点。当玩家到达一个其他玩家着色的点时，她就输了。还有，已有文献中所讨论的"投毒博弈"(文献 [4]) 也与着色非常像。近年来，不少学者也开始从逻辑学的角度对投毒博弈展开研究，其中具有代表性的工作是文献 [3]。

## 8.2.2　蓄意破坏博弈的新版本

可以看到，在上一节讨论的蓄意破坏博弈中，两个玩家的能力非常不对称。旅行者只是在图上，只能沿着图上的点和路行走，即所谓的"本地化"。但恶魔的能力却是"全局的"，因为她可以在图的任何地方实施破坏、切断旅行路线。而在现实中，容易想象旅行博弈中两个玩家的能力对称的情形。譬如，在战争博弈中，旅行者代表战争的一方，恶魔代表她的敌人。恶魔只能在任何旅行者所在的位置上进行破坏——当然恶魔也可以在图上移动，到达某一位置再进行破坏。下面我们考虑几个具体而有趣的情境：

**例 1（本地化的双目标蓄意破坏博弈）**    考虑 8.1.2 节中最初的蓄意破坏博弈的四点图。假设玩家 $T$ 和 $D$ 在不同的初始位置，$T$ 的目标点在右下角，$D$ 的目标点在左上角。我们首先要规定哪些行为是被允许的。具体而言，我们采取"移动—切除"模式：玩家先沿着某条边移动，然后，如果她愿意的话，切断某条边。

有趣的是，无论允许什么样的行为，这一设定显然会产生输赢之外的更为细化的目标：两个玩家自然都希望到达自己的目标区域而对方没有到达，稍差一点的情形是她们都到达各自的目标区域，更差一点的是她们都没有到达各自的目标区域，最坏的情况则是对方到达她的目标区域，而自己没有。而在博弈论中，通常的做法是使用效益函数对这几个目标达成的不同程度进行刻画，通过两个玩家获得的效益的多少表示。在研究玩家的推理和选择时，最常用的一个概念是逆向归纳法。假设每个主体都是理性的，即，她们会选择自己获得的效益最高的策略。这样，很自然，我们可以利用纳什均衡的概念找到博弈的解决方案。

这里，同样有一个图博弈和逻辑匹配的理论问题。什么样的逻辑可以分析这里提到的不同程度的目标达成，以及主体在博弈中的选择等问题呢？考虑玩家的选择自然可以使用偏好逻辑，而且，若目标都可以在逻辑语言中表述的话，可以使用基于优先性的偏好逻辑 (文献 [11])。当然，我们也可以提出新的博弈逻辑语言，直接在逻辑语言中使用特别的常元表示目标点等，在那样的博弈逻辑中研究博弈，同时也研究新的逻辑的语言和语义等问题。这些可能的径路，可以参考文献 [15]。用逻辑学研究最大的优点在于，我们可以考虑主体的高阶推理，一个玩家的选择是基于她自己的知识、她对对手选择的判断等。逻辑学的形式语言为研究这样的推理提供了非常方便的工具。这里提到的技术细节，我们留给感兴趣的读者去探讨。

# 8.3  图博弈设计的参数

在讨论了图博弈和一些新版本之后，让我们在这一节稍作一个总结，主要针对图博弈的一些结构特点。因为图博弈的结构特点直接影响到博弈本身的设计，也影响到对应的逻辑的提出。图博弈可以从两方面进行分类：博弈的一般结构（移动、回合、目标），以及图的结构——博弈所在的棋盘的结构。

第一，玩家移动的方式。在选择图博弈的移动方式时，一般的区分是本地移动和全局移动。换句话说，就是玩家在图中是否被本地化的问题。具体而言，玩家是像蓄意破坏博弈的旅行者只能在图中移动，还是像恶魔一样可以全局随意地切断路线。第二种区分是，玩家的每一步移动是任意的，还是可定义的。到目前为止，我们讨论的恶魔切断图中的边，是完全随意的。但是，完全可以想象，要切断的边需要满足逻辑语言所定义的性质。与这种区分相关的进一步的问题是，一旦确定要切断的边的性质，恶魔是一次切断一条边，还是一次切断满足性质的所有的边？这些不同的选择直接影响到博弈的不同玩法，同时影响到不同逻辑的语言和性质。这个方向的研究可以参考李大柱的工作 (文献 [8])。

第二，输赢条件的设定。在简单的图博弈中，玩家的目标点可以规定好，因此可以说是能独立定义的节点。根据定义，玩家要么必须避开某个或某些点，或者需要进入图中的一个区域。然而，在类似捉迷藏的博弈中，玩家的目标常常相互影响。在这类博弈中，藏起来的一方一旦被发现，她就输了，同时，她的对手赢得了博弈。这类目标不再是旅行者或恶魔的独立定义的目标或其布尔组合，而是她们的位置之间的一种二元关系。此外，我们还可以做出更细致的规定，从而影响玩家输赢的条件。譬如，玩家不能两次访问相同的节点。在占位博弈中，一个玩家不能访问她对手已经访问过的路径。目标的设定是否足够一般化，也直接影响到我们能否采用逆向归纳法或其他方法来求得纳什均衡。

第三，博弈棋盘的设定。到目前为止，我们讨论的图博弈，顾名思义，是在图上展开的博弈。博弈的图就像其他室内博弈的棋盘。但是，除了单纯的节点和边外，博弈的进行需要更多关于图的结构的信息。当玩家在图上移动时，我们至少需要显示玩家的周边环境；在更复杂的占位博弈中，我们需要在节点上添加更多的用命题描述的信息，从而可以讨论这些节点是否已被访问过，甚至访问有多频繁等问题。一般而言，博弈的棋盘不仅仅是图，而是带很多"标注"的图。

对这些博弈设计参数的讨论，引发了一系列的理论问题。在第二节中，我们讨论了如何将博弈本地化的问题。我们看到，那样的改变直接影响到玩家在博弈中新的游戏方式。问题是，我们能否对所有可能的改变方式有更好的理解？能否建立一个标准，用它来衡量这些改变对博弈带来的影响。在计算复杂性方面，哪些设计的改变会对复杂性产生影响？另一方面，博弈的逻辑性质有没有随着博弈参数的变化还能以某种方式保持的性质？例如，获胜条件通常是"单调的"：当我们扩大目标区域，之前某个玩家的获胜条件仍然是她的获胜条件。还有没有类似的性质？

还有一个问题涉及不同博弈之间的关系。我们一直在讨论通过各种方式改变博弈，问题是：新博弈的设计背后有隐藏的归约吗？真正称得上不同博弈的到底有多少种？两个图博弈何时等价？这些问题都涉及博弈之间关系的研究，特别是，对博弈之间等价的概念如何界定和理解的问题。已有文献对类似的问题有过一些讨论，但是需要拓展到本章研究的不同博弈中来。

# 8.4 图博弈的逻辑谱系

了解了设计图博弈的各种选择后，接下来我们着重讨论与它们相匹配的逻辑语言和逻辑系统。

首先讨论模态逻辑。我们已经看到，模态逻辑的语言具有足够的表达力，可以描述简单的博弈。前面我们提到，可以把基本的模态逻辑扩张成二维模态逻辑，从而可以表示两个玩家在图博弈中从不同的点出发的情形。然而，并非所有这些表达力更好的新逻辑语言都是标准的逻辑，这就为逻辑学本身的发展提出许多具有挑战性的开问题。图博弈的逻辑基本上都包含基本的模态算子，需要重点理解的是其动态模态算子。然而，在有些情况下，动态模态算子的表达力往往可以通过静态的混合模态逻辑来实现 (文献 [1])。更极端地说，一阶逻辑本身就能被用于刻画图的变化。当前已知的模态语言还不能一般地刻画博弈论的某些概念，比如说获胜的位置，因此我们不得不求助于不动点模态语言，比如说 $\mu$-演算。最后，当目标变得比输赢更复杂时，博弈论真正关心的是均衡问题，而我们对图的逻辑的强调就达到了它的极限。

此外，我们也可以用标准的"博弈逻辑"来分析博弈结构，从而刻画图博弈。这种语言表达力丰富，可以刻画玩家在图中的移动、玩家的偏好和她们所能采取的策略。这种语言的表达式通常可以在博弈中被解释，无论是其扩展型博弈还是策略型博弈。在某些情况下，这些表达式也可以在刻画博弈玩家能力的相关模型中进行解释。关于逻辑语言和博弈之间的联系，参见文献 [16]。评价博弈逻辑的标准是看它们是否可以刻画标准的博弈论求解方案，比如逆向归纳法或重复删除严格受限策略法。我们相信，具有复杂偏好的图博弈最终需要使用博弈逻辑来进行研究。本章的目的不在于给出图博弈的模态逻辑或博弈逻辑的所有技术问题，但是，我们的讨论确实可以激发这两个领域联手合作，从而一方面设计出具有趣味性的博弈，另一方面，给出理论上具有挑战性的逻辑语言和系统。

使用逻辑学的手段描述博弈具有很多优势。逻辑学可以描述博弈所刻画的交互式情景中主体的推理模式。我们还可以使用模型检测等技术手段来验证博弈是否具有某些特定的性质。而对于逻辑学家而言，也许更有挑战的是推动博弈论领域的学者研究相关的问题。譬如，其中一个问题是关于图博弈的一般策略：在博弈中，是开场的玩家还是回应的玩家具有绝对的优势？对于很多博弈，我们都可以问这样的问题。下面我们用更为精确的方法表述。

在蓄意破坏博弈中，随着有限图趋于无穷大，玩家的获胜位置会发生什么变化？这个问题与逻辑学密切相关。一阶逻辑的"零一律"告诉我们，当图趋于无穷大时，每个包含二元关系的一阶句子为真的概率变为 0 或 1。给定一个公式，我们甚至可以能行地判定是两种选择中的哪一种。"零一律"已经被推广到带不动点算子的一阶逻辑 $[LFP(FO)]$ 中，例如文献 [7]。前面的讨论表明，我们已经能够在蓄意破坏 $\mu$-演算中描述蓄意破坏博弈的获胜位置，而这样的描述也可以翻译到 $LFP(FO)$。因此，能够用这种语言描述的任何内容都符合"零一律"。这个结果还不能立即应用于获胜位置，因为这些描述一般涉及包含特定点的图，而不仅仅是一般的图。对于前者，"零一律"是失效的。然而，基于 $LFP(FO)$，我们仍然可以得到如下论断：两个玩家都有获胜的位置，旅行者的每一个获胜位置必须与她的另外的获胜位置中的至少一个相连。我们相信，这个例子提供了一个全新的视角，也是到目前为止关于图博弈的逻辑研究尚未涉略的问题。

当然，需要说明的是，我们并非在声称逻辑学的每一个属性都能立即导入图博弈的讨论中，而且具有最恰当的意义。举例来说，虽然对于逻辑学家而言，逻辑系统的计算复杂性是很重要的问题。但是，就图博弈而言，这仅仅告诉我们某些图博弈的理论可能很复杂，而不是解决这些博弈的算法很复杂。关于二者之间联系的更多讨论，推荐读者阅读文献 [15]。

从博弈到逻辑学的方向上，一个显然的问题是：是否存在自动方法将前面那些图博弈的定义转换为与之相匹配的逻辑？从前面的讨论可以看出，我们有一个系统方法来创建这样的匹配，但还没有看到更为普遍的一般性结果。从逻辑学到博弈这一方向上，则有着非常悠久的历史，有为各种逻辑概念或推理而设计博弈的传统。这种传统可以追溯到 20 世纪 50 年代的数理逻辑，还有根植于几个世纪之前逻辑的对话辩论传统中。论文集 [6] 中可以找到更多的实例。

一般而言，"博弈的逻辑"和"逻辑作为博弈"这两种观点的联系十分微妙，其中还有许多未解的问题。从 8.1 节中我们就已经注意到，图博弈对这两种观点都有所涉及，一方面图博弈可以很好地用逻辑学的语言进行刻画，而对这些逻辑学本身的评估又可以使用图博弈。这是下面这个一般性问题的特例：当我们追求"博弈、博弈的逻辑、博弈的逻辑的博弈"或者"逻辑、逻辑的博弈、逻辑的博弈的逻辑"之类的循环时，究竟会得到什么？这种循环不一定能趋于稳定，但它们一旦稳定下来，图博弈很可能是一个很有吸引力的研究平台。我们希望将图博弈看作博弈逻辑和逻辑博弈之间的张力消失的一个自然场所。

# 8.5 结　　语

本章重点研究了图博弈，将其看作博弈与逻辑交汇的一个自然选择。本章的贡献在于提供一种全新的思考方式。当然，我们知道，图博弈在其他领域，譬如博弈论、计算机科学等领域都有相关研究。我们企图表明，逻辑学能够提供独特的研究视角。为了支持这样的思维方式，我们讨论了一系列的博弈实例，并分析了可能的图博弈的设计变化。与之平行，我们讨论了如何使用模态逻辑及其扩展表达图博弈的一些性质。一方面，这种博弈和逻辑学之间的平行观点不仅给我们带来了新的启发，帮助我们设计新的有趣的博弈，另一方面，新博弈的新特性也为逻辑学的表达力和推理等提出了挑战性的理论。我们在讨论了一般的博弈与逻辑学的联系后，最终认为图博弈是理想的工具，既可以作为逻辑学的研究对象，又可以作为评估逻辑学的工具手段。

这一章的讨论才刚刚起步，我们已经在前面提出了很多开放的问题。这里只给出几个尚未提及的问题，希望有兴趣的读者可以继续讨论和研究。本章假设的博弈都是所谓的完全信息条件下的博弈，即，我们假设玩家掌握博弈的所有信息。而更为有趣的是存在不确定性的情形。用专业的术语说，就是在不完全信息条件下的博弈。这时，主体的推理依赖她们的信念，不完全信息博弈的均衡一般是概率性的，涉及混合策略。在逻辑学的层面我们需要使用认知逻辑、概率推理对博弈进行研究，或者，可以引入玩家的视域这一角度进行研究 (文献 [9], [10])。另外，社会实际上是一个大型实验室，其中新的博弈一直在被设计出来。对本章讨论的一个自然补充和挑战是把理论上的博弈和真实世界的博弈联系在一起。真实世界的博弈显然不像我们所描述的博弈那样，因为实际的博弈往往是在固定的平台上进行的，其中的变化来自其他的因素，比如偶然移动或玩家的认知局限等。但这并不意味着它们之间没有联系，只是现阶段的研究还没有讨论到此类问题罢了。

# 参 考 文 献

[1] Carlos Areces, Raul Fervari, and Guillaume Hoffmann. Relation-changing modal operators. *Logic Journal of the IGPL*, 23(4):601–627, 2015.

[2] Guillaume Aucher, Johan van Benthem, and Davide Grossi. Modal logics of sabotage revisited. *Journal of Logic and Computataion*, 28(2):269–303, 2018.

[3] Francesca Zaffora Blando, Krzysztof Mierzewski, and Carlos Areces. The modal logics of the poison game. In Fenrong Liu, Hiroakira Ono, and Junhua Yu, editors, *Knowledge, Proof and Dynamics. The Fourth Asian Workshop on Philosophical Logic*, pages 3–23. Springer, 2020.

[4] Pierre Duchet and Henri Meyniel. Kernels in directed graphs: A poison game. *Discrete Mathematics*, 115:273–276, 1993.

[5] Phan Minh Dung. On the acceptability of arguments and its fundamental role in nonmonotonic reasoning, logic programming and n-person games. *Artificial Intelligence*, 77:321–357, 1995.

[6] Erich Grädel, Wolfgang Thomas, and Thomas Wilke. *Automata, Logics, and Infinite Games: A Guide to Current Research*, volume 2500 of *LNCS*. Berlin: Springer Science Publishers, 2002.

[7] Yuri Gurevich and Saharon Shelah. Fixed-point extensions of first-order logic. *Annals of Pure and Applied Logic*, 32:265–280, 1986.

[8] Dazhu Li. Losing connection: the modal logic of definable link deletion. *Journal of Logic and Computation*, 30(3):715–743, 2020.

[9] Chanjuan Liu, Fenrong Liu, and Kaile Su. A dynamic-logical characterization of solutions to sight-limited extensive games. *Fundamenta Informaticae*, 158(1-3):149–169, 2018.

[10] Chanjuan Liu, Fenrong Liu, Kaile Su, and Enqiang Zhu. A logical characterization of extensive games with short sight. *Theoretical Computer Science*, 612:63–82, 2016.

[11] Fenrong Liu. *Reasoning about Preference Dynamics*, volume 354 of *Synthese Library*. Springer, 2011.

[12] Fenrong Liu, Jermey Seligman, and Patrick Girard. Logical dynamics of belief change in the community. *Synthese*, 191:2403–2431, 2014.

[13] Krister Segerberg. Two-dimensional modal logic. *Journal of Philosophical Logic*, 12(1):77–96, 1973.

[14] Declan Thompson. Local fact change logic. In Fenrong Liu, Hiroakira Ono, and Junhua Yu, editors, *Knowledge, Proof and Dynamics. The Fourth Asian Workshop on Philosophical Logic*, pages 73–96. Springer, 2020.

[15] Johan van Benthem. *Logic in Games*. Cambridge, MA: The MIT Press, 2014.

[16] Johan van Benthem and Dominik Klein. Logics for analyzing games. *The Stanford Encyclopedia of Philosophy*, 2020. https://plato.stanford.edu/archives/sum2020/entries/logics-for-games/.

[17]   Yde Venema.   Lectures on the modal mu-calculus.   https://staff.science.uva.nl/
       y.venema/teaching/ml/notes/20201212-mu.pdf, 2012.

[18]   刘奋荣、谢立民. 关于社交网络中主体行为的推理和预测. 暨南大学学报, 239 (12):1–7,
       2018.

# 第 9 章 捉迷藏的图博弈逻辑*

　　每个人都记得自己童年时玩捉迷藏的快乐。在喊出"我准备好了，你来找我"后，最有趣的是待在你的秘密地点，屏气凝神，并期待对方不会发现你。一旦你被发现，对方就会获胜。我们来考虑有两个玩家的情况，用 $E$ 表示躲藏者，$A$ 表示搜寻者。根据文献 [25]，捉迷藏游戏可以很自然地被看作一个图博弈，其中 $A$ 和 $E$ 处于两个点上，并且可以移动。玩家 $A$ 的目标是去遇见 $E$，而玩家 $E$ 的目标则是绕开 $A$。在我们小时候玩的游戏中，$E$ 通常是待在一个地方不动，而 $A$ 则从一个地点移动到另一个地方。这样的图博弈可以用基本的模态逻辑来表述。然而，如果我们考虑两个玩家都可以移动的情况（类似于警察强盗博弈，参见文献 [20]），情况就会变得十分不同。一方面，这些图博弈是建模搜索问题的天然候选者；另一方面，捉迷藏游戏中玩家间微妙的互动是各自目标相互纠缠的显示，而这在社会网络中是一种很常见的现象。换句话说，捉迷藏图博弈为我们提供了一个理想的场所，在这里我们可以研究社会互动的推理，并迎接不同玩家目标相互交织所带来的挑战。在下文中，我们将会更加精确地来介绍这些游戏，并提供一个逻辑语言来表达玩家的策略性推理和获胜条件。

　　然而，在引入逻辑上的细节之前，我们先来了解捉迷藏游戏中玩家们所拥有的信息，这将引导我们去理解计划为此类博弈建造的推理方式。本质上，它是一个不完美信息博弈。其中，搜寻者不知道躲藏者的位置，而躲藏者也可能不知道搜寻

---

\* 本章部分内容首次发表于：Dazhu Li, Sujata Ghosh, Fenrong Liu, and Yaxin Tu, On the Subtle Nature of a Simple Logic of the Hide and Seek Game, in Alexandra Silva, Renata Wassermann, Ruy de Queiroz (eds.) *Proceedings of the 27th International Workshop on Logic, Language, Information, and Computation (WoLLIC 2021).* LNCS, vol 13038. pp.201–218. Springer, Cham. 此次收录本书时进行了调整和修订。

者的精确位置。两个玩家都知道她们所在的图形，并且知道各自的位置和行为。现在，我们所考虑的修改版本使得相关情形在信息方面更加有趣，因为它允许我们去考虑两个玩家所拥有的不同层次的信息。然而，为了保持简单，我们将从建模者的角度出发，也就是说，我们对这类博弈本身进行推理。因此，我们将假设整个图以及玩家每一步的位置都是已知的，并以此为基础进一步对玩家的观察和行为进行推理。我们把从玩家视角出发的研究留作将来的工作。

回到博弈本身，我们有两个位置不同的玩家。为了给她们的动作建模，在克里普克模型中，我们用两个点来对公式进行赋值，而不是一个点（即"点模型"），同时，我们用不同的模态词来表达两个玩家的动作。此外，两个点的等同可以刻画捉迷藏游戏中两个玩家的相遇。粗略地说，我们可以通过引入一个特殊的命题常项来表达这一等同关系。需要注意的是，在没有等同常项时，通过常见的模态逻辑技术，我们可以证明所得的二维模态逻辑的可满足性问题是可以判定的。然而有趣的是，添加这一简单的等同命题会把一个可判定的逻辑变得不可判定。实际上，文献中也存在一些优雅的例子表明对等词的考虑会使原先可判定的逻辑（不含等词）变为不可判定，例如，含等词的哥德尔类。另外，一个最近的例子是带函数符号的函数依赖逻辑（参见文献 [5] 和 [21]）。本章的工作为这一类情况添加了一个新逻辑，这也是本章的主要技术结果。另外，文献 [25] 猜测在添加等词常项后的逻辑依然是可判定的，显然，本章的工作否定了这一猜想。此外，为了研究新逻辑的表达力，本章也讨论了一些相关概念。

最后，请注意这一改编后的捉迷藏游戏是警察强盗博弈 (文献 [20]) 的一个特殊情况，后者是一个经典的图博弈，其中，有多个警察试图抓住一个强盗。这里的捉迷藏游戏对应于只有一个警察和一个强盗的情况。目前，人们已经从算法角度和组合角度对各种警察强盗博弈进行了充分的研究，而本章开启了一个对它们进行逻辑分析的可能性。我们现在也正在研究后者，并且在本章的基础上增加了模态替换算子 (文献 [23])。

在 9.1 节中，我们引入捉迷藏逻辑 LHS 去推理捉迷藏游戏中玩家的行为和获胜条件。9.2 节研究逻辑语言的表达力，其中，为了方便讨论，我们提出了一些相关的互模拟概念。9.3 节展示了本章的主要结果，即逻辑 LHS 的可满足性问题是不可判定的。9.4 节讨论了相关工作。9.5 节提供了一些未来可继续研究的方向。

# 9.1 捉迷藏逻辑

首先，我们给出一个用以描述捉迷藏游戏的逻辑 (LHS) 语言。随后，我们非形式地讨论一下该逻辑的表达力。

**定义 1（语言）** 令 $\mathsf{P_E}$ 为玩家 $E$ 的一个可数命题变元集，$\mathsf{P_A}$ 为玩家 $A$ 的一个可数命题变元集。语言的定义如下：

$$\varphi ::= p_A \mid p_E \mid I \mid \neg\varphi \mid (\varphi \wedge \varphi) \mid \langle\text{left}\rangle\varphi \mid \langle\text{right}\rangle\varphi$$

其中，$p_E \in \mathsf{P_E}$，$p_A \in \mathsf{P_A}$，且 $I$ 是一个命题常项。其余的布尔连接词按通常的方式定义，模态词 [left] 和 [right] 也一样。

不失一般性地，我们分别用 $\langle\text{left}\rangle$ 和 $\langle\text{right}\rangle$ 来表示玩家 $E$ 和 $A$ 的动作。公式在标准关系模型 $\mathbf{M} = (W, R, \mathsf{V})$ 中赋值，其中 $W$ 是一个非空点集，$R \subseteq W \times W$ 是边的集合，且 $\mathsf{V} : \mathsf{P_E} \cup \mathsf{P_A} \to 2^W$ 是一个赋值函数。此外，对于任意 $s, t \in W$，我们称 $(\mathbf{M}, s, t)$ 为一个两个玩家的图模型（简称为图模型）：直观上，点 $s$ 和 $t$ 分别代表了 $E$ 和 $A$ 的位置。为了简洁起见，我们通常把 $(\mathbf{M}, s, t)$ 记为 $\mathbf{M}, s, t$。LHS 的语义如下：

**定义 2（语义）** 令 $\mathbf{M} = (W, R, \mathsf{V})$ 是一个模型，且 $s, t \in W$。公式 $\varphi$ 在图模型 $(\mathbf{M}, s, t)$ 上的真，记作 $\mathbf{M}, s, t \vDash \varphi$，由下列方式递归地定义：

$$\mathbf{M}, s, t \vDash p_E \Leftrightarrow s \in \mathsf{V}(p_E)$$

$$\mathbf{M}, s, t \vDash p_A \Leftrightarrow t \in \mathsf{V}(p_A)$$

$$\mathbf{M}, s, t \vDash I \Leftrightarrow s = t$$

$$\mathbf{M}, s, t \vDash \neg\varphi \Leftrightarrow \mathbf{M}, s, t \nvDash \varphi$$

$$\mathbf{M}, s, t \vDash \varphi \wedge \psi \Leftrightarrow \mathbf{M}, s, t \vDash \varphi \text{ 且 } \mathbf{M}, s, t \vDash \psi$$

$$\mathbf{M}, s, t \vDash \langle\text{left}\rangle\varphi \Leftrightarrow \text{存在 } s' \in W \text{ 使得 } Rss' \text{ 且 } \mathbf{M}, s', t \vDash \varphi$$

$$\mathbf{M}, s, t \vDash \langle\text{right}\rangle\varphi \Leftrightarrow \text{存在 } t' \in W \text{ 使得 } Rtt' \text{ 且 } \mathbf{M}, s, t' \vDash \varphi$$

如之前所提到的，针对两个玩家，上述语言包含了两个模态词：$\langle \text{left} \rangle$ 用来描述玩家 $E$ 的动作，而 $\langle \text{right} \rangle$ 用来描述玩家 $A$ 的动作。相应地，所有的公式都在图模型中进行赋值。常项 $I$ 刻画了一个图模型中的等同关系，表达了两个玩家的相遇，表明了搜寻者已经找到了躲藏者。我们把没有常项 $I$ 的逻辑记为 $\text{LHS}_{-I}$。

这里是一些有用的概念。给定一个模型 $\mathbf{M}$ 和点集 $U \subseteq W$，定义 $R(U) := \{t \in W \mid$ 存在 $s \in U$ 使得 $Rst\}$，指的是 $U$ 中所有点的所有后继的集合。当 $U$ 是一个单元集 $\{s\}$ 时，我们常把 $R(\{s\})$ 记为 $R(s)$。此外，按照通常的方式，我们会使用可满足和模态等价等逻辑概念，我们在这里不再赘述它们的细节。

关于捉迷藏游戏，我们在图模型上可以有不同版本。例如，玩家可以是同时移动，也可以是顺序移动，而在顺序移动中，我们也可以考虑不同的顺序。在本章中，我们考虑玩家顺序移动的情况，并且躲藏者 $E$ 先移动。在我们的语言中，每个玩家的一步获胜位置（即表示两个玩家位置的有序对）可被表示如下：

- $E$：$\langle \text{left} \rangle [\text{right}] \neg I$
- $A$：$[\text{left}] \langle \text{right} \rangle I$

玩家 $E$ 和 $A$ 更一般的获胜位置定义如下：

- $E$：$\forall n (\langle \text{left} \rangle [\text{right}])^n \neg I$
- $A$：$\exists n ([\text{left}] \langle \text{right} \rangle)^n I$

上述条件涉及了两个玩家间有穷迭代互动的可数多合取或者析取。这些互动 $\langle \text{left} \rangle [\text{right}]$ 和 $[\text{left}] \langle \text{right} \rangle$ 由两个独立的模态词来表示，但是它们被考虑成了一个单位。这些在我们的语言中不可表达。正如我们在前面所说的，我们目前正在研究用模态替换算子来扩充这个语言，这会为我们提供一个有穷的方式去表达可数多的布尔运算。

**注记 1**  对于捉迷藏游戏，我们也可以用其他的逻辑去进行推理。例如，我们可以把等同常项 $I$ 替换成 $C$，表示"即将抓到"：$\mathbf{M}, s, t \models C$，当且仅当，$R(s) \subseteq R(t)$。从博弈的角度看，常项 $C$ 描述的是搜寻者能到达躲藏者能到达的所有地方。常项 $I$ 说的是搜寻者已经赢了，而 $C$ 则表明她下一回合会赢。在完美信息博弈中，这两个常项说的是同样的事情：如果搜寻者是理性的，那么她有能力去遇见躲藏者就意味着她真的会那么做。然而，从逻辑的角度看，它们两个的解释截然不同，有着明显的差别。特别是，在逻辑 LHS 中，$C$ 可定义为 $[\text{left}]\langle\text{right}\rangle I$，但是 $I$ 在用 $C$ 扩充 $\text{LHS}_{-I}$ 的语言中是不可被定义的。此外，针对只含一个警察的警察强盗博弈 (文献 [20])，命题常元 $C$ 在这一解释下也可以描述警察能赢的情况，更多讨论请见文献 [23]。

在接下来的两节中，我们会分别从表达力和可满足性两个方面去研究 LHS 的一些元逻辑性质。

## 9.2　互模拟和表达力

互模拟是研究模态逻辑表达力的一个重要概念，我们现在要去探索一个适合 LHS 的概念。通常，我们在引入互模拟条件时需要特别小心：一方面，合适的定义需要保证逻辑不能区分互模拟的模型（也就是说，合理的概念需要足够强）；但是另一方面，一旦语言不能区分两个模型，那么它就应该在这两个模型间成立（因此，它也是足够弱的）。在接下来的讨论中，我们会把标准互模拟 (文献 [7]) 作为一个标杆，并研究基本模态逻辑 M，$\text{LHS}_{-I}$ 和 LHS 三者在表达力上的关系。让我们从比较 $\text{LHS}_{-I}$ 和 M 开始。

标准互模拟（记为 $\underleftrightarrow{}^s$）为我们提供了基本模态逻辑表达力的一个刻画。乍一看，除了在给公式赋值时我们需要同时考虑两个赋值点，逻辑 $\text{LHS}_{-I}$ 的语义设计和基本模态逻辑很类似。因此，一个自然的问题是：$\text{LHS}_{-I}$ 在标准概念下是保持不变的吗？首先，我们在如下意义上给出一个肯定答案：

**命题 1**　如果 $(\mathbf{M}, w) \underleftrightarrow{}^s (\mathbf{M}', w')$ 且 $(\mathbf{M}, v) \underleftrightarrow{}^s (\mathbf{M}', v')$，那么 $(\mathbf{M}, w, v)$ 和 $(\mathbf{M}', w', v')$ 满足相同的 $\text{LHS}_{-I}$ 公式。

**证明**　它可通过施归纳于 $\text{LHS}_{-I}$-公式来证明。我们把证明细节留给读者。

因此，要衡量逻辑 $\text{LHS}_{-I}$ 的表达力，标准互模拟是足够强的。然而，它又是足够弱的吗？很不幸，我们有下面的否定性答案：

**命题 2**　存在满足相同 $\text{LHS}_{-I}$ 公式的 $(\mathbf{M}, w, v)$ 和 $(\mathbf{M}', w', v')$，使得 $(\mathbf{M}, w) \underleftrightarrow{}^s$

$(\mathbf{M}', w')$ 和 $(\mathbf{M}, v) \underline{\leftrightarrow}^s (\mathbf{M}', v')$ 至少有一个不成立。①

**证明**  我们只需给一个反例。考虑图 9.1 中的模型 $\mathbf{M}$ 和 $\mathbf{M}'$。其中，$(\mathbf{M}, w_1, w_2)$ 和 $(\mathbf{M}', v_1, v_2)$ 满足相同的 $\mathsf{LHS}_{-I}$ 公式，但是 $(\mathbf{M}, w_1) \underline{\leftrightarrow}^s (\mathbf{M}', v_1)$ 并不成立。

直观上，这里的失败源于图模型 $(\mathbf{M}, s, t)$ 中两个赋值点间的"赋值鸿沟"：当考虑点 $s$ 的原子性质时，逻辑 $\mathsf{LHS}_{-I}$ 和 $\mathsf{LHS}$ 都只能表达那些在 $\mathsf{P_E}$ 中的性质，但是不能表达 $\mathsf{P_A}$ 中的性质。②

图 9.1  满足相同 LHS-公式的两个图模型 $(\mathbf{M}, w_1, w_2)$ 和 $(\mathbf{M}', v_1, v_2)$

现在，我们引入 $\mathsf{LHS}$ 的互模拟概念。由它出发，我们很容易就可以得到 $\mathsf{LHS}_{-I}$ 相应的情况。这里是它的定义：

**定义 3**（LHS-模型上的互模拟）  设 $\mathbf{M} = (W, R, \mathsf{V})$，$\mathbf{M}' = (W', R', \mathsf{V}')$ 是两个模型，且 $s, t \in W$，$s', t' \in W'$。如果下述条件成立，那么我们就说 $(\mathbf{M}, s, t)$ 和 $(\mathbf{M}', s', t')$ 互模拟，记为 $(\mathbf{M}, s, t) \underline{\leftrightarrow} (\mathbf{M}', s', t')$：

**Atom**: $(\mathbf{M}, s, t)$ 和 $(\mathbf{M}', s', t')$ 满足相同的命题变元。

**Meet**: $s = t$ 当且仅当 $s' = t'$。

**Zig**<sub>left</sub>: 如果存在 $u \in W$ 使得 $Rsu$，那么存在 $u' \in W'$ 使得 $R's'u'$
　　　且 $(\mathbf{M}, u, t) \underline{\leftrightarrow} (\mathbf{M}', u', t')$。

**Zig**<sub>right</sub>: 如果存在 $v \in W$ 使得 $Rtv$，那么存在 $v' \in W'$ 使得 $R't'v'$
　　　且 $(\mathbf{M}, s, v) \underline{\leftrightarrow} (\mathbf{M}', s', v')$。

---

① 严格地说，即使是对于基本模态逻辑，我们也有一个否定性答案（参见 [7]）。但是，如果一个互模拟概念能在一个足够大的模型类（如有穷像模型）上表现良好，那么它也是足够理想的。这也是我们在这一部分的指导精神之一。但是，正如用来证明该结果的反例所表明的，标准互模拟甚至排除掉了一些很简单的、不能被 $\mathsf{LHS}_{-I}$ 区分的情况。

② 从博弈的角度看，这个赋值鸿沟是一种处理如下情形的方式：对于同一位置，两个玩家有着不同的观察和看法。例如，有了这个鸿沟，我们可以考虑一些进一步的扩充，其中的点携带了对不同玩家的不同意义：一个阻止强盗逃跑的拥挤大街对正在追赶的警察很有利，但是这也毫无疑问是强盗的灾难。

**Zag$_\text{left}$, Zag$_\text{right}$**: 分别是条件 **Zig$_\text{left}$** 和 **Zig$_\text{right}$** 的反向。[①]

根据这个定义，我们不难看出图 9.1 中的 $(\mathbf{M}, w_1, w_2)$ 和 $(\mathbf{M}', v_1, v_2)$ 是互模拟的。虽然这些条件表面上看起来很平常，但是，和之前所观察到的一致，我们仍需看到一个细微的层面：条件 **Atom** 实质上要求 $\mathsf{V}(s) \cap \mathsf{P_E} = \mathsf{V}'(s') \cap \mathsf{P_E}$ 和 $\mathsf{V}(t) \cap \mathsf{P_A} = \mathsf{V}'(t') \cap \mathsf{P_A}$，但是点 $s$ 和点 $s'$ 可能满足 $\mathsf{P_A}$ 中不同的性质，而 $t$ 和 $t'$ 也可能满足 $\mathsf{P_E}$ 中不同的性质。此外，条件 **Meet** 意在处理常项 $I$，其他的条件对应于标准情形中相应的条件。

去掉条件 **Meet** 后，我们便能得到 LHS$_{-I}$ 的互模拟。当 $(\mathbf{M}, s, t)$ 和 $(\mathbf{M}', s', t')$ 为 LHS$_{-I}$-互模拟时，我们记作 $(\mathbf{M}, s, t) \underline{\leftrightarrow}^- (\mathbf{M}', s', t')$。根据定义 3，以下命题成立：

**命题 3** 如果 $(\mathbf{M}, s, t) \underline{\leftrightarrow} (\mathbf{M}', s', t')$，那么 $(\mathbf{M}, s, t)$ 和 $(\mathbf{M}', s', t')$ 满足相同的 LHS 公式。另外，如果 $(\mathbf{M}, s, t) \underline{\leftrightarrow}^- (\mathbf{M}', s', t')$，那么它们满足相同的 LHS$_{-I}$ 公式。

这可以通过施归纳于 LHS 公式来证明。因此，该逻辑的语言不能区分互模拟的模型。然而，本章之前的讨论表明拥有一个很强的概念从来不是我们的目的：同等重要的是，这个概念也要足够弱。这一次，对于一类 LHS-饱和模型，我们将给出一个正面的结果：

**定义 4（LHS-饱和）** 当如下条件成立时，我们说模型 $\mathbf{M} = (W, R, V)$ 是 LHS-饱和的：对于任何公式集 $\Phi$ 和点 $w, v \in W$，

- 如果 $\Phi$ 对于 $R(w) \times \{v\}$ 是有穷可满足的，那么整个 $\Phi$ 在 $R(w) \times \{v\}$ 中可满足，
- 如果 $\Phi$ 对于 $\{w\} \times R(v)$ 是有穷可满足的，那么整个 $\Phi$ 在 $\{w\} \times R(v)$ 中可满足。

本质上，这个定义是 $m$-饱和（文献 [7]）的一个适合于逻辑 LHS 的变体。任何

---

① 读者或许乐意把 LHS 看作一个乘积逻辑，其中模型的论域是 $W \times W$，且包含两个关系 $R_\text{left}$ 和 $R_\text{right}$，并由此出发去研究 LHS 的表达力或者其他性质。我们把逻辑 LHS 和现有组合逻辑之间关系的系统性研究留作未来的工作。

一个有穷模型都是 LHS-饱和的。此外，就无穷模型 **M** 而言，它直观上要求 **M** 包含了"充足的"点：例如，如果 Φ 的每个有穷子集被 $R(w) \times v$ 中的某个有序对满足，那么一定也存在一个有序对满足公式集 Φ 自身。通过把 Φ 限制到不含常项 $I$ 的情况，我们得到了相应于 LHS$_{-I}$ 的饱和性概念，我们称之为LHS$_{-I}$-饱和。现在，我们有了足够的准备工作来证明下述结果：

**命题 4**　对于所有 LHS-饱和的模型 **M** 和 **M′**，如果 $(\mathbf{M}, s, t)$ 和 $(\mathbf{M}', s', t')$ 满足相同的 LHS 公式，那么 $(\mathbf{M}, s, t) \underline{\leftrightarrow} (\mathbf{M}', s', t')$。另外，当 **M** 和 **M′** 是 LHS$_{-I}$-饱和模型时，如果 $(\mathbf{M}, s, t)$ 和 $(\mathbf{M}', s', t')$ 满足相同的 LHS$_{-I}$ 公式，那么 $(\mathbf{M}, s, t) \underline{\leftrightarrow}^{-} (\mathbf{M}', s', t')$。

通过证明模态等价关系本身是一个互模拟关系，我们可以证明这一结果。因此，对于 LHS-饱和以及 LHS$_{-I}$-饱和的模型类来说，相应的互模拟概念和模态等价概念等同。

最后，我们以下述结果结束本节，其涉及之前的三种互模拟之间的关系：

**命题 5**　关于三种不同种类的互模拟 $\underline{\leftrightarrow}^{s}$，$\underline{\leftrightarrow}$ 和 $\underline{\leftrightarrow}^{-}$，我们有下列结果：

（1）$\underline{\leftrightarrow}^{s}$ 和 $\underline{\leftrightarrow}$ 都比 $\underline{\leftrightarrow}^{-}$ 严格更强：$\underline{\leftrightarrow}^{s}$ 蕴涵 $\underline{\leftrightarrow}^{-}$，且 $\underline{\leftrightarrow}$ 蕴涵 $\underline{\leftrightarrow}^{-}$，但是二者的反方向都不成立。

（2）$\underline{\leftrightarrow}^{s}$ 和 $\underline{\leftrightarrow}$ 不可比：二者都不蕴涵彼此。

**证明**　我们依次证明这两个断言。

（1）从命题 1，2 和 4 我们可以看到 $\underline{\leftrightarrow}^{s}$ 和 $\underline{\leftrightarrow}^{-}$ 之间的关系。此外，不难看出，$\underline{\leftrightarrow}$ 比 $\underline{\leftrightarrow}^{-}$ 更强。考虑图 9.2 中给出的两个模型：我们有 $(\mathbf{M}, w_1, w_1) \underline{\leftrightarrow}^{-} (\mathbf{M}', v_1, v_1)$ 成立，但是我们有 $\mathbf{M}, w_1, w_1 \models \langle \mathrm{left} \rangle \langle \mathrm{right} \rangle \neg I$ 且 $\mathbf{M}', v_1, v_1 \not\models \langle \mathrm{left} \rangle \langle \mathrm{right} \rangle \neg I$。根据命题 3，可以得到，$(\mathbf{M}, w_1, w_1) \underline{\leftrightarrow} (\mathbf{M}', v_1, v_1)$ 不成立。

图 9.2　$(\mathbf{M}, w_1, w_1) \underline{\leftrightarrow}^{-} (\mathbf{M}', v_1, v_1)$，但并非 $(\mathbf{M}, w_1, w_1) \underline{\leftrightarrow} (\mathbf{M}', v_1, v_1)$

（2）考虑图 9.2 中的模型。易见，基本的模态逻辑语言不能区分点 $w_1$ 和点 $v_1$，但是 LHS 可以。因此，标准互模拟未必是逻辑 LHS 的互模拟。另一方面，通过图 9.1 中的模型，我们可以看到 LHS 的互模拟也可能被标准互模拟概念排除在外。

我们在这里讨论的 LHS 的互模拟性质以及 $LHS_{-I}$ 的互模拟性质都非常基本，还有很多其他问题值得进一步研究。例如，

**开问题**：检测 LHS 的互模拟和检测 $LHS_{-I}$ 的互模拟的计算复杂度是什么？它们的复杂度是一样的吗？

# 9.3  可满足性问题的不可判定性

从本质上讲，逻辑 LHS 在模态逻辑的框架中引入了一个处理等词的命题常项。这个被广泛接受的不可区分关系就性质来说是简单的。然而，我们在前面提到过，存在一些很优雅的结果，其表明把这一关系纳入考虑范围的话会把原先可判定的逻辑（不带等词）变为不可判定。在这一节，我们将为这一个类添加一个新实例：在下文中，我们首先证明逻辑 LHS 没有有穷模型性质和树模型性质，然后再证明 LHS 的可满足性问题不可判定。

一般来说，树模型性质和有穷模型性质常常是一个逻辑计算表现的积极信号（参见文献 [7]）。然而，在下文中我们会证明逻辑 LHS 没有这两种性质。我们从较为简单的、与树模型性质相关的结果入手：

**命题 6**  逻辑 LHS 没有树模型性质。

**证明**  考虑下列公式

$$\varphi_r := I \wedge \langle \mathsf{left} \rangle \top \wedge [\mathsf{left}]I$$

不难看出这个公式是可满足的。另外，设 $\mathbf{M} = (W, R, \mathbf{V})$ 和 $u, v \in W$ 使得 $\mathbf{M}, u, v \vDash \varphi_r$ 成立。从 $I$ 可知，$u = v$。此外，合取支 $\langle \mathsf{left} \rangle \top$ 表明点 $u$ 有后继，即 $R(u) \neq \emptyset$。并且，对于所有的 $s \in R(u)$，我们都有 $s = v$。因此，$R(u) = \{u\}$。进而，模型 $\mathbf{M}$ 不可能是树状。

另外，通过构造一个所谓的"间谍点"（文献 [8]），即所有在 $n$ 步内可从该点通达的点都可从该点一步通达，我们可以证明下述结果：

**定理 1**　逻辑 LHS 没有有穷模型性。

**证明**　令 $\varphi_\infty$ 为下列公式的合取

$(F1)$　　　$I \wedge [\text{left}]\neg I$

$(F2)$　　　$\langle \text{left} \rangle [\text{left}]\bot$

$(F3)$　　　$[\text{left}]\langle \text{right} \rangle (\neg I \wedge \langle \text{right} \rangle \top \wedge [\text{right}]I)$

我们先来简单地解释一下这些公式的直观意思。首先，$(F1)$ 表明当前图模型中的两个点是一样的，且该点是非自反的。其次，公式 $(F2)$ 说的是该点可以通达一个没有后继点的死点。另外，受文献 [17] 的启发，我们还有最后一个公式，其表明该点的后继点至少有一个，并且对于它的每一个后继点 $i$，它还有另一个后继点 $j$ 使得 $j$ 是 $i$ 的唯一后继。

在展示完这些公式的基本含义后，我们证明公式 $\varphi_\infty$ 可满足。考虑如下模型 $\mathbf{M}_\infty = (W, R, \mathsf{V})$：

- $W := \{s\} \cup \mathbb{N}$
- $R := \{\langle s, i \rangle \mid i \in \mathbb{N}\} \cup \{\langle i+1, i \rangle \mid i \in \mathbb{N}\}$
- 对于所有 $p \in \mathsf{P_A} \cup \mathsf{P_E}$, $\mathsf{V}(p) := \emptyset$

图 9.3 展示了这一模型。根据构造，不难验证公式在 $(s, s)$ 成立，即 $\mathbf{M}_\infty, s, s \models \varphi_\infty$。

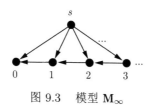

图 9.3　模型 $\mathbf{M}_\infty$

接下来，令 $\mathbf{M} = (W, R, \mathsf{V})$ 为任一模型且 $u \in W$，假设 $\mathbf{M}, u, u \models \varphi_\infty$ 成立。我们将会证明 $W$ 是无穷的。为了实现这一目标，我们断言模型包含了下列点的序列：

$$w_0, w_1, w_2, w_3, w_4, \cdots$$

其中，对于任意自然数 $i \in \mathbb{N}$，下列条件成立：

    P1. $\mathbf{M}, w_i, w_{i+1} \vDash \neg I \wedge \langle \text{right} \rangle \top \wedge [\text{right}] I$

    P2. $\langle u, w_i \rangle \in R$

    P3. $R(w_0) = \emptyset$，且对于 $1 \leqslant i$, $R(w_i) = \{w_{i-1}\}$

通过施归纳于 $i \in \mathbb{N}$，我们证明这样一个序列总是存在的。

首先，我们考虑基本情况 $i = 0$。根据 $\mathbf{M}, u, u \vDash (F2)$，我们知道存在 $w_0 \in W$ 使得 $Ruw_0$ 且 $\mathbf{M}, w_0, u \vDash [\text{left}]\bot$。因此，$R(w_0) = \emptyset$，这样我们得到了一个死点。此外，根据公式 $(F3)$，$\mathbf{M}, w_0, u \vDash \langle \text{right} \rangle (\neg I \wedge \langle \text{right} \rangle \top \wedge [\text{right}]I)$ 成立。从而，存在 $w_1 \in W$ 使得 $Ruw_1$, $w_0 \neq w_1$ 且 $R(w_1) = \{w_0\}$。现在，不难看出条件 P1-P3 对 $w_0$ 和 $w_1$ 都成立。

现在，假设我们针对 $w_{i \leqslant n}$ 已经证明了这个结果，我们进一步证明存在点 $w_{n+1}$ 满足条件 P1-P3。根据归纳假设，我们得到 $Ruw_n$。从公式 $(F3)$ 可知，$\mathbf{M}, w_n, u \vDash \langle \text{right} \rangle (\neg I \wedge \langle \text{right} \rangle \top \wedge [\text{right}]I)$ 成立。因此，存在点 $w_{n+1} \in W$ 使得 $Ruw_{n+1}$ 和 $\mathbf{M}, w_n, w_{n+1} \vDash \neg I \wedge \langle \text{right} \rangle \top \wedge [\text{right}]I$ 成立。这表明 $w_{n+1}$ 满足了条件 P1 和条件 P2 的要求。此外，由于 $\neg I$，我们可知 $w_n \neq w_{n+1}$。并且，从 $\mathbf{M}, w_n, w_{n+1} \vDash \langle \text{right} \rangle \top \wedge [\text{right}]I$ 我们可得 $R(w_{n+1}) = \{w_n\}$，这表明该点也满足了条件 P3。

另外，根据条件 P3，只要 $i \neq j$，我们就有 $w_i \neq w_j$。更准确地说，对于任何 $i$，我们都有 $\mathbf{M}, w_i, w_i \vDash \langle \text{left} \rangle^i \top \wedge [\text{left}]^{i+1} \bot$。因此，我们有无穷多的点 $w_i$。进而，模型 $\mathbf{M}$ 是无穷的。

### 9.3.1　不可判定性

现在，通过编码 $\mathbb{N} \times \mathbb{N}$ 铺砖问题，我们证明逻辑 LHS 是不可判定的。一块砖是一个方向固定的 $1 \times 1$ 方块，它的四个边都有颜色 *right(t)*, *left(t)*, *up(t)* 和 *down(t)*。$\mathbb{N} \times \mathbb{N}$ 铺砖问题是：给定一个砖的有穷种类 $T = \{t^1, \cdots, t^n\}$，存在一个函数 $f:$ $\mathbb{N} \times \mathbb{N} \to T$ 使得 *right(f(n,m))* = *left(f(n+1,m))* 且 *up(f(n,m))* = *down(f(n,m+1))* 吗？这个问题是不可判定的 (文献 [6])。

**定理 2**　逻辑 LHS 的可满足性问题不可判定。

通过把铺砖问题归约到 LHS 的可满足性问题，我们可以证明这一结果，细节请见本章附录。值得注意的是，这一证明本质上表明了任何基于我们框架的、针对 $2 \leqslant n \in \mathbb{N}$ 个玩家的一般化都是不可判定的。

另一个密切相关的问题是模型检测，与可满足性问题不同，我们相信该逻辑的模型检测问题是一个 P 问题。

最后，即使逻辑 LHS 的复杂度很高，不难看出它还是可以被翻译到一阶逻辑中去的，[①] 这表明该逻辑本身是可公理化的。因此，一个重要的方向是去研究下列问题：

**开问题**：存在 LHS 的一个有穷公理系统吗？

# 9.4　相 关 工 作

**图博弈和模态逻辑**　我们的工作受到捉迷藏这一图博弈的启发，属于文献 [25] 的一项后续工作，后者提出了大量的图博弈设计以及与之匹配的新模态逻辑。近年来，许多有趣的图博弈得以被研究。例如，在蓄意破坏博弈中，给定一个图，一个玩家每次沿着仍存在的边移动一步，以最终移动到事先给定的一个目标区域，而她的对手则每次删除一条任意的边以阻止她实现目的 (文献 [24])。这一博弈被蓄意破坏模态逻辑所刻画 (文献 [3])，其在基本模态逻辑的基础上增加了一个边删除算子。此外，在一个图博弈中，边也可以按照某种确定的条件被局部地删除，文献 [18] 研究了与之匹配的新逻辑，其中边删除的条件可以在语言中得到明确的表示。另外，文献 [13] 将多个蓄意破坏博弈的变体运用于分析教育与学习场景，并且分析了这些逻辑的计算复杂度。沿着这一方向，为了刻画学习过程更多的特征，文献 [4] 也提出了一个新的博弈概念，其中的边既可以被删除，也可以被添加。就逻辑本身的特征而言，文献 [1], [2], [4] 与本章的工作类似，它们研究了一系列的关系变化逻辑，其中包含了可以反转边、删除边以及添加边的模态词。不同于调整边，在"投毒博弈"中，一个玩家可以向一个点投毒，以使得她的对手不能再移动到那个点 (文献 [11])。目前，一些学者已经提出多个模态方案来研究这一博弈，如文献 [9] 和 [14]。

---

[①]　虽然本章没有描述翻译细节，但是依然需要注意的是，和通常的情况不同，逻辑 LHS 不是一阶逻辑的二变元片段。

此外，为了刻画一个点的性质被其他点所影响，文献 [22] 研究了一个用于推理局部事实改变的动态逻辑，其中动态算子可以更新赋值函数。

**带对角线常项的乘积逻辑**　从技术上来说，本章与多维度模态逻辑密切相关，多维度模态逻辑的经典文献有 [12], [19]。特别地，一类带对角线常项 $\delta$ 的乘积逻辑在文献 [15], [16], [17] 中得到系统的研究。① 在文献 [15], [17] 中，用对角线常项 $\delta$ 扩充 $\mathbf{K} \times \mathbf{K}$ 得到的逻辑 $\mathbf{K} \times^{\delta} \mathbf{K}$ 被证明是没有有穷模型性且不可判定的。乍一看，这一结果和我们的很类似。然而，无论是从概念上来说还是从技术上来说，我们的逻辑都有一些显著的不同。

首先，我们的公式是在一对点上进行赋值，每个点自己都可以独立地出现（而不仅仅是作为有序对的部件出现），这使得我们能够去直接研究两个点的关系。然而，在 $\mathbf{K} \times^{\delta} \mathbf{K}$ 中，尽管公式也在有序对上赋值，但是那些有序对本身构成了论域中的点。在这个基础上，乘积逻辑本身不能表达组成有序对的两个元素内部更精细的关系（即，"等同"）。在文献 [15], [17] 中，$\delta$ 被解释成了论域的一个特殊子集，而不一定是由不同维度的相同元素构成的有序对。因此，可以说我们工作中的常项 $I$ 是一个元层面的概念，而文献 [15], [17] 中的 $\delta$ 是一个对象层面的概念。②

再次，证明 LHS 不可判定性的方法也很不同。与其他乘积逻辑类似，文献 [15], [17] 也考虑了表示不同维度移动的多种关系。并且，乘积操作本身赋予了这些关系一些可能的交互：如交换性和汇合性。有了这些交互，乘积逻辑自动地有网格状结构。然而，正如我们的证明所表明的，一个关键的步骤恰恰是去构造这样一个形状。换句话说，这些额外的工作使得我们的证明在技术上不那么显然。

# 9.5　总结与展望

受捉迷藏游戏的启发，本章研究了一个模态逻辑 LHS，它使得我们能去描述玩家的动作和相遇。更具体地说，该逻辑的公式在论域中的两个点上进行赋值，它

---

① 例如，在二维模型中，只有在 $s = t$ 时，$\delta$ 才在点 $(s, t)$ 上成立。

② 但是，这并不排除在这两个大框架之间进行"混合"的可能性：一方面，从技术上说，LHS 能被归约为含 $\delta$ 的乘积逻辑；另一方面，乘积模型本身也可以被视为 LHS 的含两个特殊关系的模型，而 $I$ 指的是两个有序对之间的等同。

们表示的是玩家当前的位置。我们深入地研究了一个用以描述两个玩家相遇的常项 $I$，其是在模态逻辑中处理等词的一个很自然的新方法。关于该逻辑的表达力和可计算性性质，我们建立了一系列的结果。本章提出了与 LHS 匹配的互模拟概念，并且将这一概念和其他相关逻辑的互模拟进行了系统性比较。此外，我们证明了该逻辑没有有穷模型性和树模型性，且该逻辑的可满足性问题不可判定。其中，这一不可判定性结果也否定了文献 [25] 中的猜想。

在这里，我们提一些希望未来研究的方向。虽然我们已经得到了一些关于逻辑 LHS 的基本结果，但是还需要去对该逻辑进行更深入的研究。前文已经提到了一些开问题，包括 LHS 的公理化以及一些关于表达力的问题。就我们的逻辑语言而言，常项 $I$ 看起来简单且无害，然而让人吃惊的是，我们的逻辑被证明是不可判定的。为了更好地理解这一现象，我们还需要进行更多的研究，比如去考察一些替代方案（如注记 1 中所提到的逻辑）。在 9.4 节，我们讨论了 LHS 和乘积逻辑的一些不同，但是我们仍需系统性地对二者进行比较。此外，正如之前所提到的，本章是从建模者的角度对捉迷藏游戏进行研究。我们假设了整个图形以及玩家在博弈中每一步的位置对我们都是已知的，并以此来对玩家的观察和行为进行推理。在下一步，我们将会从玩家在博弈中的角度出发去研究策略性推理，并关注一些技术问题。例如，为了刻画玩家认知层面的相关概念，我们需要用认知算子来扩充当前的语言。

最后，正如之前多次提到的，我们的工作与警察强盗博弈有着天然的联系，有着大量的文献对后者进行研究，如文献 [10], [20]。针对文献中已有的对"警察—赢图"的不同刻画结果，我们正在研究这些博弈更丰富的版本。我们已经在 LHS 的基础上添加了模态替换算子 (文献 [23])，正如 9.1 节所提到的，这使得我们能研究更一般情形下玩家的获胜位置。我们也获得了一些关于刻画警察赢的新结果。在将来，我们会沿着这一条主线继续研究。

# 本章附录：定理 2 证明

**证明**　设 $T = \{T^1, T^2, \cdots, T^n\}$ 为一个砖的有穷种类集。对于每个 $T^i \in T$，我们分别用 $u(T^i), d(T^i), l(T^i), r(T^i)$ 来表示它上、下、左、右四个边的颜色。我们

将会定义一个公式 $\varphi_{\text{tile}}$ 使得:

$$\varphi_{\text{tile}} \text{ 可满足, 当且仅当, } T \text{ 铺满了 } \mathbb{N} \times \mathbb{N}\text{。}$$

为了实现这一目标, 在下面的证明中模型会有三个关系 $(W, R^s, R^r, R^u)$。与之相应, 在语言层面我们将会使用六个模态词: 对每个 $\star \in \{s, r, u\}$, 都有 $[\text{left}]^\star$ 和 $[\text{right}]^\star$。直观上, 所有这些关系都表示了在图模型中左赋值点和右赋值点的移动: 在下文中, 我们会用关系 $R^s$ 来构造一个间谍点, 而关系 $R^u$ 和 $R^r$ 分别表示从一块砖到另一块砖的向上移动和向右移动。

对这三种关系的使用有利于展现我们所要构造公式的直观含义。此外, 它们使得公式较短, 便于阅读。但关键的是, 这并不增加初始逻辑 LHS 的计算复杂度: 这三个关系也可被归约为一个关系, 就像我们的标准模型那样。例如, 鉴于我们有三个关系和赋值鸿沟, 我们可以用 $3 \times 2$ 个新命题变元符号和一个关系来模拟这三个关系, 比如, 把 $[\text{left}]^\star$ 和 $\langle\text{right}\rangle^\star$ 分别编码为 $[\text{left}](p_E^\star \to \cdots)$ 和 $\langle\text{right}\rangle(p_A^\star \wedge \cdots)$。当然, 为了保持这些关系的结构和公式的真值, 在定义新关系和赋值函数时我们需要特别小心。现在, 我们将分四组去展示 $\varphi_{\text{tile}}$ 的详细内容。我们从第一组开始。

### 第一组: 由 $R^s$ 带来的无穷多的点以及它们的 "范围"

$(U1)$      $I \wedge [\text{left}]^s \neg I$

$(U2)$      $\langle\text{left}\rangle^s [\text{left}]^s \bot$

$(U3)$      $[\text{right}]^s \langle\text{left}\rangle^s (\neg I \wedge \langle\text{left}\rangle^s \top \wedge [\text{left}]^s I)$

$(U4)$      $[\text{left}]^s [\text{right}]^s ([\text{left}]^s \bot \wedge [\text{right}]^s \bot \to I)$

$(U5)$      $[\text{left}]^s [\text{right}]^s (\langle\text{left}\rangle^s \langle\text{right}\rangle^s I \to I)$

实际上, 公式 $(U1) \sim (U3)$ 恰好是定理1的证明中所用公式的 $R^s$-版本。从而, 存在一个点的无穷序列, 如:

$$w_0, w_1, w_2, \cdots$$

其中, $R^s(w_0) = \emptyset$, 并且对于任意 $i \in \mathbb{N}$, 都有 $R^s(w_{i+1}) = \{w_i\}$。此外, 对于当前的赋值点对, 如 $(s, s)$, 有 $\{w_i \mid i \in \mathbb{N}\} \subseteq R^s(s)$ 成立。

我们现在解释一下公式 $(U4)$ 和 $(U5)$ 所表达的意思。本质上, 这两个公式都为那些从 $s$ 通过 $R^s$ (直接地或者间接地) 可及的点建立了 "边界"。具体而言，公式 $(U4)$ 表明 $R^s(s)$ 只包含一个死点，也就是上面列出来的 $w_0$。其次，公式 $(U5)$ 表明，对于任意的点 $w_i, w_j \in R^s(s)$，如果它们可通及相同的点，那么它们一定相同，即 $w_i = w_j$。图 9.4 包含了两个反例。根据这两个性质，我们可知 $R^s(s) = \{w_i \mid i \in \mathbb{N}\}$。

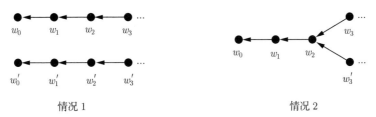

图 9.4　$R^s(s)$ 中 $R^s$-结构的两个不可能情况：情况 1 不满足 $(U4)$，而情况 2 不满足 $(U5)$

直观上，我们将用这些 $w_i$ 表示砖。更严格地说，除了这些点上的简单线性结构 $R^s$，我们要用 $R^r$ 和 $R^u$ 在它们中间建立更精细的结构。下一组公式和这两个关系的一些基本性质有关：

### 第二组：$R^u$ 和 $R^r$ 的基本性质

$(U6)$　　$[\mathsf{left}]^s[\mathsf{left}]^\dagger\langle\mathsf{right}\rangle^s I$　　　　　　　　　　　　　$\dagger \in \{u, r\}$

$(U7)$　　$[\mathsf{left}]^s(\langle\mathsf{left}\rangle^u\top \wedge \langle\mathsf{left}\rangle^r\top)$

$(U8)$　　$[\mathsf{left}]^s[\mathsf{right}]^s(I \rightarrow [\mathsf{left}]^u\neg I \wedge [\mathsf{left}]^r\neg I)$

$(U9)$　　$[\mathsf{left}]^s[\mathsf{right}]^s(I \rightarrow [\mathsf{left}]^\dagger\neg\langle\mathsf{left}\rangle^\dagger I)$　　　　　　$\dagger \in \{u, r\}$

在罗列更多的公式之前，我们来简单地解释下这些性质。

对于任意 $i \in \mathbb{N}$，公式 $(U6)$ 中的公式其实给关系 $R^r(w_i)$ 和 $R^u(w_i)$ 赋予了一个 "范围"。具体来说，它们保证了 $R^r(w_i), R^u(w_i) \subseteq \{w_0, w_1, \cdots\}$。所以，当考虑这两个关系的时候，我们只需考虑前面的那些 $w_i$，而不需要考虑任何其他的点。

公式 $(U7)$ 说的是，每个 $w_i$ 通过 $R^u$ 和 $R^r$ 都有后继点，即 $R^u(w_i) \neq \emptyset$ 且 $R^r(w_i) \neq \emptyset$。直观上，就每一块砖来说，这表达的是至少有一块砖在它的上方，也至少有一块砖在它的右侧。

另外，根据公式 $(U8)$，对于所有 $i \in \mathbb{N}$，我们都没有 $R^r w_i w_i$ 或 $R^u w_i w_i$。公式 $(U9)$ 中表明 $R^r$ 和 $R^u$ 两个关系都是不对称的。

除了第二组所表达的这些基本特征，下一组公式可能更加重要，它们用 $R^r$ 和 $R^u$ 构造了一个网格结构：

**第三组：$R^u$ 和 $R^r$ 形成的网格**

$(U10)$  $\quad [\text{left}]^s[\text{right}]^s(\langle\text{left}\rangle^\dagger I \to [\text{left}]^\dagger I)$  $\qquad\qquad\qquad\qquad \dagger \in \{u, r\}$

$(U11)$  $\quad [\text{left}]^s[\text{right}]^s(I \to [\text{left}]^u[\text{right}]^r \neg I)$

$(U12)$  $\quad [\text{left}]^s[\text{right}]^s(I \to [\text{left}]^u[\text{left}]^r \neg I \wedge [\text{left}]^r[\text{left}]^u \neg I)$

$(U13)$  $\quad [\text{left}]^s[\text{right}]^s(I \to [\text{left}]^u[\text{left}]^r[\text{left}]^u \neg I)$

$(U14)$  $\quad [\text{left}]^s[\text{right}]^s(I \to [\text{left}]^u[\text{right}]^r \langle\text{left}\rangle^r \langle\text{right}\rangle^u I)$

当公式 $(U7)$ 告诉我们每一个 $w_i$ 都有 $R^r$ 后继和 $R^u$ 后继时，公式 $(U10)$ 中的公式表明每个 $w_i$ 至多有一个 $R^r$ 后继，且至多有一个 $R^u$ 后继。因此，公式 $(U7)$ 和 $(U10)$ 保证了那些 $w_i$ 通过 $R^u$ 和 $R^r$ 的移动本质上都是函数：严格地说，对于任意 $i \in \mathbb{N}$ 和 $\dagger \in \{u, r\}$，$R^\dagger(w_i)$ 是一个单元集。

公式 $(U11)$ 表明每块砖的 $R^r$ 后继和 $R^u$ 后继是不同的：对于任意 $i \in \mathbb{N}$，都有 $R^r(w_i) \cap R^u(w_i) = \emptyset$。也就是说，一个砖上方的砖和右侧的砖是不同的。

此外，公式 $(U12)$ 表明一块砖的下方和右侧不同，且左侧和上方不同。并且，公式 $(U13)$ 不允许相继的 $R^u, R^r$ 和 $R^u$（按照这一顺序）的循环。公式 $(U14)$ 说的是汇合性：对于任意的砖 $w_i, w_j, w_k$，如果 $R^u w_i w_j$ 和 $R^r w_i w_k$ 成立，那么存在另一块砖 $w_n$ 使得 $R^r w_j w_n$ 和 $R^u w_k w_n$ 成立。现在，所有的砖都处于一个网格状结构中。

通过下面的第四组公式，我们可以真正地解决铺砖问题。非常粗略地说，在一般情况下，当我们有一个无穷网格状模型时，这一项工作是很常规的（参见文献 [7]）。但是由于我们现在有一个赋值鸿沟，我们仍然需要小心。具体如下：

**第四组：铺满模型**

$(U15)$  $\quad [\text{left}]^s\Big( \bigvee_{1 \leqslant i \leqslant n} t_E^i \wedge \bigwedge_{1 \leqslant i < j \leqslant n} \neg(t_E^i \wedge t_E^j) \Big)$

$(U16)$  $\quad [\text{right}]^s\Big( \bigvee_{1 \leqslant i \leqslant n} t_A^i \wedge \bigwedge_{1 \leqslant i < j \leqslant n} \neg(t_A^i \wedge t_A^j) \Big)$

$(U17)$ $\quad [\mathsf{left}]^s[\mathsf{right}]^s\Big(I \to \bigvee_{1 \leqslant i \leqslant n}(t_E^i \wedge t_A^i)\Big)$

$(U18)$ $\quad [\mathsf{left}]^s\Big(\bigwedge_{1 \leqslant i \leqslant n}(t_E^i \to \langle\mathsf{left}\rangle^u \bigvee_{1 \leqslant j \leqslant n, u(T_i)=d(T_j)} t_E^j)\Big)$

$(U19)$ $\quad [\mathsf{left}]^s\Big(\bigwedge_{1 \leqslant i \leqslant n}(t_E^i \to \langle\mathsf{left}\rangle^r \bigvee_{1 \leqslant j \leqslant n, r(T_i)=l(T_j)} t_E^j)\Big)$

公式 $(U15)\sim(U16)$ 表明一个点上可以放"两"块砖 $t_E^i$ 和 $t_A^j$。因为一个点上只能恰好有一块,这一说法看上去很是奇怪。然而,通过我们下面对公式 $(U17)$ 的分析可以看到,这里本质上是没有问题的。

根据公式 $(U17)$,对每个固定的 $i$,当 $t_E^i$ 和 $t_A^j$ 都在一个点上成立时,我们有 $i=j$,也就是说它们是相同的类型 $T^i$。在这个意义上,可以说"$E$"和"$A$"只是指向当前图模型赋值点的"位置标签",一个点上只有一块砖。此外,出于相同的原因,对于每个 $T^i$,虽然我们使用了不同的原子命题符号 $t_A^i$ 和 $t_E^i$,但是砖的全部类型正好只是 $T$ 中的那些,我们并没有使用更多的种类。

最后,公式 $(U18)$ 和 $(U19)$ 所做的是一项常规工作:前者表明向上移动时颜色是匹配的,而后者表明向右移动时颜色也是匹配的。

现在,令 $\varphi_{\mathsf{tile}}$ 为以上四组公式的合取,任何满足 $\varphi_{\mathsf{tile}}$ 的模型都铺满了 $\mathbb{N} \times \mathbb{N}$。

另外,我们还需证明另一个方向。现在,假设函数 $f : \mathbb{N} \times \mathbb{N} \to T$ 铺满了 $\mathbb{N} \times \mathbb{N}$。然后,我们按下列方式定义一个模型 $\mathbf{M}_t = (W, R^s, R^u, R^r, \mathsf{V})$:

- $W := \{s\} \cup (\mathbb{N} \times \mathbb{N})$

- $R^s$ 的构造如下:
  - 对于所有 $x \in \mathbb{N} \times \mathbb{N}$, $\langle s, x\rangle \in R^s$
  - 对于所有 $\langle n, 0\rangle \in \mathbb{N} \times \mathbb{N}$(其中 $1 \leqslant n$), $\langle\langle n+1, 0\rangle, \langle 0, n\rangle\rangle \in R^s$
  - 对于所有其他的 $\langle n, m+1\rangle \in \mathbb{N} \times \mathbb{N}$, $\langle\langle n, m+1\rangle, \langle n+1, m\rangle\rangle \in R^s$

- $R^u := \{\langle\langle n, m\rangle, \langle n, m+1\rangle\rangle \mid n, m \in \mathbb{N}\}$

- $R^r := \{\langle\langle n, m\rangle, \langle n+1, m\rangle\rangle \mid n, m \in \mathbb{N}\}$

- $\mathsf{V}(t_E^i) = \mathsf{V}(t_A^i) = \{\langle n, m\rangle \in \mathbb{N} \times \mathbb{N} \mid f(\langle n, m\rangle) = T^i\}$,对于所有 $i \in \{1, 2, \cdots, n\}$

- $V(p_E) = V(q_A) = \emptyset$，对于其他的 $p_E, q_A \in P_E \cup P_A$

图 9.5 展示了这一模型的一个关键片段。由它的构造可知，$\mathbf{M}_t, s, s \vDash \varphi_{\text{tile}}$。

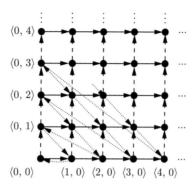

图 9.5 $\mathbf{M}_t$ 的结构在 $\mathbb{N} \times \mathbb{N}$ 上的片段。其中，关系 $R^s, R^u, R^r$ 分别由点线、虚线和实线来表示。想要得到整个结构，我们只需增加一个点 $s$，并且画上从 $s$ 开始到 $\mathbb{N} \times \mathbb{N}$ 的每个元素的点线

# 参 考 文 献

[1] Carlos Areces, Raul Fervari, and Guillaume Hoffmann. Moving arrows and four model checking results. In L. Ong and R. de Queiroz, editors, *Logic, Language, Information and Computation. WoLLIC 2012*, volume 7456 of *LNCS*, pages 142–153, 2012.

[2] Carlos Areces, Raul Fervari, Guillaume Hoffmann, and Mauricio Martel. Satisfiability for relation-changing logics. *Journal of Logic and Computation*, 28:1443–1470, 2018.

[3] Guillaume Aucher, Johan van Benthem, and Davide Grossi. Modal logics of sabotage revisited. *Journal of Logic and Computataion*, 28(2):269–303, 2018.

[4] Alexandru Baltag, Dazhu Li, and Mina Young Pedersen. On the right path: A modal logic for supervised learning. In Patrick Blackburn, Emiliano Lorini, and Meiyun Guo, editors, *Proceedings of LORI 2019*, volume 11813 of *LNCS*, pages 1–14. Berlin, Springer, 2019.

[5] Alexandru Baltag and Johan van Benthem. A simple logic of functional dependence. *Journal of Philosophical Logic*, 2021.

[6] Robert Berger. *The Undecidability of the Domino Problem*. American Mathematical Society, 1966.

[7] Patrick Blackburn, Martin de Rijke, and Yde Venema. *Modal Logic*. Cambridge, England: Cambridge University Press, 2001.

[8] Patrick Blackburn and Jeremy Seligman. Hybrid languages. *Journal of Logic, Language and Information*, 4:251–272, 1995.

[9] Francesca Zaffora Blando, Krzysztof Mierzewski, and Carlos Areces. The modal logics of the poison game. In Fenrong Liu, Hiroakira Ono, and Junhua Yu, editors, *Knowledge, Proof and Dynamics. The Fourth Asian Workshop on Philosophical Logic*, pages 3–23. Springer, 2020.

[10] Anthony Bonato and Richard Nowakowski. *The Game of Cops and Robbers on Graphs*. AMS, 2011.

[11] Pierre Duchet and Henri Meyniel. Kernels in directed graphs: A poison game. *Discrete Mathematics*, 115:273–276, 1993.

[12] Dov M. Gabbay, Agi Kurucz, Frank Wolter, and Michael Zakharyaschev. *Many-Dimensional Modal Logics: Theory and Applications*, volume 148 of *Studies in Logic and the Foundations of Mathematics*. Amsterdam Netherlands: Elsevier, 2003.

[13] Nina Gierasimczuk, Lena Kurzen, and Fernando R. Velázquez-Quesada. Learning and teaching as a game: A sabotage approach. In X. He, J. Horty, and E. Pacuit, editors, *Proceedings of LORI 2009*, volume 5834 of *LNCS*, pages 119–132. Springer, 2009.

[14] Davide Grossi and Simon Rey. Credulous acceptability, poison games and modal logic. In N. Agmon, M. E. Taylor, E. Elkind, and M. Veloso, editors, *Proceedings of AAMAS 2019*, pages 1994–1996, 2019.

[15] Christopher Hampson, Stanislav Kikot, and Agi Kurucz. The decision problem of modal product logics with a diagonal, and faulty counter machines. *Studia Logica*, 104:455–486, 2016.

[16] Stanislav Kikot. Axiomatization of modal logic squares with distinguished diagonal. *Mathematical Notes*, 88:238–250, 2020.

[17] Agi Kurucz. Products of modal logics with diagonal constant lacking the finite model property. In S. Ghilardi and R. Sebastiani, editors, *Frontiers of Combining Systems*, volume 5749 of *LNCS*, pages 279–286, 2009.

[18] Dazhu Li. Losing connection: the modal logic of definable link deletion. *Journal of Logic and Computation*, 30(3):715–743, 2020.

[19] Martin Marx and Yde Venema. *Multi-Dimensional Modal Logic*. Amsterdam: Kluwer Academic Publishers, 1997.

[20] Richard Nowakowski and Peter Winkler. Vertex-to-vertex pursuit in a graph. *Discrete Math*, 13:235–239, 1983.

[21] Phil Pützstück. Decidability and bisimulation for logics of functional dependence. Master's thesis, Mathematical Foundations of Computer Science, RWTH-Aachen University, 2020.

[22] Declan Thompson. Local fact change logic. In Fenrong Liu, Hiroakira Ono, and Junhua Yu, editors, *Knowledge, Proof and Dynamics. The Fourth Asian Workshop on Philosophical Logic*, pages 73–96. Springer, 2020.

[23] Yaxin Tu, Sujata Ghosh, Dazhu Li, and Fenrong Liu. A new modal logic for cops-and-robber games. *Manuscript*, 2021.

[24] Johan van Benthem. *Logic in Games*. Cambridge, MA: The MIT Press, 2014.

[25] Johan van Benthem and Fenrong Liu. Graph games and logic design. In F. Liu, H. Ono, and J. Yu, editors, *Knowledge, Proof and Dynamics*, pages 125–146. Springer, 2020.

# 第 5 部分　反思

# 第 10 章　对理性概念的反思<sup>*</sup>

　　本书第 2 部分和第 3 部分的逻辑研究分别对应我们称为"进化理性（低等理性）"和"审思理性（高等理性）"的理性概念。那么，如何看待这两种不同的理性概念呢？本章主要从逻辑和计算的视角出发，通过考察逻辑思想发展史以及现有的逻辑技术成果，提出理解理性概念面临的新挑战，并提供一种可能的理解途径。

　　理性行为是一种非常复杂的现象，不可能通过一个公式完全刻画。我们都相信或试图相信自己的行为是由理性和推理驱动的；我们受到理性的影响，在面对新的事实或需要考虑的新因素时会修正自己的想法。理性决定了我们如何看待自己，如何向他人证明我们行为的正当性，甚至决定了一个组织如何向公众展示自己的形象。理性概念内涵的其他重要方面，例如偏好和目标，也将在本章的讨论中有所涉及。

　　自古以来，推理一直是逻辑学研究的核心，我们考察符合理性的、正确的推理形式。事实上，逻辑常常被视为最纯粹也许是最令人生畏的形式的理性。我们在本章主要探讨逻辑与理性之间的关系，但并不会声称逻辑就是理性的全部。首先，我们考察一个逻辑学中最重要的概念：有效或无效的逻辑后承。考虑下面的例子：

　　**例 1（有效和无效的后承）**　经典逻辑告诉我们下面的结论：从 $A \rightarrow B$ 和 $\neg A$ 到 $\neg B$ 的推论是无效的（$B$ 可能因除 $A$ 之外的其他原因而成立）——但从 $A \rightarrow B$ 和 $\neg B$ 到 $\neg A$ 的推论则是有效的。而且，后者是反驳的引擎。有效的推理模式放在一起，可以构成更为复杂的证明，可以最终推出令人惊讶的新洞见。关于这些问

---

\* 本章部分内容首次发表于：Johan van Benthem, Fenrong Liu, and Sonja Smets, Logico-Computational Aspects of Rationality, in Markus Knauff and Wolfgang Spohn (eds.) *The Handbook of Rationality*. The MIT Press: Cambridge, MA. pp. 185–196, 2021. 此次收录本书时进行了调整和修订。

题的研究，形成了逻辑系统语义和语法的主体内容。

在展开讨论之前，我们需要看到逻辑学的两个不同功用。一方面，逻辑证明可以看作理性行为的实用引擎，不同的逻辑系统可以模拟理性推理的实践。另一方面，逻辑学作为理论基础的用途则体现在它对理性概念的结构研究：研究理性的规律与局限性。在后一种意义上，逻辑分析可以针对理性主体从事的任何实践开展：不仅是推理，还包括观察、决策或辩论。下面的讨论将会涉及逻辑学的实践和理论的两种用途。

更进一步，用于分析推理的逻辑系统是与人类实践相互作用的文化产物。特别是，逻辑系统常常被输入某种计算设备中。例如，从 $A \rightarrow B$ 和 $\neg B$ 到 $\neg A$ 的有效推理也是二进制算术的基本定律，在计算机设计中起作用。事实证明，这种联系在考虑数学基础问题时卓有成效。实际上，它引发了正在改变我们当今世界的计算机、信息技术和人工智能的产生和发展。有些人甚至担心我们的逻辑工具已经开始超越我们自身。

全面理解推理的过程需要"我们"（人）的努力。本章讨论的许多主题与认知心理学十分相关，二者之间的联系也有很多研究。但我们的视角主要在于逻辑与计算，以此来看待理性的概念。

# 10.1　推理和计算简史

为了理解逻辑和理性之间的联系，历史的视角是非常有帮助的 (文献 [48])。随着时间的推移，哲学家、数学家和其他研究者们在逻辑系统中刻画了许多形式的推理模式——这个过程仍在继续。新的系统一旦被发现，就会成为增强理性思维的智力工具。在现代早期，莱布尼茨意识到推理与计算之间有很多相似之处。从这个思想可以直接导致巴贝奇和洛芙莱斯的逻辑机器的产生，然后再通向现代计算机和人工智能系统。在这个过程中，计算的概念一步步获得更清晰的理解。计算设备是普遍的，不需要与一个特定的任务绑定；而且，执行任务是可编程的，就像织布机可以根据它的设计编织出不同的图案。因此，计算意味着寻找执行任务的算法，并且由于算法通过代码实现，这也意味着要寻找以适当的方式表示信息的数据结构。

因此，逻辑学直接与计算机科学紧密联系。

一般的逻辑学教科书通常会说，逻辑学是对推理研究的一门学科，但事实上，逻辑学涉及的研究内容更多。推理预设了一种工具，通常指的是一种形式语言，用来表示推理所用到的概念。对于这一点，大家从前面的章节应该已经有了直观的看法。因此，正如贝思在他的论文 [13] 中所指出的，逻辑学总是证明和解释两方面的结合，换句话说，是证明论和模型论的结合。此外，贝思引进了算法的概念作为逻辑思想最关键的第三个要素，并认为它是证明论和模型论的结合点。

与许多其他领域不同，关于计算的历史是非常惊人的，原因在于关于计算的主要原理在计算实现之前已经被发现了。哥德尔 (文献 [31]) 分析了逻辑证明系统所能达到的极限，他发现表达能力足以编码基本的算术系统，其要么不一致要么不完备，即，我们无法证明关于该领域的所有直观的数学真理。哥德尔的证明涉及对可计算（"递归"）函数的深入分析。随后，图灵 (文献 [70]) 定义了可以计算所有递归函数的机器，甚至还有一个通用的图灵机，给定任何程序代码和输入，计算在图灵机上运行该程序，然后输出。在这种情况下，丘奇 (文献 [24]) 表明，标准的推理系统，例如一阶逻辑，虽然可公理化，但是不可判定。也就是说，没有能行计算方法可以判定任意一阶后承问题是否有效。因此，在逻辑的理论研究方面出现了权衡的思想：语言表达力的增加与其有效性判定问题的复杂性是相互矛盾的。

这段历史有几个重要的节点，即使在今天，这些节点对于理解理性的性质和范围也至关重要。第一，工作方法的一个实际问题：如果理性有一个计算引擎，我们应该如何理解它在推理、信息和概念形成之间的相互作用？第二点是理论上的：逻辑理性是否存在原则性限制——比如，一些任务是否超出了理性探究的范围？哥德尔定理不断引起讨论 (文献 [83])，一个共同的规范是理性思考比逻辑系统中所刻画的内容要更多。即便如此，只要系统地解释了这个"更多"，限制定理就再次适用。最后，关于一个证明系统和计算设备不能做什么的否定性结果实际上可以帮助我们理解清楚推理和计算系统能做什么。同样，本章中讨论的当代"对理性的挑战"实际上可能会产生关于理性可以实现什么的新见解。而且，目前人工智能或认知心理学方面的许多文献都属于"能做什么"的类型；我们很少读到有关更深刻的、关于局限性的令人兴奋的新发现。

哥德尔和图灵的奠基时代展示了原则上可证明或可计算的东西。虽然这种高度抽象的层次仍然是审思理性的重要视角，但随后的历史发展也展示了许多进一步、有意义的问题。

# 10.2　从机器到强理性主体

**计算机科学**　20 世纪计算的发展取得了空前的成就，同时，也深化了我们对计算精细结构的洞察力。存在不同的计算模型，从图灵机到新近的计算模式，最重要的是，这些计算模型有层次和结构。有些任务是简单的有穷自动机可以解决的；其他的任务则对内存有不同程度的需求。同样，用于描述数据结构和编写程序的语言有很多种，有的表达力很强，有的表达力比较弱 (文献 [36])。大约在 1980 年，计算架构从单个图灵机转移到分布式网络，这是当今计算的现实图景 (文献 [2])。这些发展催生了自动机理论 (文献 [23])、复杂性理论 (文献 [57]) 和进程代数 (文献 [12]) 等新领域。以不同的方式进行计算，其中的许多问题都与逻辑学有关。这个发展过程仍在继续，关于计算的基础问题也一直在讨论中。例如，对于如何定义算法，学界一直没有达成共识，与图灵机的输入输出的外延概念相比，这是一个更具内涵的概念 (文献 [17], [39])。今天的计算更像是一种产生行为的方式。

关于计算的所有发展都伴随着与理性相关的观念和见解的产生。精细的计算结构为理性的两个方面提供了更为具体的意义：推理引擎和表征装置。实际计算的多样性表明，理性表现的规范不是一种理想化的超级设备，而是资源和表达力的"界限"。关于界限的思考是根本的理论问题。在计算任务所需的空间和时间资源的复杂性理论中，我们真正谈论的是信息，以及如何处理信息。这迫使我们反思什么是理性主体可获得的信息（参见文献 [1]）。还有更多的东西我们可以从计算领域学到。如果我们将理性主体的行为视为同时执行多项任务，就像计算机网络一样，那么基本的架构问题变得十分重要。整个系统的不同组件如何传递信息和相互协作 (文献 [28])？

**人工智能**　向人类的智能靠近，计算机科学与人工智能无缝融合。从一开始，计算机就被视为人类智能的强大模型。与图灵机对计算的详细内部分析的一个有趣背离是，在测量理论概念的传统内，著名的图灵测试通过外部可观察行为来讨论智能(文献 [71])。它提出下面的标准：如果使用自然语言的观察者无法通过提问和参与对话将计算机与人类区分开来，则计算机实现智能。多年来，计算机开始通过了图灵测试的各种变体，或其他类型的智能行为。实际上，这些通常都不会被认为是决定性的结果，因为标准是一个不断变化的目标 (文献 [81])。通过测试被认为不是"真正的智能"的展示而被驳回，导致对智能的要求进一步提高。但行为测试对于判断人类的理性也至关重要，因为我们很少能够深入人们的头脑去观察她们的想法，而通常能够做到的就是观察她们的言行举止。

图灵测试的最后一个有趣的特点是它的混合场景：不同类型的主体之间、人与机器之间的交互。这预示着现代社会中人机交互的现实情景。这种情况远远超出了传统理论只关心模拟或竞争问题的情况。具有不同优势和劣势的主体混合而形成的社会如何成功实现互动 (文献 [84], [85]) ？由此产生的主体多样性才开始得到更广泛的关注与承认。大多数逻辑或哲学理论都假设主体具有相似的推理、观察和交流能力，尽管她们获取的信息和自己的偏好可能完全不同。这种统一的假设是"人类"或"理性行为者"等通用概念的基础，它们甚至似乎体现了道德要求，例如平等对待每个人的权利和义务。然而，如果我们接受现实生活的多样性，就必须重新思考有关理性的观念和理论。

人工智能和计算机科学的上述趋势大大拓展了研究理性的议程。从 20 世纪 80 年代开始，计算的一个主要关注点是主体的行为(文献 [74])，通过结合计算和哲学逻辑的思想进行研究 (文献 [29], [30])。在 10.3 节解释这种主体所涉及的内容之后，我们将给出具体的例子，展示在这种现代环境中起作用的逻辑。然而，以逻辑为导向的主体性方法并非没有受到挑战。在 10.4 节中，我们将讨论在理解社会主体方面的"高等理性"与"低等理性"之间的竞争，并在 10.5 节中讨论非表征性机器学习技术的兴起。

**概念目录**　我们首先考虑主体一般可以做什么的问题。相比较而言，人类可以开展更广泛的理性活动，而不仅仅是从给定的数据中进行推理，也就是说，阐明已经隐含在给定数据中的东西。动态的信息流引导着主体的行为。主体通过观察和交流不断地从环境中获取新信息，她们也在记忆中搜索信息，以便做出决策和行为。理性恰恰是从任何可用的来源中获取相关信息的能力，就像推理能力一样。这在日常生活和科学中都是如此。

然而，即使是对正确信息的处理也仅仅是一个维度。信息可能可靠，也可能没有那么可靠，主体积累的不仅仅是知识，也不停地形成信念，这些信念可能被新信息证明为错误而不得不抛弃。因此，可以说，真正理性的主体不是那些总是正确的人，而是那些有能力从错误中学习并有自我纠错能力的人（文献 [46], [60]）。逻辑学为以上提到的这些主体行为提供模型（文献 [74]）。理性的能动性并不止于此。真正理性的主体在她们的信息和信念之间保持和谐，与她们的偏好、目标或意图协调。当然，我们可以讨论哪种和谐是必不可少的，无论是预期效用最大化，还是其他一些选择：逻辑不能也不应该对此类问题做决定。真正的主体可能与经典决策论所预设的情形大不相同，但理性的关键点仍然是在信息、目标和行为之间保持可行的平衡。

总而言之，理性主体可以通过多种方式收集信息，整合观察，进行推理和交流（见文献 [72]）。在这个过程中，主体可以形成丰富多样的认知态度，从知道、相信到拒绝、怀疑等。此外，主体可以在信念变成错误、从错误中学习的环境中发挥能动的作用。所有这一切都是为了一个目的，即主体的目标要与她的信息、行为之间达成平衡。最后，这还远远不是全貌：理性的主体在社会互动中才能展示她们的技能。后面我们还会回到这个话题上。

**多主体系统** 长期以来，哲学家和逻辑学家一直在研究这种更丰富的理性主体概念的各个方面，《哲学逻辑手册》（文献 [29]）从 1983 年出版第一卷开始，到现在已经出版了大约二十卷，是逻辑学研究最新研究的体现。在 20 世纪 80 年代，计算机科学和人工智能领域出现了一种对主体的一致看法，学者们提出了多智能体系统，并以此为基础开展研究，例如，文献 [26], [65], [86]。这反映了计算思维的转变，从关注机器（图灵机）转到主体，对主体行为的分析最终归结到人类本身的特征。这样的研究扩展到了主体自治的系统。机器人使用传感器了解周遭的环境，做出决策，采取行动来完成某项任务（见文献 [22]）。同样，来自哲学逻辑的形式工具是非常有意义的（例如，文献 [19] 讨论真实机器人的认知规范，以及其传感器具有的误差幅度）。反过来，多主体系统的概念也可以在现代知识论中找到类似的阐述（文献 [3]）。例如，根据不同层次的证据采取行动的机器人推动了关于证据的信念模型的研究（文献 [78]）。

**博弈** 这里产生一个自然的学科交叉和融合。获取信息、选择行动和追求目标的主体与博弈中的玩家一样。在这个意义上，计算机科学关于论证的博弈事实上与博弈论和逻辑学非常接近，相关的研究参见文献 [40] 与 [55]。而且，认知博弈论可以被看作这些交叉融合而出现的一个新领域。

到目前为止，关于理性主体是什么、她们能做什么，还没有一个大家认可的规范性定义，以便能与计算机器在优雅性和丰富性方面媲美，更不用说给出类似通用图灵机的"通用理性主体"的概念。事实上，正如前面我们提到的，主体对象的多样性而非独特性正在改变理性评估的标准。理性主体是拥有特别认知能力的人，还是在有限的能力下尽力而为的人？理性主体是那些面对其他主体而表现优异的人，还是那些能够成功应对不同类型主体的人？

## 10.3　理性主体的逻辑模型

近几十年来，逻辑学家们研究了理性主体的许多特征。具有代表性的几个模型有：第一，主体的信息更新和知识变化与时间逻辑相结合而成的模型（参见文献 [11], [26], [58]）。第二，动态认知逻辑 (文献 [10], [80])，对主体根据信息而进行的知识更新过程进行建模。这种更新不是推论，但可以用逻辑语言精确地描述它们。

下面我们举例说明。考虑一个简单的双人对话，不确定 $p$ 的真值的主体 1 会问 "$p$?"。然后第二个主体如实公开地回答："是的。"让我们一步步分析对话中的信息流，第一个主体的问题表明她不知道答案，但她认为第二个主体是可靠的，应该知道问题的答案。第二个主体的答案传达了主体 1 对主体 2 拥有知识的假设是正确的，并且在主体 2 给出答案之后，$p$ 成为这两个主体形成的群体的公共知识。

关于事实的知识与关于他人的知识之间的混合是交流的典型特征。这一点我们在前面的章节中已经看到很多实例。例如，在著名的泥孩谜题的场景中 (文献 [26])，即使那位爸爸是在重复问同一个问题，孩子们只是如实回答自己是否知道，也能逐渐引导参与交流的主体获得新知识。

描述这些现象的符号语言公式 $[!\phi]K\psi$ 表示主体接受真信息 $\phi$ 之后知道 $\psi$。这就是公开宣告逻辑，其中最关键的一条公理是下面的等价式：

$$[!\phi]K\psi \leftrightarrow (\phi \rightarrow K(\phi \rightarrow [!\phi]\psi))$$

这条公理将宣告事件 $\phi$ 发生后的新知识与事件发生前的"预编码"联系起来：主体拥有条件知识，即事件 $!\phi$ 会导致 $\psi$ 为真。这样的逻辑公理交换了事件的动态算子和主体态度的认知算子，是理解信息更新和知识变化的关键因素。

用类似的方法可以给出信念变化的逻辑，我们通常考虑非常确实的信息（硬信息）和没有那么确实的信息（软信息）引发的信念修正，参见文献 [79]。还有传统的 AGM 理论。此外，我们想再次申明，学习的过程与信念修正非常相似，因此可以研究形式学习理论与信念修正理论之间的联系，例如文献 [9]。

**例 2（信念变化）**  在上述双方对话中，现在假设主体 2 不是一个完全可靠的信息源。从主体 1 既不相信 $p$ 也不相信 $\neg p$ 的初始情况开始，主体 2 对她问题的回答可以触发主体 1 改变主意，并可能获得错误的信念。然而，她究竟如何改变主意取决于主体 1 对主体 2 作为关于 $p$ 的信息来源的信任。如果主体 2 的答案"是"被认为是可靠的但不是绝对可靠的，那么它引发的"信念提升"可能更激进，导致对 $p$ 的强烈信念，或者更保守，导致对 $p$ 持有弱信念。

同样，这个修正的过程遵循逻辑规律。形式语言可以表示两种修正：保守的提升 $[\uparrow\phi]$ 和激进的提升 $[\Uparrow\phi]$。这说明信念改变可能有许多原则。例如，$\neg K\neg\phi \rightarrow [\uparrow\phi]B\phi$ 说的是，对于事实陈述 $\phi$，主体开始相信 $\phi$ 是这种情况，除非她在宣布 $\phi$ 为假之前已经知道。在形式学习的逻辑研究中，人们研究此类提升的迭代并分析它们作为一种学习方法的长远表现如何。

对这种类型的理性概念的特征的研究仍在继续。已经纳入逻辑研究范围、有目的的理性行为的其他方面还包括对"提问"的研究，这项研究十分重要，因为有"问题"，才能指导当下任务的开展（参见文献 [25]）。

接下来，从信息任务转向主体的偏好和目标，偏好决定了主体对各种情况的评估。文献 [52] 给出偏好变化的逻辑，偏好变化与目标的动态变化直接相关。而且，偏好动态也与道义逻辑中的动态具有相似之处，新的命令会调整关于情境和行为的道德排序，可以使用包含主体义务和允许算子的形式语言描述（文献 [87]）。

最后，理性主体总是在信息、偏好、目标之间取得恰当的平衡。在多主体系统框架中，对这些特征都有刻画的逻辑，如著名的 BDI 框架（文献 [62]）。BDI 的工作受到文献 [21] 的启发，描述主体的行为如何受到信念、愿望和意图的共同驱动。

然而，也许最活跃的研究领域是对策略行为和博弈均衡的逻辑研究，在这个领域，理性主体的所有特征都同时扮演角色。

**例 3（关于扩展博弈的推理）**　考虑下面有穷博弈，有两个玩家 $A$ 和 $E$，效益值按照 $A$ 值 - $E$ 值的顺序写入（见下图）。

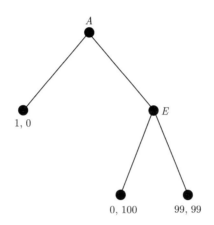

直观上看，效益值 $(99, 99)$ 似乎对双方都是最好的——但这不是逆向归纳的标准博弈解决算法产生的结果。从下往上看，如果 $E$ 要玩，她会选择左边，所以，如果 $A$ 相信 $E$ 会做出这个选择，她自己会在第一轮选择向左并结束博弈，结果会是 $(1, 0)$。

分析为什么这个博弈可能以这种非帕累托最优的方式进行会牵涉到许多概念，譬如，玩家的行为、信念、偏好和计划。逻辑学家们对这些概念都有研究，或者作为单独的主题，或者在不同的情境下研究此类概念。有关博弈中均衡的精确定义和逻辑博弈分析的总览，参见文献 [76]。

这里讨论的所有动态逻辑都体现了前面提到的算法和数据在计算中的并行考量。产生新信息或新愿望的事件在已选定的静态模型上运行，静态模型支持对知识、信念、偏好等态度的刻画和推理。

**题外话：非经典逻辑**　还有一些方法同样研究上述的认知态度和动态变化，但强调从经典逻辑到非经典逻辑的变化。例如，非单调逻辑 (文献 [42]) 和资源敏感的子结构逻辑 (文献 [63])。有关这种方法与动态逻辑研究方法的比较，参阅文献 [75]。

**例 4（非单调推理）** 经典逻辑中的后承是单调的；增加新的前提不会使先前已得到的结论无效：如果 $\Gamma \models \phi$ 和 $\Gamma \subseteq \Delta$，则 $\Delta \models \phi$。相比之下，缺省推理是可废止的：如果我知道 Tweety 是一只鸟，我可以得出 Tweety 会飞的结论，但进一步增加前提 Tweety 是一只企鹅，我们不再能得出 Tweety 会飞的结论。

非单调逻辑研究缺省推理的特征。相比之下，信念修正的动态逻辑在经典逻辑的基础上刻画缺省现象，集中在信念变化中的非单调性，而不是改变逻辑学的推理规则：我起初相信 Tweety 可以飞，但带来新信息的事件"! Tweety 是企鹅"发生后，我不再拥有之前的那个信念。

**讨论** 对主体性展开逻辑研究的宗旨在于获得关于理性主体行为的理解，一般通过研究主体的几个关键的内部特征及其运行机制来实现。但是，融合关于主体性的逻辑的、计算的研究并不能使一个系统成为更实用的软件或人类主体。还需要提出更多算法，而实现算法则需要在语法层面进行改进。最新的研究尝试在计算主体的语义模型和语法表示之间达到某种协调，参考文献 [35], [54]。

此外，建立更丰富的模型会引发很多进一步的问题。随着越来越多的研究课题被纳入模型中，主体性的边界到底在哪里？如此描述的主体活动背后的"理性"是什么？我们是在描述主体实际做什么，抑或这些逻辑系统本身是规范的？一种普遍的观点认为，主体性逻辑描述了理想化的规律。现实生活中的主体可能会，也可能不会遵循那些规律。这种张力可能正是我们所需要的。例如，我们不能说，信念修正会导致对最初信念的"纠正"，除非我们对于在特定情况下什么是正确的有一个规范。这些是我们一时无法解决的大问题，留作继续思考。

对主体的研究反映了这样一个现实：今天的计算范式是分布式系统，而不是单个机器。同样，多智能体系统将相互作用的个体置于中心位置，并在下一个层面将群体本身视为行动者，直至整个人群或社会。这意味着将理性的关注点从单个主体转移到了主体之间的交互。从而，将关注点从个人愿望和行为扩大到社会系统涌现的性质与特征。

交互的视角对逻辑学而言并不陌生。自古以来，对话、论证和辩论一直是经典的场景，逻辑学和博弈论视角的交叉已经有不少研究，譬如，文献 [41], [73]。认知逻辑中的一个核心问题是主体对他人进行推理的理性能力，其迭代形式有"主体 $i$ 知道主体 $j$

知道……", 这也同样适用于信念和其他认知态度。这种向更高层次的递归是十分普遍的: 我们可以害怕恐惧, 甚至害怕恐惧的恐惧, 等等。在认知心理学中, 在心智理论领域研究主体的这些能力及其程度, 参见文献 [44], [61]。此外, 高阶知识在计算机科学中十分有用, 被用于分析通信协议的正确性和安全性, 详细的讨论可以参考文献 [26]。

但是, 社会互动远不止对于主体认知方面的反思。有策略的行为主体会考虑一个主体的行为对其他人的行为的依赖, 或者更精确一点, 主体对他人行为的期望, 参见经典的博弈论分析 (文献 [4])。下面通过一个简单的例子进行分析:

**例 5 (蓄意破坏博弈)** 蓄意破坏博弈在图中进行, 旅行者沿着边移动, 以到达某个指定的目标区域。这个图可达性问题可以在多项式时间内解决。考虑一个情景, 有一个居心叵测的恶魔, 在旅行者每走一步后都会删除一个边。之后, 旅行者沿着仍然存在的边继续前进。

这种"蓄意破坏博弈"建模的是在不利环境和其他社交信息场景下的搜索任务。蓄意破坏博弈的解决方案的复杂性可能从多项式时间跳跃到多项式空间。逻辑学通过定义基本的挑战–反应模式来帮助确定谁在给定的蓄意破坏博弈中具有获胜策略, 并寻找对此类博弈进行推理的一般属性。这是逻辑与主体场景"博弈化"交叉的一种情况, 逻辑甚至可以帮助设计具体的新博弈, 从而成为设计博弈、分析博弈的工具 (文献 [73], [77])。

引入偏好后, 不同的理性概念在逻辑学中得到深入的研究。譬如, 博弈解决方法中的那些概念: 逆向归纳、严格占优策略的迭代消除, 或迭代后悔最小化 (文献 [34])。在博弈论、逻辑和计算机科学的交互中, 现有的文献对策略本身的结构进行了深入的研究 (文献 [20], [73])。此外, 博弈的视角直接影响到计算逻辑: 文献 [37] 的"布尔博弈"显示, 玩家可以操纵命题的真值以实现她们的目标。

# 10.4　高等理性与低等理性

在这一节, 我们讨论对个人和社会理性分析面临的新挑战。经典博弈论中的主体会深思熟虑并设计复杂的策略, 关于主体的各种认知和动态逻辑反映了这一点。

然而，在进化博弈论中，可怜的主体，也许是仅有本能的某种生物特征 (文献 [67])，却能表现得同样出色。

**例 6（进化博弈）** 在"鹰–鸽"博弈中，两个个体争夺资源，分别可以采用鹰或鸽策略。为了获得资源，老鹰遇到其他老鹰就大打出手，直到受伤后撤退，或者老鹰面对鸽子时立即拿到资源，而鸽子面对老鹰时撤退或面对鸽子时共享资源。

博弈论通常计算一个博弈的均衡，而均衡则通常需要考虑混合策略。对于不断重复的"鹰–鸽"博弈，最为合适的概念是"进化稳定"策略。可以证明，当获得资源的价值大于相关的成本时，"鹰–鸽"种群的某些人口分布是稳定的。我们可以将这些混合策略视为单个推理主体的复杂行为，但也可以将其视为由两种类型主体组成的群体的百分比，每种主体都只是做她所能做的，原因可能只是生物学意义上的。

使用 [66] 的术语，复杂推理玩家属于"高等理性"的领域，而本能简单的主体则是"低等理性"的领域。通常后者和前者表现得一样好。例如，经典的博弈论可能会说，通过一些复杂的康德式或罗尔斯式的关于他人的论证，可以得出结论：除了少数搭便车的人，我们应该遵守道德原则。相比之下，博弈论的进化稳定性论证可能会说，从长远来看，具有一定比例的简单守法者（猎物）和违法者（掠食者）的种群，她们按照自己的本能行事，这是稳定的。事实上，根本不需要推理；道德只是涌现的系统行为。进化博弈论的这种视角给分布式计算系统带来的讯息是：由许多简单主体构成的社会可能产生高度复杂的行为。

下面是出现复杂行为的另一个实例。

**例 7（社会网络中的极限行为）** 下面的图示是一个社会网络，节点表示主体及其认知态度。更新规则是：如果所有邻居（即所有从 $s$ 指出的箭头所指向的节点）都有 $p$，则主体 $s$（节点）选择相信 $p$。迭代应用此规则，以下演变可能会在不同的初始情况下发生。

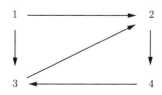

情况 1: 初始 $p = \{1\}$。第二阶段有 $p = \emptyset$ (没有人相信 $p$), 这仍然是此后的结果。情况 2: 初始 $p = \{2\}$。接下来的连续阶段是 $\{3\}$、$\{4\}$、$\{2\}$; 从这个阶段开始, 网络激活状态循环。情况 3: 初始 $p = \{1, 2\}$。下一个阶段是 $\{3\}$, 根据情况 2 得到与前面一样的振荡。情况 4: 初始 $p = \{1, 2, 3\}$。我们得到 $\{1, 3, 4\}$、$\{2, 4\}$、$\{2, 3\}$、$\{1, 3, 4\}$, 振荡从这里开始。

因此, 该网络更新动态可能稳定在单个状态 (情况 1) 或在循环中振荡。有时, 循环中的连续模型是同构的 (情况 2 和 3), 有时循环会运行不同的非同构网络设定 (情况 4)。在无限网络中, 可能会看到朝着不同的结构发散。在所有这些场景中, 信念的形成似乎不涉及逻辑: 行为源于主体类型 (更新规则) 和网络的全局结构。

我们面对的直接挑战是, 采用复杂的、基于逻辑的理性去理解人类和主体的行为是必要的吗? 回答这个问题所涉及的问题更为复杂。在日常生活中, 我们在某些问题上以"高等理性"的方式仔细思考, 但由于资源有限, 在大多数问题上我们遵循"低等理性"的方式, 跟从邻居或多数人的做法。这样的混合行为方式需要解释, 当下的研究正在试图理解并绘制其细节。

**高等理性与低等理性的组合场景**　文献 [53] 研究了社会网络中的主体通过遵循多数或其他阈值规则接受邻居的偏好、信念或行为, 能够对不同的主体类型进行建模。这样的模型能够用来模拟时尚和新思想的传播过程。但是主体仍然具有认知态度, 并且这些状态可以像以前一样动态变化, 如本书第 6 章"认知友谊逻辑"中所述。在这样的模型中, 可以给出主体信念趋于稳定的条件的逻辑特征, 从而预测长期的系统行为。该框架将社会学的思想与认知逻辑相结合 (文献 [27]), 为早期的主体性逻辑模型添加了一个基本要素: 社会网络的结构。

其他的组合场景包括为共同决策进行推理的独立理性主体群体。这里, 可能发生两件事: 单个主体可以增强彼此的推理能力并带来更高水平的群体理性, 超过每个单主体。但是, 群体也可能陷入非理性行为。文献 [7] 根据主体的兴趣和能力差异对这种情况是否会发生进行了研究。一个引人注目的结论是, 非理性的群体行为往往不是由个体行为者的非理性行为引起的, 而是由于她们的利益错位导致的。

瀑布效应 (文献 [14]) 是一种受到逻辑学家们关注的社会现象。在那里, 一系列单个主体遵循其前辈的决定，同时忽略她们自己的私人证据。文献 [8] 通过逻辑方法研究其中的问题，研究使用高阶推理能力的个体理性主体是否可以阻止瀑布效应的发生。令人惊讶的是，答案是否定的。这一事实可以通过信息更新的逻辑系统来证明。然而，调节主体策略的协议很重要：当主体之间能够完全通信、共享证据时，可以避免瀑布效应。

前面的例子表明，高等理性和低等理性之间的表面差异可以转化为对两者相互作用的更深入研究。这是关于主体行为的进一步的逻辑研究。然而，双方之间还有方法论上的第二个交互：逻辑可以分析大多数低等理性方法背后的动力系统理论的结构，并在那里找到模式，这就意味着，我们可以找到对系统行为的高阶定性描述。这方面的探索有文献 [47] 和 [49]。

# 10.5　机器学习与概率

当代计算科学和人工智能的发展对基于逻辑的理性观念提出了新的挑战。我们在这一节就相关的问题展开初步的讨论。

**机器学习**　机器学习 (文献 [45]) 在大数据集上运行良好，优于符号方法，因为符号方法往往存在可扩展性问题。例如，在监督学习中，构建了一个神经网络，由阈值可调的节点和节点之间强度可调的链接组成。给定神经网络初始层的输入，所有这些设置都会在输出层中产生一个活动。成本函数测量实际的输出与依据训练样本理想的输出之间的差距。然后，网络可以通过众所周知的技术，例如梯度下降 (文献 [64])，在降低成本函数的方向上调整其权重和阈值。最后，在许多计算和认知任务中，在训练样本集之外的新情况下达到了网络激活的稳定最优值。这些网络与物理学中的自旋玻璃模型有关 (文献 [56])，使用一般的统计方法，而不是专门的人类主体特征。

机器学习中的神经网络没有任何与经典逻辑模型直接对应的特征。没有语言，没有表征，网络的动态操作没有以任何可见的方式反映逻辑算子的运算。此外，由训练产生的非常不同的网络稳定状态可以执行相同的任务，并且很难看到不变量，而不变量是逻辑学所感兴趣的。因此，虽然低等理性方法提出了逻辑分析是否必要的问题，但机器学习方法提出了逻辑分析是否可能的问题。

现在判断这场竞争的输赢还为时过早。但我们也看到有一些朝着合作而非对抗的方向发展的最新研究。将神经网络和学习系统中使用的推理与符号推理相结合是一个活跃的研究领域，例如，文献 [5], [6], [50]。"可解释的人工智能"在机器学习系统背后寻求人类可理解的定性模式，主题包括因果推理 (文献 [33], [59], [82]) 和条件逻辑作为对机器学习类型进行分类的一种方式 (文献 [43])，并且还有一种趋势是寻找学习本身的联合观点。

但是，我们回想本章开头所做的区分。如果逻辑学仅被视为推理或信息更新活动的模型，那么其他的形式框架看起来就像是竞争的方法。对某些人来说，唯一有争议的问题是逻辑学是否可以在表征或计算方面增强此类框架。但在更基础的逻辑意义上，作为对计算和主体理论结构的分析，即使机器学习也适用于具有可以用逻辑术语描述的逻辑结构的空间 (文献 [51])，并且思想的汇聚似乎完全可行。

**概率**　继续我们关于方法论问题的讨论，这里接着思考最后一个对比。大多数主体性研究的显著特点是广泛使用概率方法，这是一种被视为与定性逻辑分析不一致的定量范式。概率是许多计算系统的基础。它是博弈论和动力系统理论的核心。在知识论中，基于概率分析风格的形式知识论至少与基于逻辑的分析风格一样普遍。

富有成效的另一个组合是定性和定量方法，二者自然并存，但是关键的问题在于如何共存。例如，静态和动态的认知逻辑和信念逻辑根据可能情形的范围对不确定性的情形进行建模 (文献 [1])，而贝叶斯知识论则使用概率函数的更新 (文献 [18], [69])。这两种观点的兼容性在组合系统 (文献 [32]) 中表明了本体和认知不确定性的原因，将基于逻辑的方法与概率条件结合在一起。概率的其他用途涉及行动而不是信息，例如博弈论中的混合策略。关于逻辑与博弈直接联系的最新观点，参阅文献 [76]。但是逻辑和概率的交叉方式也有很大不同，例如，在文献 [15] 和 [16] 的面向数据的解析架构中，将经典逻辑的基于规则的模型语言和推理与储存的反映先前表现的概率模式识别相结合。最后，在布尔和德福内梯的工作中，概率的基础仍然接近逻辑，并且各种研究分支以新的方式将这两个领域联系起来。文献 [38] 研究了允许引入概率度量的低复杂的定性推理系统，文献 [51] 从更丰富的概率模型中得出信念的定性概念。

仍有很多在交叉领域的有趣问题值得我们讨论，而且，还有许多进一步的哲学和技术问题也有待探索。

# 10.6 结　　语

本章从逻辑和计算两个方面对理性主体进行考察。我们不仅考虑关于信息和证明的具有基础性的问题，也考虑基于信息和目标驱动的主体的各种能力。就这一点而言，一个理性主体就是一个推理者、信息处理者、概念创造者和目标寻求者：容易犯错但有才华。它也是具有人类认知能力的主体吗？如何将逻辑和计算与认知心理学的结果联系起来，参见文献 [68]。

逻辑方法推动了理论的进展，但在 20 世纪逻辑和计算的深度融合增加了逻辑学理论的实践维度。理性可以被编程并放入智能系统中，即使通往可行性的道路并不容易或微不足道。正是这种理论与实践的距离使得逻辑理论也具有规范性，在理性行为的研究中提供了现实与理想之间的基本张力，这还在不断激发进一步的研究。

我们没有隐瞒以下事实：经典逻辑计算范式面临来自概率论、动力系统理论和机器学习的挑战。但这是一件好事，因为这些挑战提出了所有人都感兴趣的新的交叉主题。

最后，我们并没有声称逻辑学是唯一的可能方法。计算也不是唯一的方法。本章所提到的方法并不是掌握、理解丰富的理性现象的唯一钥匙，但我们希望它确实提供了一种有效且具有启发性的视角。

# 参 考 文 献

[1] Pieter Adriaans and Johan van Benthem. *Handbook of the Philosophy of Science*, volume 8. Amsterdam, Netherlands: Elsevier, 2008.

[2] Gregory R. Andrews. *Foundations of Multithreaded, Parallel, and Distributed Programming.* Reading, MA: Addison-Wesley, 2000.

[3]　Horacio Arló-Costa, Vincent F Hendricks, Johan van Benthem, Henrik Boensvang, and Rasmus K Rendsvig. *Readings in Formal Epistemology*. Cham, Switzerland: Springer, 2016.

[4]　Robert J. Aumann. Backward induction and common knowledge of rationality. *Games and Economic Behavior*, 8(1):6–19, 1995.

[5]　Giosuè Baggio, Michiel van Lambalgen, and Peter Hagoort. Logic as marr's computational level: Four case studies. *Topics in Cognitive Science*, 7(2):287–298, 2015.

[6]　Christian Balkenius and Peter Gärdenfors. Spaces in the brain: From neurons to meanings. *Frontiers of Psychology*, 7:1820, 12016.

[7]　Alexandru Baltag, Rachel Boddy, and Sonja Smets. Group knowledge in interrogative epistemology. In H. van Ditmarsch and G. Sandu, editors, *Jaakko Hintikka on knowledge and game-theoretical semantics*, volume 12 of *Outstanding Contributions to Logic*, pages 131–164. Cham, Switzerland: Springer, 2018.

[8]　Alexandru Baltag, Zoé Christoff, Jens U. Hansen, and Sonja Smets. Logical models of informational cascades. In J. van Benthem and F. Liu, editors, *Logic across the University: Foundations and Applications*, pages 405–432. London: College Publications, 2013.

[9]　Alexandru Baltag, Nina Gierasimczuk, and Sonja Smets. Truth-tracking by belief revision. *Studia Logica*, 107(5):917–947, 2019.

[10]　Alexandru Baltag, Lawrence S. Moss, and Sławomir Solecki. The logic of common knowledge, public announcements, and private suspicions. In I. Gilboa, editor, *Proceedings of the 7th Conference on Theoretical Aspects of Rationality and Knowledge (TARK 98)*, pages 43–56. San Fransisco, CA: Morgan Kaufmann, 1998.

[11]　Nuel Belnap, Michael Perloff, and Ming Xu. *Facing the Future*. Oxford: Oxford University Press, 2001.

[12]　Jan A. Bergstra, Alban Ponse, and Scott A. Smolka. *Handbook of process algebra*. Amsterdam, Netherlands: Elsevier, 2001.

[13]　Evert Willem Beth. *Aspects of modern logic*. Dordrecht, Netherlands: Reidel, 1971.

[14]　Sushil Bikhchandani, David Hirshleifer, and Ivo Welch. A theory of fads, fashion, custom, and cultural change as informational cascades. *Journal of Political Economy*, 100(5):992–1026, 1992.

[15] Rens Bod. The data-oriented parsing approach: Theory and application. In J. Fulcher and L. C. Jain, editors, *Computational intelligence: A compendium*, volume 115 of *Studies in Computational Intelligence*, pages 307–348. Berlin, Germany: Springer, 2008.

[16] Rens Bod, Remko Scha, and Khalil Sima'an. *Data-oriented parsing*. Stanford, CA: CSLI Publications, 2003.

[17] Paola Bonizzoni, Vasco Brattka, and Benedikt Löwe. *The nature of computation: Logic, algorithms, applications: 9th Conference on Computability in Europe*. LNCS 7921. Heidelberg, Germany: Springer, 2013.

[18] Luc Bovens and Stephan Hartman. *Bayesian epistemology*. Oxford, England: Clarendon Press, 2003.

[19] Ronen I. Brafman, Jean Claude Latombe, Yoram Moses, and Yoav Shoham. Applications of a logic of knowledge to motion planning under uncertainty. *Journal of the ACM*, 44(5):633–668, 1997.

[20] Adam Brandenburger. *The language of game theory: Putting epistemics into the mathematics of games*. Singapore: World Scientific, 2014.

[21] Michael E. Bratman. *Intention, Plans, and Practical Reason*. Stanford, CA: CSLI Publications, 1987.

[22] Alain Cardon and Mhamed Itmi. *New autonomous systems*, volume 1. London; Hoboken, NJ: John Wiley and Sons, Inc., 2016.

[23] Pinaki Chakraborty, Prem Chandra Saxena, and Chittaranjan Padmanabha Katti. Fifty years of automata simulation: a review. *ACM Inroads*, 2(4):59–70, 2011.

[24] Alonzo Church. An unsolvable problem of elementary number theory. *American Journal of Mathematics*, 58(2):345–363, 1936.

[25] Ivano Ciardelli, Jeroen Groenendijk, and Floris Roelofsen. *Inquisitive Semantics*. Oxford: Oxford University Press, 2019.

[26] Ronald Fagin, Joseph Y. Halpern, Yoram Moses, and Moshe Y. Vardi. *Reasoning about Knowledge*. Cambridge, MA: The MIT Press, 1995.

[27] Noah E. Friedkin. *A Structural Theory of Social Influence*. Cambridge, England: Cambridge University Press, 1998.

[28] Dov M. Gabbay. *Fibring Logics*. Oxford, England: Clarendon Press, 1998.

[29]  Dov M. Gabbay and Franz Guenthner. *Handbook of Philosophical Logic.* Dordrecht, Netherlands: Springer, 1983.

[30]  Dov M. Gabbay, Christopher John Hogger, and John Alan Robinson. *Handbook of Logic in Artificial Intelligence and Logic Programming.* Oxford, England: Clarendon Press, 1993-1998.

[31]  Kurt Gödel. Über formal unentscheidbare sätze der principia mathematica und ver- wandter Systeme I [on formally undecidable propositions of principia mathematica and related systems]. In Solomon Feferman, John W Dawson, Stephen C Kleene, Gregory H Moore, Robert M Solovay, and Jean van Heijenoort, editors, *Kurt Goedel: Collected works,* volume 1, pages 144–195. Oxford, England: Clarendon Press, 1986. Original work published 1931.

[32]  Joseph Y. Halpern. *Reasoning about Uncertainty.* Cambridge MA: The MIT Press, 2003.

[33]  Joseph Y. Halpern. *Actual Causality.* Cambridge, MA: The MIT Press, 2016.

[34]  Joseph Y. Halpern and Rafael Pass. Iterated regret minimization: A new solution concept. *Games and Economic Behavior,* 74(1):184–207, 2012.

[35]  Joseph Y. Halpern and Leandro C. Rêgo. Reasoning about knowledge of unaware- ness revisited. *Mathematical Social Sciences,* 65(2):73–84, 2013.

[36]  David Harel. *Algorithmics: The Spirit of Computing.* Reading, MA: Addison- Wesley, 1987.

[37]  Paul Harrenstein, Wiebe van der Hoek, John-Jules Meyer, and Cees Witteveen. Boolean games. In Johan van Benthem, editor, *Proceedings of the 8th Conference on Theoretical Aspects of Rationality and Knowledge (TARK2001),* pages 287–298. San Francisco, CA: Morgan Kaufmann, 2001.

[38]  Matthew Harrison-Trainor, Wesley H. Holliday, and Thomas F. Icard. Inferring probability comparisons. *Mathematical Social Sciences,* 91:62–70, 2018.

[39]  John Haugeland. *Mind Design II: Philosophy, Psychology, Artificial Intelligence.* Cambridge, MA: The MIT Press, 1997.

[40]  Jaakko Hintikka. *Logic, Language-games and Information, Kantian Themes in the Philosophy of Logic.* Oxford, England: Clarendon Press, 1973.

[41] Wilfrid Hodges and Jouko Väänänen. Logic and Games. In Edward N. Zalta, editor, *The Stanford Encyclopedia of Philosophy*. Metaphysics Research Lab, Stanford University, Fall 2019 edition, 2019.

[42] John F. Horty. *Reasons as Defaults*. Oxford: Oxford University Press, 2012.

[43] Duligur Ibeling and Thomas F. Icard. On the conditional logic of simulation models. In *Proceedings of the 27th International Joint Conference on Artificial Intelligence (IJCAI2018)*, pages 1868–1874, Stockholm, Sweden, 2018. AAAI Press.

[44] Alistair M.C. Isaac, Jakub Szymanik, and Rineke Verbrugge. Logic and complexity in cognitive science. In Alexandru Baltag and Sonja Smets, editors, *Johan van Benthem on logic and information dynamics*, pages 787–824. Cham, Switzerland: Springer, 2014.

[45] John D. Kelleher, Brian Mac Namee, and Aoife D'Arcy. *Fundamentals of Machine Learning for Predictive Data Analytics: Algorithms, Worked Examples, and Case Studies*. Cambridge, MA: The MIT Press, 2015.

[46] Kevin T. Kelly. *The Logic of Reliable Inquiry*. New York; Oxford: Oxford University Press, 1996.

[47] Dominik Klein and Rasmus K. Rendsvig. Convergence, continuity and recurrence in dynamic epistemic logic. In Alexandru Baltag, Jeremy Seligman, and Tomoyuki Yamada, editors, *Porceedings of LORI 2017*, pages 108–122. Berlin, Germany: Springer, 2017.

[48] William Calvert Kneale and Martha Kneale. *The Development of Logic*. Oxford, England: Clarendon Press, 1962.

[49] Philip Kremer and Grigori Mints. Dynamic topological logic. *Annals of Pure and Applied Logic*, 131(1-3):133–158, 2005.

[50] Hannes Leitgeb. *Inference on the Low Level: An Investigation into Deduction, Nonmonotonic Reasoning, and the Philosophy of Cognition*. Dordrecht, Netherlands: Kluwer, 2004.

[51] Hannes Leitgeb. *The Stability of Belief: How Rational Belief Coheres with Probability*. Oxford: Oxford University Press, 2017.

[52] Fenrong Liu. *Reasoning about Preference Dynamics*, volume 354 of *Synthese Library*. Springer, 2011.

[53] Fenrong Liu, Jermey Seligman, and Patrick Girard. Logical dynamics of belief change in the community. *Synthese*, 191:2403–2431, 2014.

[54] Emiliano Lorini. In praise of belief bases: Doing epistemic logic without possible worlds. In Sheila A McIlraith and Kilian Q Weinberger, editors, *Proceedings of the thirty-second AAAI Conference on Artificial Intelligence*, pages 1915–1922. Palo Alto, CA: AAAI Press, 2018.

[55] Noam Nisan, Tim Roughgarden, Eva Tardos, and Vijay V Vazirani. *Algorithmic Game Theory*. Cambridge, England: Cambridge University Press, 2007.

[56] Hidetoshi Nishimori. *Statistical Physics of Spin Glasses and Information Processing: An Introduction*. Oxford: Oxford University Press, 2001.

[57] Christos H. Papadimitriou. *Computational Complexity*. Reading, MA: Addison-Wesley, 1994.

[58] Rohit Parikh and Ramaswamy Ramanujam. A knowledge based semantics of messages. *Journal of Logic, Language and Information*, 12(4):453–467, 2003.

[59] Judea Pearl. *Causality: Models, Reasoning and Inference*. Cambridge, England: Cambridge University press, 2000.

[60] Karl Popper. *Conjectures and Refutations: The Growth of Scientific Knowledge*. London, England: Routledge, 1963.

[61] David Premack and Guy Woodruff. Does the chimpanzee have a theory of mind? *Behavioral and brain sciences*, 1(4):515–526, 1978.

[62] Anand S. Rao and Michael P. Georgeff. Modeling rational agents within a bdi-architecture. In James Allen, Ronald J. Brachman, Erik Sandewall, Hector J. Levesque, Ray Reiter, and Richard Fikes, editors, *Proceedings of the 2nd International Conference on Principles of Knowledge Representation and Reasoning*, pages 473–484. San Francisco, CA: Morgan Kaufmann, 1991.

[63] Greg Restall. *An Introduction to Substructural Logics*. London, England: Routledge, 2000.

[64] Stuart Russell and Peter Norvig. *Artificial Intelligence: A Modern Approach (3rd ed.)*. Upper Saddle River, NJ: Prentice Hall, 1994.

[65] Yoav Shoham and Kevi Leyton-Brown. *Multiagent Systems: Algorithmic, Game Theoretic and Logical Foundations*. Cambridge, England: Cambridge University Press, 2008.

[66] Brian Skyrms. *Signals: Evolution, Learning, and Information*. Oxford: Oxford University Press, 2010.

[67] John Maynard Smith. *Evolution and the Theory of Games*. Cambridge, England: Cambridge University Press, 1982.

[68] Keith Stenning and Michiel van Lambalgen. *Human Reasoning and Cognitive Science*. Cambridge, MA: The MIT Press, 2012.

[69] William Talbott. Bayesian Epistemology. In Edward N. Zalta, editor, *The Stanford Encyclopedia of Philosophy*. Metaphysics Research Lab, Stanford University, Winter 2016 edition, 2016.

[70] Alan Mathison Turing. On computable numbers, with an application to the entscheidungsproblem. *Proceedings of the London Mathematical Society*, 42:230–265, 1936.

[71] Alan Mathison Turing. Computing machinery and intelligence. *Mind*, 59(236):433–460, 1950.

[72] Johan van Benthem. *Logical Dynamics of Information and Interaction*. Cambridge, England: Cambridge University Press, 2011.

[73] Johan van Benthem. *Logic in Games*. Cambridge, MA: The MIT Press, 2014.

[74] Johan van Benthem. Computation as social agency: What, how and who. *Information and Computation*, 261(3):519–535, 2018.

[75] Johan van Benthem. Implicit and explicit stances in logic. *Journal of Philosophical Logic*, 48(3):571–601, 2019.

[76] Johan van Benthem and Dominik Klein. Logics for analyzing games. *The Stanford Encyclopedia of Philosophy*, 2020. https://plato.stanford.edu/archives/sum2020/entries/logics-for-games/.

[77] Johan van Benthem and Fenrong Liu. Interaction between graph game design and modal logics. *Journal of Tsinghua University (Philosophy and Social Sciences) in Chinese*, 34(2):131–139, 2019.

[78]  Johan van Benthem and Eric Pacuit. Dynamic logics of evidence-based beliefs. *Studia Logica*, 99(1-3):61–92, 2011.

[79]  Johan van Benthem and Sonja Smets. Dynamic logics of belief change. In Hans van Ditmarsch, Joseph Halpern, Wiebe van der Hoek, and Barteld Kooi, editors, *Handbook of Epistemic Logic*, pages 313–393. London: College Publications, 2015.

[80]  Hans van Ditmarsch, Wiebe van der Hoek, and Barteld Kooi. *Dynamic Epistemic Logic*. Berlin: Springer, 2007.

[81]  Frank van Harmelen, Vladimir Lifschitz, and Bruce Porter. *Handbook of Knowledge Representation*. Amsterdam, Netherlands: Elsevier, 2008.

[82]  Robert van Rooij and Katrin Schulz. Conditionals, causality and conditional probability. *Journal of Logic, Language and Information*, 28(1):55–71, 2019.

[83]  Hao Wang. *A Logical Journey: From Gödel to Philosophy*. Cambridge, MA: The MIT Press, 1996.

[84]  Michael Wooldridge. *Reasoning about Rational Agents*. Cambridge, MA: The MIT Press, 2000.

[85]  Michael Wooldridge. *An Introduction to Multiagent Systems (2nd ed.)*. Chichester, England: John Wiley & Sons Ltd., 2009.

[86]  Michael Wooldridge. *Reasoning about Rational Agents*. Cambridge, MA: The MIT Press, 2010.

[87]  Tomoyuki Yamada. Logical dynamics of some speech acts that affect obligations and preferences. *Synthese*, 165(2):295–315, 2008.

# 第11章　社会网络逻辑十年简史*

## 11.1　社会网络逻辑研究的开始

2010 年，奥克兰大学的逻辑学家谢立民在清华大学度过了两个月的学术休假。期间，他讲授了一门关于"情境理论和渠道理论"的短期课程，并与笔者进行了几次研究讨论。我们俩的背景有些类似，都受到了现代逻辑的教育，却对中国哲学有着浓厚的兴趣。当时，我们提出的问题是：我们能否建立一个刻画中国传统推理特征的逻辑呢？换言之，我们能否将中国哲学的一些有趣概念融入现代逻辑的研究议程之中呢？例如，儒家对社会角色、社会关系和等级制度等问题有着非常深刻的思想，而这些思想也影响了中国人很多年，在人们的推理和社会互动中发挥着重要的作用。正是这个动机促成了第一篇合作论文 "Logic in the Community" (文献 [34])。这篇论文的另一个作者是谢立民在奥克兰的同事吉拉德。吉拉德毕业于斯坦福大学，是范丙申教授的学生，他与笔者的学术友谊在阿姆斯特丹就开始了。

论文 "Logic in the Community" 的行文很像一个研究企划书，阐述了作者们在接下来的几年里想要研究的问题。这篇论文以"关于社会关系的推理"一节开始，其中包含了对这项工作的描述 (p.178)：

> 社群是由扮演社会角色的个体组成、个体被社会关系联系在一起。在社群中，个人会推理彼此的信念、知识和偏好。知识、信念、偏好，甚至是社会关系都在不断变化之中。我们跟踪这些变化的能力也是一个社群的重要组成

---

* 本章部分内容首次发表于：Fenrong Liu and Dazhu Li, Ten-Year History of Social Network Logics in China, *Asian Studies*, 10(2): 121–146, 2022. 此次收录本书时进行了调整和修订。

部分。在过去的 50 年里，关于知识、信念和偏好的推理模式已经得到逻辑学家们的深入研究，但对于社会关系及其影响的推理则很少有学者关注。

从上面的引文已经可以看出社会网络逻辑的研究蓝图。它建立在传统模态逻辑的基础上，但特别关注个体及个体之间的社会关系。除了用于知识、信念和偏好的动态逻辑外，社会网络逻辑引入了第二个维度——社会关系。这篇论文强调了许多有趣的问题，如"脸书好友""跟从专家意见""同辈压力""社群规范"等。它还给出了二维逻辑研究方法的基石：一个维度代表每个人的认知空间：人们认为可能的情况（或"世界"）；另一个维度是每个人所处的社群：其他一些与她们可能有密切或疏远的社会关系的人。

社会网络逻辑（更具体地说，社会认知逻辑）的概述将在 11.2 节中给出。在 11.3 节和 11.4 节中，我们将回顾关于这一逻辑的后续研究。11.5 节将考虑一些密切相关的研究方向，11.6 节将介绍一些受博弈研究所启发的新方向的主要结果。11.7 节，我们将简要讨论社会网络逻辑的国际研究现状并进行总结。

# 11.2 认知逻辑中引入社会维度

认知逻辑在标准命题逻辑中加入了模态算子 $K$，公式 $K\varphi$ 可以解释为"我知道 $\varphi$"或更客观地解释为"$\varphi$ 是知识"。认知逻辑的研究起源于 20 世纪早期卡尔纳普和普莱尔等人的工作，关于认知逻辑的开创性论文由冯瑞赫特于 1951 年完成。认知逻辑在辛提卡的《知识与信念：一个关于这两个概念的逻辑的介绍》(1962) 中第一次以专著的形式进行介绍。关于认知逻辑的大量早期工作集中在关于 $K$ 算子的逻辑有效式上。因为知识蕴涵真，所以公式 $Kp \rightarrow p$ 自然被认为是有效的，但是表示"如果知道一些事情，那么我知道自己知道这些事情"($Kp \rightarrow KKp$) 或"如果不知道一些事情，那么我知道自己不知道这些事情"($\neg Kp \rightarrow K\neg Kp$) 的"自省"原则的有效性相较于"$Kp \rightarrow p$"存在更多的争议。信念算子 $B$ 与 $K$ 算子相似，二者可以自然地用不同的逻辑性质进行区分。

在 20 世纪 80 年代和 90 年代，人们对认知逻辑的兴趣日渐浓厚，这在很大程度上是因为它与计算机科学以及软件中的知识表示相关。一个重要的发展是给认知算子增加知道者名字的索引[①]：$K_a\varphi$ 被解释为 "$a$ 知道 $\varphi$"。由于在计算机系统中的应用，知道的人一般被称为 "主体"（agent），我们将在下文采用这个术语。

认知逻辑的公式的意义可以用可能世界语义学给出，点集（世界集）$W$ 表示相关事实的不同状态，这些事实可以是关于对象的客观事实和属性，也可以是谁知道什么的认知事实。这种表示通过一个将命题变元映射到 $W$ 子集的函数 $V$ 实现，$W$ 的点之间的二元关系用 $R$ 来表示。$V(p)$ 被解释为 $p$ 为真的世界的集合，而 $Ruv$ 被解释为在世界 $u$ 中，主体在认知上还没有排除 $v$ 是一种可能性。换句话说，主体不知道她是在世界 $u$ 还是在世界 $v$（或与 $u$ 存在 $R$ 关系的任何其他世界）。这些元素共同构成了一个认知模型 $\mathfrak{M} = \langle W, R, V \rangle$。通常，我们会对 $R$ 关系设定进一步的约束：自反性、传递性、对称性等。模型、世界与公式之间的一个可满足关系可被递归定义为：

$$\mathfrak{M}, w \models p \qquad \text{当且仅当} \quad w \in V(p),$$

$$\mathfrak{M}, w \models \neg\varphi \qquad \text{当且仅当} \quad \mathfrak{M}, w \not\models \varphi,$$

$$\mathfrak{M}, w \models \varphi \wedge \psi \quad \text{当且仅当} \quad \mathfrak{M}, w \models \varphi \text{ 且 } \mathfrak{M}, w \models \psi,$$

$$\mathfrak{M}, w \models K\varphi \qquad \text{当且仅当} \quad \text{如果 } Rwv，\text{那么 } \mathfrak{M}, v \models \varphi。$$

这里 $\mathfrak{M}, w \models \varphi$ 读作 "在 $\mathfrak{M}$ 中 $w$ 满足 $\varphi$"，意思是 $\varphi$ 表达了一个在模型 $\mathfrak{M}$ 中的世界 $w$ 上为真的命题。例如，如果 $\mathfrak{M}, w \models p \wedge \neg Kp$，那么在世界 $w$ 上，$p$ 为真且不知道 $p$ 为真。一个公式是逻辑有效的当且仅当它可以被每个模型的每个世界所满足，这就是要对关系 $R$ 进行限制的原因。例如，为了使 $Kp \rightarrow p$ 在逻辑上有效，关系 $R$ 必须是自反的。这是模态逻辑研究中的基本内容，第 2 章已经介绍了一些基本概念及其性质。

为主体集合中的每个主体 $a$ 分配一个认知算子 $K_a$ 就可以得到 "多主体" 认知逻辑。进而，模型 $\mathfrak{M} = \langle W, R, V \rangle$ 包含了每个主体 $a$ 的关系 $R_a$，可满足关系定义与之前的基本相同：

$$\mathfrak{M}, w \models K_a\varphi \quad \text{当且仅当} \quad \text{如果 } R_awv，\text{那么 } \mathfrak{M}, v \models \varphi。$$

---

① 这里 "索引" 的意思是在认知公式中直接提到主体。

尽管如此，多主体认知逻辑比单主体情形要有趣得多，因为它可以表达"高阶"的认知事实：一个主体知道另一个主体所知道的，或所不知道的。例如，$K_a \neg K_b p$ 表示 $a$ 知道 $b$ 不知道 $p$。此外，通过扩展语言，我们可以推理群体的公共知识（参见文献 [12]），并且，通过添加一系列可以改变模型的"动态"算子，我们可以推理在多种交流行为下知识的改变（例如，文献 [5]）。

社会网络逻辑，特别是论文 [34] 提出的社会认知逻辑一定要在认知逻辑研究的背景下来看。这篇论文的创新之处在于为模型增加了一个维度：社会维度。不同于在世界上对公式赋值，新想法是在由一个世界 $w$ 和一个主体 $a$ 组成的二元组 $(w, a)$ 上对公式赋值。在这个新系统中，一个公式表达了一个"主体索引"命题：$(w, a)$ 满足 $\varphi$ 解释为从主体 $a$ 的角度来看 $\varphi$ 在 $w$ 中为真。例如，用 $p$ 来表示主体索引命题"我处于危险之中"，那么 $(\mathfrak{M}, w, a) \models p$ 被解释为在世界 $w$ 中，主体 $w$ 处于危险之中。因此，前面给出的可满足关系的定义被修改，以适应这种二维框架：

$$\mathfrak{M}, w, a \models p \qquad 当且仅当 \quad (w, a) \in V(p),$$

$$\mathfrak{M}, w, a \models \neg\varphi \qquad 当且仅当 \quad \mathfrak{M}, w, a \not\models \varphi,$$

$$\mathfrak{M}, w, a \models \varphi \wedge \psi \qquad 当且仅当 \quad \mathfrak{M}, w, a \models \varphi 且 \mathfrak{M}, w, a \models \psi,$$

$$\mathfrak{M}, w, a \models K\varphi \qquad 当且仅当 \quad 如果 R_a wv, 那么 \mathfrak{M}, v, a \models \varphi。$$

注意关于 $K$ 算子的最后一条，这里没有必要去对 $K$ 算子进行索引，因为知识对于主体的相对性可以用主体索引命题来体现。

这种逻辑上的转变伴随着对语言的两个主要扩充。第一个是算子 $F$，它对应于主体之间的社会关系 $S$。如文献 [34] 所述，我们将其解释为"朋友"关系，尽管这可以代表任何二元的社会关系，或者人与人之间的任何二元关系（后来的应用包括将 $F$ 解释为"看到"关系）。通过对比下面包含算子 $F$ 公式的解释，我们能够更好地理解算子 $F$ 的意义：如果 $p$ 仍然表示"我处于危险之中"，那么 $KFp$ 说的是我知道我所有的朋友都处于危险之中，而 $FKp$ 表示我所有的朋友都知道他们处于危险之中。$F$ 的德摩根对偶算子（即 $\neg F \neg$）被写成 $\langle F \rangle$，所以 $\langle F \rangle p$ 解释为我有一个朋友处于危险之中。满足关系定义中与 $F$ 对应的那条定义如下：

$$\mathfrak{M}, w, a \models F\varphi \quad 当且仅当 \quad 对每个满足 S_w ab 的主体 b, \mathfrak{M}, w, b \models \varphi。$$

正如所看到的，关系 $S$ 事实上是关系的集合，对 $W$ 中的每个 $w$ 都有关系 $S_w$。这种设置是因为社会事实可能在不同的世界之间有所不同，换句话说，某些社会事实可能被一些主体知道，而其他主体却不知道。

第二个补充部分涉及对主体的指称。在标准认知逻辑中，没有必要区分主体及其名字。事实上，这也是不可能做到的。主体仅在语法上作为 $K$ 算子的索引被表示。在社会认知逻辑的模型中，因为她们是"在模型中"的，所以可以进行区分。因此，该语言被扩充以包含多种处理主体指称的方法。

- 首先，名字 $n$、$m$ 等指称主体，但不一定是严格指称：它们在不同世界中可能指不同的主体，所以允许不知道主体名字的情况出现。事实上，在名字 $n$ 和主体索引命题"我是 $n$"之间并没有什么区别，所以，例如 $\langle F \rangle n$ 解释为 $n$ 是我的朋友。

- 其次，名字可以作为一个新算子的指示词来转换视角：$@_n \varphi$ 表示 $\varphi$ 命题对名字为 $n$ 的主体为真。因此，例如，$@_n Kp$ 说的是主体 $n$ 知道 $p$（与标准认知逻辑中的 $K_n p$ 相同）。

- 最后，变元也可以被用来指称主体，它可以绑定到命题的索引主语上（就像自然语言中的第一人称代词一样）。这可以通过"向下箭头"算子来完成，$\downarrow x.\varphi$ 的解释类似于 $\varphi$，但是 $\varphi$ 中所包含的任何自由变量 $x$ 都表示当前主体的名字。

这三种指称方法都是混合逻辑 (文献 [8]) 的不同变种。我们知道，混合逻辑是模态逻辑的扩展，其最初的想法源于普莱尔，后来在不同方面得到发展，共同产生了一个表达力丰富的语言，可以陈述许多关于主体的社会和认知性质的命题。

有许多方法可以给出混合逻辑的语义，这里我们选择一种相对容易理解的版本。由于主体的名字是一种特殊的命题变元，我们允许赋值 $V$ 对每个名字 $n$ 给出一个世界和主体的二元组，$(w, a) \in V(n)$ 当且仅当名字 $n$ 在世界 $w$ 中指称主体 $a$。换句话说，这里需要对 $V$ 设一个限制，只能有唯一的 $a$ 使得 $(w, a)$ 在 $V(n)$ 中。这样，我们可以给出对名字和 @ 算子的可满足关系定义：

$$\mathfrak{M}, w, a \models n \qquad \text{当且仅当} \quad (w, a) \in V(n),$$
$$\mathfrak{M}, w, a \models @_n \varphi \qquad \text{当且仅当} \quad \text{有唯一的 } b \text{ 使得} (w, b) \in V(n) \text{成立且} \mathfrak{M}, w, b \models \varphi.$$

与一阶逻辑类似，对变元的不同的解释导致公式的不同含义。这里，为了介绍的完整性，我们使用指派函数 $g$ 作为参数来定义可满足关系。赋值函数将主体指派给变元，并且通过 ↓ 算子考虑赋值的变化：

$$\mathfrak{M}, g, w, a \models x \qquad \text{当且仅当} \quad g(x) = a,$$

$$\mathfrak{M}, g, w, a \models\, \downarrow x.\varphi \qquad \text{当且仅当} \quad \mathfrak{M}, g', w, a \models \varphi, \text{其中，如果 } y = x, g'(x) = a;$$

$$\text{否则 } g'(y) = g(y)。$$

以上是文献 [34] 所设想的社会认知逻辑的基本轮廓。关于这个新逻辑的应用领域，我们将在下文中进一步介绍，重点介绍笔者、谢立民、吉拉德和我们的学生对这一逻辑的研究和推进，既包括在中国开展的合作研究成果，也包括中国学生在海外研究的成果。

# 11.3　社会认知逻辑的发展

在 "Logic in the Community" 提出之后，笔者与谢立民和吉拉德继而研究了社会认知逻辑的动态扩展。关于动态的考虑，在以上的论文中已经有简要的讨论。在 2013 年，我们合作的 TARK 会议论文 "Facebook and the Epistemic Logic of Friendship" 又对动态的信息交流进行了深入的研究。在传统的动态认知逻辑中，交流行为被处理成改变认知模型的算子，通常是通过添加和删除可能世界或可能世界之间的 $R$ 关系的边来实现。这可以刻画交流对主体认知状态的影响，不仅意味着接收信息者的认知状态更新，对那些没有接收到信息的主体或只知道部分信息的主体而言，也带来了额外的不确定性。TARK 论文的核心概念是社会宣告。这是一种考虑到交流主体本身的视角的行为，即信息发送者的角度和信息接收者的角度。同时，"朋友" 关系扮演一个信息通道的作用。例如，我可能会告知我的朋友我处于危险之中。这里的索引是关于我的信息（从我的角度来看），发送给我的朋友，她们的知识中更新了关于我的非索引信息（"她处于危险中"）。TARK 论文定义了各种社会宣告，并使用她们在其他场合提出的动态认知逻辑的一般化版本 GDDL 对其进行了建模 (文献 [13])。另外，论文还研究了改变社会关系的算子，例如删除老朋友和添加新朋友。论文讨论了在社会交流中两种常见的动态行为：提问题和回答问题。此外，还讨论了包含索引词的公共知识概念的不同版本。

当时，社会认知逻辑的一些基础工作还有很多开放的问题有待研究。特别是，该逻辑还没有一个完全的公理化。日本北陆先端科学技术大学院大学研究员佐野胜彦在一次访问清华大学的时候，与笔者和谢立民讨论，他表示社会认知逻辑与他自己研究的二维模态逻辑(文献 [32])有很强的联系。他对根岑矢列演算进行扩展，扩展的结果称为"超矢列演算"，进而运用"超矢列演算"为社会认知逻辑（不包含算子↓）提出了一个证明系统，并证明了其完全性。该结果于2017年发表(文献 [33])。克里斯托夫、汉森和普罗耶蒂在2016年发表的论文中为一个相似的逻辑提出了一个表列证明系统。但是通过标准的希尔伯特方法对该逻辑进行公理化的工作由梁真完成。梁真在西南大学获得硕士学位，到奥克兰大学攻读博士，导师是谢立民教授。他对完整的语言（包括↓）进行了公理化，证明了其完全性，这个结果在他2017年的论文(文献 [20])中提出，在他的博士论文(文献 [21])中有详细证明。

我们不在这里详细阐述梁真的证明技术细节，但有必要快速浏览一下文章内容，以了解其与国内其他研究的联系。我们知道，证明模态逻辑公理系统完全性的标准方法是为该语言构建一个"大"模型，通常被称作"典范模型"，所有其他模型要么是它的一部分，要么是从它的一部分中提取出来。正如梁真的博士论文中所解释的，构建社会认知逻辑的典范模型不容易做到。他采用了一种由徐明教授1988年提出的技术方法(文献 [50])。徐明曾使用分阶段"逐步"构建模型的方法证明时态逻辑一些公理系统的完全性，而这种技术对梁真的社会认知逻辑公理化也是适用的，尽管在处理 ↓算子时出现了一些复杂情况。同时，最新的文献表明，通过典范模型方法证明社会认知逻辑的完全性由冈萨雷斯给出（参见文献 [1], [15]）。

梁真的博士论文还包含了社会认知逻辑的一个新应用，其中社会关系 $S$ 被解释为"看到"关系。在这种解释下，我们能对社会环境的有趣问题和场景进行逻辑建模和分析（例如，认知心理学中常见的多数无知现象）。

此外，曾就读于西南大学的熊作军在社会宣告逻辑上也取得了一些进展，他在挪威卑尔根大学阿戈特内斯教授的指导下攻读博士学位。他与阿戈特内斯、谢立民和奥克兰大学另一位博士生祝瑞的合作论文中，研究了任意社会宣告算子 $\langle a \rangle \varphi$ 的逻辑，$\langle a \rangle \varphi$ 解释为主体 $a$ 向所有"朋友"宣告其相信的某事之后，$\varphi$ 成立。这部分的研究成

果在文献 [49] 中发表，后来在他的博士论文中对该部分进行了实质性扩展。另外，在谢立民指导下，祝瑞也在他即将完成的论文中进一步发展了这一逻辑, 见文献 [51]。

## 11.4 从高等理性到低等理性

虽然最初对基于社会关系的逻辑的探索与知识相关，但二维框架同样适用于研究其他认知态度，如信念和偏好。受笔者早期关于偏好动态逻辑 (文献 [23], [24]) 的启发，当梁真还是西南大学硕士生时，就开始运用社会认知逻辑来研究关于偏好的推理，来理解一个广为人知的社会学现象：同辈压力。在谢立民访问西南大学期间，他们合作完成了一篇论文 "A Logical Model of the Dynamics of Peer Pressure"，该论文使用一个对社会关系敏感的偏好动态算子来建模同辈压力。根据"朋友们"的偏好，一个主体会接受更强或更弱的建议。一个关于 $\alpha$ 好于 $\beta$ 的弱建议会使她们失去对 $\beta$ 的任何偏好，但一个强建议会使她们更喜欢 $\alpha$。尽管这些变化在高等理性下能够通过类似 DEL 的方法建立模型，但对模型的分析表明，使用网络自动机更简单、直观。网络自动机是一个社会网络（如下图所示），每个节点上运行一个有限状态机 (文献 [22], p.282-283)：

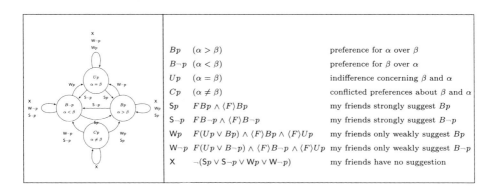

| $Bp$ | $(\alpha > \beta)$ | preference for $\alpha$ over $\beta$ |
| --- | --- | --- |
| $B\neg p$ | $(\alpha < \beta)$ | preference for $\beta$ over $\alpha$ |
| $Up$ | $(\alpha = \beta)$ | indifference concerning $\beta$ and $\alpha$ |
| $Cp$ | $(\alpha \neq \beta)$ | conflicted preferences about $\beta$ and $\alpha$ |
| $Sp$ | $FBp \wedge \langle F \rangle Bp$ | my friends strongly suggest $Bp$ |
| $S\neg p$ | $FB\neg p \wedge \langle F \rangle B\neg p$ | my friends strongly suggest $B\neg p$ |
| $Wp$ | $F(Up \vee Bp) \wedge \langle F \rangle Bp \wedge \langle F \rangle Up$ | my friends only weakly suggest $Bp$ |
| $W\neg p$ | $F(Up \vee B\neg p) \wedge \langle F \rangle B\neg p \wedge \langle F \rangle Up$ | my friends only weakly suggest $B\neg p$ |
| $X$ | $\neg(Sp \vee S\neg p \vee Wp \vee W\neg p)$ | my friends have no suggestion |

使用网络自动机模型研究社会现象的有利之处在于，可以分析社会行为变化的渐近模式，譬如，主体的偏好变化最终会稳定还是分裂，抑或是进入某种振荡模式。他们的论文提供了分析的实例。

不久之后，网络自动机的方法被用于对信念变化的研究，信念在社会影响下发生变化与偏好的变化类似。在 "Logical Dynamics of Belief Change in the Community"（文献 [26]）一文中，笔者、吉拉德和谢立民使用图中所示的自动机来描述对信念的强影响和弱影响的动态变化。$Wp$ 解释为主体受到了弱影响去相信 $p$，$Sp$ 解释为主体受到了强影响去相信 $p$。箭头显示了在什么条件下，它们将从相信 $p$ $(Bp)$ 到不确定是否相信 $p$ $(Up)$，再到相信 $p$ 是假的 $(B\neg p)$。文章讨论了多种影响模式以及这些模式对社会关系的潜在影响。

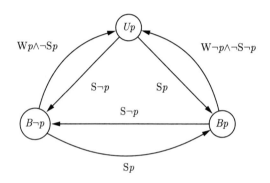

该论文研究的另一个问题是影响的对象。在一种情况下，有对特定意见的具体影响，例如给定命题 $p$ 的真假情况。另一方面，有因为信任度引发的影响，这可能对一个人的信念判断产生很小的影响，但足以使一个人倾向或远离一个特定的信念；或者，也有可能即使是非常大的影响也不足以改变一个人的信念。

使用网络自动机对信念改变的理性行为进行建模，在逻辑学界中引发了一些争议。逻辑学传统上被认为是一门纯粹的规范学科，研究者们通过仔细思考、建立模型，寻找通往真理之路。由网络自动机建立的社会影响模型显然缺乏这种规范功能，至少目前的这些批评都是这样说的。然而，我们生活在社群中，我们的观点深受他人的影响，并非我们所做的每一个决定都完全基于我们所能获得的证据。而且，有些社会影响的传播机制比其他机制更好，或者在规范意义上更好。个人慎思的规范和社会机制之间的对比是斯克姆思所说的"高等"和"低等"理性的一个典型例子（文献 [36]）。在个人心理层面上，我们有能力对这两者都做出反应，而人类的灵活性是，知道什么时候去认真思考，什么时候不需要，这是我们主体性最大的优势之一。卡内曼称这是"慢思维"和"快思维"之间的区别（详见文献 [53]）。第 10 章中也有关于这一问题的讨论。

# 11.5　研究内容的扩展

2017—2020 年期间，社会网络逻辑在中国的进一步研究得到了社科基金的大力支持，该项目的子课题负责人有笔者、范丙申、谢立民、廖备水和刘新文，项目汇聚了大约 25 名国内外研究人员和学生作为参与者，共同解决该领域的各种问题。除了继续先前提出的各种问题外，还提出了一些新的挑战，其中包括如何将社会网络逻辑与博弈联系起来。下一节我们将讨论这些想法。下面我们先回顾其他一些新的研究课题。

从社会情境里证据和信念之间的联系开始，笔者和洛瑞尼在合作论文 "Reasoning about Belief, Evidence and Trust in a Multi-agent Setting"（文献 [25]）中研究主体如何从其他主体那里得到支持给定事实 $\varphi$ 的证据，支持 $\varphi$ 的证据如何成为主体相信 $\varphi$ 的理由。这篇文章提供了证据与主体之间的信任、证据与信念之间相互作用的逻辑。这个新逻辑可以推理主体信念的形成和由于新证据而导致信念的变化。从这个角度看，一个主体是社会性的：她与其他主体有联系，并通过接收来自其他主体的信息且向她们传递信息来进行交流。信任是主体接受其他主体提供信息的必要条件。该逻辑的核心假设是，如果主体要形成一个 "$\varphi$ 为真" 的信念，需要注意以下两个方面：第一，支持 $\varphi$ 的证据数量；第二，支持 $\varphi$ 的证据数量占支持 $\varphi$ 和支持其否定的证据总量的比例。

在标准的多主体认知逻辑中，主体名字被隐含地假定为常识。这是因为在公式 $K_a\varphi$ 中，表示主体 $a$ 知道 $\varphi$，$a$ 是一个严格指示符；它在每个认知选择中都有相同的表示。这在某些社会环境中是不合理的。王彦晶和谢立民就此问题完成了他们的论文 "When Names Are Not Commonly Known: Epistemic Logic with Assignments"，其中他们考虑了以下的有趣场景（文献 [47], 2018, p. 611）：

> 一个风雨交加的夜晚，亚当被袭击并杀害。攻击他的人鲍勃逃跑了，但被一个路人查尔斯看到了，他从头到尾目睹了罪行。这很快导致鲍勃被捕。当地新闻报道了这个故事，这就是戴夫第二天在吃早餐时听到的故事。现在，从某种意义上说，我们可以说查尔斯和戴夫都知道鲍勃杀了亚当。但他们对这

个事实的了解有所不同。虽然查尔斯目睹了犯罪，并能够向警方认出凶手和受害者，但他可能不知道他们的名字。如果被问到"鲍勃杀了亚当了吗?"他可能并不知道。然而，这对于戴夫是一个很容易回答的问题，尽管他不知道亚当和鲍勃是谁，他也不太可能在人群中认出他们。

"查尔斯知道鲍勃杀了亚当"的从物和从言解释在标准认知逻辑中很难区分。这篇文章提出了一种认知的扩展，即使用非严格名字、严格名字、严格变元和赋值算子形式的组合，例如，$[x := a]\varphi$ 解释为在 $x$ 被赋值为名为"$a$"的主体后，$\varphi$ 成立。例如，$[x := b]K_c kill(x, a)$ 解释为查尔斯知道鲍勃杀了亚当，这并不表示查尔斯知道鲍勃是谁。该逻辑的主要的技术结果是对 S5 模型的完全公理化。

石辰威在他最近的论文"Collective Opinion as Tendency Towards Consensus"中研究了社会网络中集体意见的形成。论文引用了伯尼斯 1928 年完成的《舆论》(*Propaganda*，Rountledge) 一书中关于社会影响的内容："我们是被统治的，我们的思想是被塑造的，我们的喜好是被引导形成的，我们的想法是被指引产生的，所有的这些主要是由我们从未听说过的人所影响的。"这篇文章将对作为群体过程的全局视角和局部主体驱动的全局视角进行区分，主要思想可以总结如下:

首先，集体意见存在一种收敛的趋势。该文将这种意见扩散的观点建模为一个马尔可夫过程，并将一个群体的集体观点理解为高概率达成共识。

其次，无论是趋向收敛还是其他结果，一个群体的影响结构（每个群体成员如何受到他人的影响）是长期意见行为的唯一关键决定因素。

文章的主要技术性结果是给出了群体意见收敛的结构性条件。

在《关于社会网络中主体行为的推理和预测》(文献 [52]) 一文中，笔者和谢立民区分了两种社会影响模式:单向影响和相互影响。单向影响模式下，文章表明通过逻辑演算的推导，我们可以预见某些特定行为的扩散模式，因而可以对未来做出预测。在相互影响模式下，文章定义了两个稳定性的概念，具体用于我们想要预测某些行为的传播过程。第一，主体行为稳定性:如果一个主体在任何新的影响下都不会改变行为，那么主体的行为是稳定的。第二，网络稳定性:如果每个主体最终都稳定，网络就会稳定。

社会心理学中有许多分析社会网络的方法，其中之一就是平衡理论。该理论描述了一个有符号标志的社会网络，包含两种关系：正关系（"朋友"）或负关系（"敌人"）。为了将这种网络分析与逻辑研究联系起来，熊作军和阿戈特内斯在他们的论文 "On the Logic of Balance in Social Networks" 中提出一种模态逻辑来推理这种社会网络的结构特性。如果没有长度达到 $n$ 且具有奇数个负关系的循环，则这个社会网络在 $n$ 度上是平衡的。他们对所有连通的平衡社会网络（每个人都与其他所有人相连的网络）给出了完全公理化，参见文献 [48]。

在同一方向，王轶与他的合作者范德胡克和奎尔研究了社会网络逻辑及其与平衡理论的联系。他们在论文 "Who Should Be My Friends? Social Balance from the Perspective of Game Theory"（文献 [46]）中，定义了平衡博弈，描述了社会网络中友谊和敌意的形成。他们得出的有趣结果是，如果主体重视长期收益，所有帕累托最优策略最终都会产生一个平衡网络，如果他们优先考虑短期收益而不是长期收益，每个纳什均衡最终都会导致一个可能不平衡的稳定网络。在他们合作的另一篇论文 "Logics of Allies and Enemies: A Formal Approach to the Dynamics of Social Balance Theory"（文献 [45]）中，将社会平衡理论与时间逻辑相结合，得到了盟友和敌人的逻辑 (LAE)，LAE 可以描述由于社会压力而导致的社会网络的动态变化。他们也证明了 LAE 的模型检测和有效性检测都是 PSPACE-完全的。

# 11.6　图博弈逻辑

2017 年，范丙申、谢立民、魏达格和司马亭被聘用为清华金岳霖讲席教授。他们每年都会到清华访问 2~3 个月，讲授课程，与同事开展合作。设立这一职位的目的是加强清华的逻辑研究，发扬清华先驱哲学家、逻辑学家金岳霖所开创的传统。2017 年秋天，范丙申和笔者合作讲授了一门短期课程，尝试使用图博弈对社会互动问题展开研究，其中的开创性想法之一是利用范丙申早些时候提出的破坏博弈（文献 [41], p. 477-485）：

**定义 1（破坏博弈）**　破坏博弈在图上进行，包含起始节点和目标节点或目标区域：每一轮，破坏者首先在图中的任何位置切断一个边，然后另一个玩家（旅行者）沿着她站立的地方仍然可用的一条边进行移动。如果到达目标节点，则旅行者获胜；如果该情况没有发生，并且旅行者无法再移动，破坏者获胜。

在迄今为止的研究讨论中，社会网络一直处于中心地位，其被明确地建模为一组主体和一个或多个社会关系。这些网络的图形结构显然可以通过模态逻辑进行研究。因此，这里需要强调的是，我们可以使用模态逻辑研究任何"图博弈"的图形，并可以定义算子来刻画玩家可以采取的行为，这些行为导致它们状态的变化。事实上，在 2005 年，范丙申已经在他的论文 "An Essay on Sabotage and Obstruction" 中提出了蓄意破坏博弈的模态逻辑 (SML)。SML 在标准模态语言基础上附加了切割边的模态算子 $\blacklozenge$：$\Diamond\varphi$ 解释为"旅行者能够移动到 $\varphi$ 的节点"，而 $\blacklozenge\varphi$ 解释为"存在一条边在破坏者切断它后满足 $\varphi$"。论文使用这个语言分析了蓄意破坏博弈，并研究了包含两个玩家的图变化的推理。

在清华的短期课程中，范丙申和笔者介绍了各种新的图博弈，并首次尝试将它们与模态逻辑和动态逻辑联系起来。这个想法促成了论文 "Graph Games and Logic Design"（文献 [43]）。这篇论文提出了使用逻辑语言作为分析博弈的工具和设计新博弈的方法。文章讨论了一系列不同类型的图博弈：旅行博弈、蓄意破坏博弈、相遇/回避博弈和占领博弈，还提出了博弈规则的一些参数，具体分为两个层次：博弈结构（移动方式、回合、目标）和图结构（进行博弈的棋盘）。关于移动方式，可以做出以下区分，以破坏博弈为例 (文献 [43], p. 136)。

- 局部与全局移动：玩家是在图中局部移动（比如破坏博弈中的旅行者），还是可以随机移动（比如破坏博弈中的破坏者）。

- 任意移动和可定义的移动：破坏者可以切断任何边还是必须遵循一些明确的定义呢？

- 分步移动和统一移动：在每一轮中，破坏者是切断一条边还是多个统一定义的边呢？

- 玩家可以停留在一个图中，或者还是可以跳转到一个改变过的图中呢？

关于博弈输赢条件的规定，也有不同的可能性：

第一，目标区域是玩家必须避免或想要进入的区域。这相当于指定了图中特定节点的一个一元属性。

第二,纠缠目标是由两个玩家的位置之间的二元关系所定义的,比如在相遇/回避博弈中,如果一个玩家与另一个玩家相遇,那么这个玩家输了(另一个玩家赢了)。在这种情况下,二元关系是同一关系。

第三,最后甚至可能有更高层次的程序性目标,不仅与玩家的位置有关,而且与玩家的旅行方式有关。

随后,包括清华大学的李大柱、斯坦福大学的米尔泽夫斯基和布兰多在内的多位研究人员对这些博弈的类型和设计参数进行了深入研究。接下来,主要回顾李大柱博士在清华大学—阿姆斯特丹大学逻辑联合研究中心的巴塔格、范丙申及笔者指导下的工作。

### 11.6.1　图博弈中可定义的边切断

在我们所看到的蓄意破坏博弈中,破坏者每次任意选择一条边切断,这种切断的方式是全局性的。这两个方面可以作为参数来帮忙我们设计新的博弈,并对其加以研究。李大柱的论文 "Losing Connection: The Modal Logic of Definable Link Deletion" (文献 [17]) 正是以此为切入点的。文章研究了那些以局部和可定义的方式切断边的蓄意破坏博弈,提出了一种可定义的蓄意破坏模态逻辑 $(S_dML)$,该方法利用切断边算子 $[-\varphi]\psi$ 扩展了标准模态逻辑。$[-\varphi]\psi$ 被解释为"破坏者切断旅行者当前位置的 $\varphi$-边后,$\psi$ 成立"。为了说明,考虑以下例子 (p. 718):

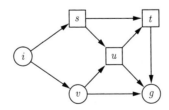

在上图中,两种形状,即正方形和圆形分别表示节点的两种不同的原子属性。旅行者的起始节点是 $i$,她的目标节点是 $t$ 和 $g$。假设原子命题 $p$ 和 $q$ 分别是用圆形和正方形表示的属性。我们可以用逻辑 $S_dML$ 的公式来表示博弈的事实。例如,"在破坏者切断从 $v$ 到任何圆形节点(这里只有 $g$)的边之后,旅行者仍然可以移动到一个正方形节点(这里是 $u$)"可以表示为公式 $[-p]\Diamond q$ 在 $v$ 处为真。此外,$S_dML$-公式还可以描述玩家的获胜策略。考虑下面的公式 $[-p]\Box[-q]\Box\bot$，它表示破坏者可以通过在第一轮切断旅行者的位置到圆形节点的边，并在第二轮切断指向正方形节点的边，从而成功阻止旅行者。

新语言可以定义许多在基本模态逻辑中无法定义的复杂属性，但同时这会导致计算复杂度的急剧增加。这篇论文证明 $S_dML$ 不具有树模型性质或有穷模型性质，并且其可满足性问题是不可判定的。尽管这个新逻辑与基本模态逻辑相比没有增加多少内容，与边切断的语义相似的动态认知逻辑的可判定性相比 (文献 [42])，$S_dML$ 的高度复杂性令人惊讶，文献 [17] 将其原因归结为更新算子的局部性。

局部性也引发了另一个问题。在 DEL 及其扩展中，通常可以获得一整套的归约公理。这些归约公理是具有 $AB\varphi \leftrightarrow BA\varphi$ 形式的等价公式，其中 $A$ 是动态算子，$B$ 是语言中的其他算子（在右侧可能还需要一些额外的没有 $B$ 的组成部分）。这通常允许从任何公式中递归删除 $A$，因此表明每个具有 $A$ 的公式都等价于没有它的公式，从而由没有 $A$ 算子逻辑的完全性来证明包含 $A$ 算子逻辑的完全性。但是考虑公式 $[-\varphi]\Box\psi$：将 $[-\varphi]$ 放入 $\Box$ 的辖域后，模型变化不再是局部的，会造成公式求值时引用节点的丢失。解决此问题的一个想法是使用混合逻辑运算符扩展该语言。文献 [17] 表明，$S_dML$ 可以嵌入带有名字、索引算子 @ 和箭头算子 ↓ 的混合逻辑中，但是，为混合逻辑运算符扩展 $S_dML$ 的逻辑找到一整套归约公理的问题仍然尚待解决。

### 11.6.2 监督学习博弈

图博弈也可以用来分析学与教的场景，考虑两个主体分别为学生和教师。事实上，学习的过程具有类似博弈的特点，因为老师常常要纠正学生的错误，以确保他们在未来避免再犯这些错误。李大柱、巴塔格和杨明娜在他们的 LORI 论文 "On the Right Path: A Modal Logic for Supervised Learning" (文献 [3]) 中研究了师生互动的特征。这篇论文后被扩展并收集在李大柱的学位论文 "Formal Threads in the Social Fabric: Studies in the Logical Dynamics of Multi-Agent Interaction" (文献 [18]) 中。以下是老师 (T) 和试图完成逻辑证明的学生 (L) 之间的对话 (文献 [18], p. 6-7)。

**例 1**　在检查完学生写的证明之后，老师开始说：

$T$：你还没有证明这个定理。

$L$：为什么？我从公理开始，一步一步证明了几个引理，最后得到了这个定理的证明。

$T$：你的最后一步证明的定理是正确的，但你实际上是偶然到达那里的，因为你的证明中从引理 $\alpha$ 到引理 $\beta$ 的推理是错误的。

$L$：啊！我知道了，那么我在 $\beta$ 步之后的步骤就没有意义了。但是，我尝试从 $\alpha$ 证明新的引理 $\gamma$ 如何？现在我想可以得到这个定理了。

$T$：唉，一个潜在的错误是 $\gamma$ 也不能从 $\alpha$ 推导出来。实际上，你没有想到另一个可以从 $\alpha$ 推出的引理 $\delta$。我相信你也许可以用它来证明这个定理。

$L$：谢谢！您说得对！现在我要用 $\delta$ 找到正确的证明。

这段对话表现了学习过程中几个有趣的方面。第一，存在不同种类的错误：实际犯的错误，以及需要避免的潜在错误。为了区分它们，我们需要知道学生是如何到达当前的位置的：历史很关键。老师指出学生实际犯的错误是一种修改学生的推理历史的行为（并根据对历史的怀疑进行所有进一步的动作），同时，消除潜在的错误会从当前点开始影响未来。第二，老师指出一个实际的错误，即删除了该步骤之后的整个实际历史，将学生重置到错误前的最后一个位置。老师还可能会给学生指出一些被他所忽视的事实。就抽象的博弈设计而言，这需要一个超强的老师：老师应该能够在图上增加边。第三，即使到达了目标区域，学生也可能不会赢，因为目标区域应该以正确的方式到达。

为了捕捉交互作用的这些特征，LORI 论文 (文献 [3], p. 3) 定义了监督学习博弈 (SLG)：

**定义 2（监督学习博弈）**　监督学习博弈是在一个有 $R_L$ 和 $R_T$ 关系的图上进行的（分别代表学生推理过程的推论和老师观察到的正确推论），包含一个起始节点 $s$ 和一个目标节点 $g$。每一轮中，学生沿着 $R_L$-边从她当前的位置 $t$ 移动到 $u$，同时，学生运动的新历史用 $(s, \cdots, t, u)$ 来替换 $(s, \cdots, t)$。然后，老师什么都不做或采取以下三个行动之一：

（a）将一条尚未添加到 $R_L$ 中的 $R_T$-边添加到 $R_L$ 中；

（b）从序列 $(s, \cdots, t, u)$ 中选择一个不是 $R_T$-边的 $R_L$-边 $(a, b)$，并删除该步骤之后的整个实际历史，将学生重置到该步骤之前的最后一点，我们通常使用 $(s, \cdots, t, u)|(a, b)$ 来表示此操作；

（c）删除一个不是 $R_T$ 且不出现在序列 $(s, \cdots, t, u)$ 中的 $R_L$-边。如果学习者通过序列的每个边都是 $R_T$-边的 $R_T$-路径 $(s, \cdots, g)$，那么学生赢，如果学生不能再移动，那么学生输。

需要注意的是，该博弈并不是零和的：学生和老师都有相同的目标。这篇文章提出了一种监督学习逻辑 (LSL)。模型是包含 $R_L$ 和 $R_T$ 两种关系的图，还有一个赋值函数。公式在节点序列上进行赋值，每个节点序列代表一个学习过程。(b) 和 (c) 类型的行为由两个算子表示：$\langle - \rangle_{on} \varphi$ 解释为"删除当前序列中的一个错误后 $\varphi$ 成立"，$\langle - \rangle_{off} \varphi$ 解释为"删除不在路径上的错误后 $\varphi$ 成立"。此外，$\langle + \rangle \varphi$ 也被用于表达 (a) 类型的行为。从这个语义中可以看出，这个逻辑可以定义玩家在有穷博弈中的行动和获胜位置。该工作的后续论文 [4] 给出了 LSL 的更多技术性成果。

### 11.6.3　捉迷藏博弈的逻辑

范丙申和笔者在论文 [43] 中介绍了我们从小就很熟悉的博弈：捉迷藏。把捉迷藏看作一个图博弈，两个玩家的获胜目标纠缠在一起，搜寻者试图找到躲藏者，而躲藏者试图避开搜寻者。2021 年，李大柱、高希、笔者、涂雅欣在 WoLLIC 国际会议发表的论文 "On the Subtle Nature of a Simple Logic of the Hide and Seek Game"（文献 [19]，p. 201）中对捉迷藏博弈进行了深入研究，文章对该博弈的定义如下：

**定义 3**（捉迷藏博弈）　给定一个图，两个玩家躲藏者和搜寻者位于两个不同的节点上。每一轮躲藏者和搜寻者依次沿着一条有向边移动。搜寻者的目标是遇见躲藏者，而躲藏者的目标是避开搜寻者。此外，一旦一个玩家被卡住，另一个玩家就会立即获胜。

用来研究这些博弈的 LHS 语言是基于两个不相交的命题变元集 $P_H$ 和 $P_S$，它们分别表示了躲藏者和搜寻者当前位置的属性。此外，该语言包含两个模态词 $H$ 和

$S$ 来分别描述躲藏者和搜寻者的动作（和通常一样，$\langle H \rangle$ 和 $\langle S \rangle$ 是对偶算子）。此外，该语言的一个关键组成部分是命题常项 $I$，表示"两个玩家处于同一位置"，即搜寻者已经抓住了躲藏者。

公式在一对分别表示躲藏者和搜寻者位置的图节点 $(h, s)$ 上进行赋值。$P_H$ 中的命题变元在左侧节点 $(h)$ 上进行真假判断，$P_S$ 中的命题变元在右侧节点 $(s)$ 进行真假判断。只有当两点相同时 $(h = s)$ 才满足常项 $I$。一些有效式的例子如下：

$$\langle H \rangle (I \wedge \varphi) \rightarrow H(I \rightarrow \varphi)$$

$$\langle S \rangle (I \wedge \varphi) \rightarrow S(I \rightarrow \varphi)$$

$$I \rightarrow (\langle H \rangle \top \leftrightarrow \langle S \rangle \top)$$

$$I \rightarrow (S\langle H \rangle I \wedge H\langle S \rangle I)$$

该语义的一个特征是在有序对 $(s, t)$ 的两点之间存在一个"赋值差距"。当考虑 $s$ 的原子属性时，该语言只能使用 $P_H$ 中的变元，而不能使用 $P_S$ 中的变元。这就导致了 LHS 的一些有趣的特性。虽然在语法上与基本模态逻辑相似，但在表达力方面本质上是不可比较的（这可以通过给出一个互模拟概念合适的变体来证明）。

常项 $I$ 也有一些不那么明显的逻辑属性。首先，从公式 $I \wedge \langle H \rangle I$ 中可以很容易地看出该逻辑没有树模型性质：任何满足这个公式的模型都必须包含一个循环。论文进一步表明逻辑 LHS 不具有有穷模型性质，其可满足性问题是不可判定的。作者们还注意到，引入 $I$ 导致逻辑语言的复杂性升高与在其他逻辑中引入等词的情况类似。这里的其他逻辑包括戈德法布 1984 年的论文 [14] 中的哥德尔类，巴塔格和范丙申的函数依赖逻辑 (文献 [6])。

# 11.7 结 语

我们这里关注的主要是社会网络逻辑在中国的研究历史，因此重点放在了中国学者们的工作，以及他们与奥克兰大学、阿姆斯特丹大学同行的合作成果。但是学术世界的思想是开放的，这个领域不断涌现出新的成果。就博士论文而言，除了梁真、熊作军和李大柱的论文外，还有两篇博士论文也属于这个领域：2016 年，阿姆斯特丹大学逻辑、语言和计算研究所的克里斯托夫完成了她的博士论文 "Dynamic Logics of Networks: Information Flow and the Spread of Opinion"；2017年，纽约市立大学研究生院的薛韫琦完成了她的博士论文 "In Search of Homo Sociologicus"。司麦慈和她在阿姆斯特丹的团队一直是社会网络逻辑发展的重要力量，她通过对社会现象的研究使社会网络逻辑与社会科学建立起联系，例如，信息流模型 (文献 [2])，以及关于回声室 (文献 [28]) 和极化现象 (文献 [29]) 的研究。司麦慈和委拉斯开兹-克萨达研究了社会群体产生的逻辑特征，其中提出了一种阈值方法来模拟网络创建，其主要思想是主体会将某人添加到她的社会网络中，当且仅当，她们之间的距离小于或等于给定阈值（参见文献 [37], [38]）。另一个值得一提的是阮吉和蒂舍尔在2011年的早期工作 (文献 [31])，他们在 DEL 的基础上增加新的"关注"和"取关"动态算子，并将其应用于分析众所周知的"上街革命或待在家里"的问题，其中社会网络在主体的知识获取和决策中发挥着重要作用。2015年，范丙申在论文 (文献 [40]) 中讨论了不动点逻辑、模态逻辑和一阶逻辑如何描述社会网络中的各种动态极限行为，包括收敛、振荡和发散。克里斯托夫等人的论文 (文献 [11]) 引入了反思性社会影响的新概念，并提出了一个形式的逻辑框架，用于在社会影响下推理私人意见和公共行为。伦兹维格在2017年的工作 (文献 [30]) 中，表明网络自动机中的更新机制可以使用 DEL 中的行为模型来模拟，并确定了一类行为模型，来刻画图上的最佳动态反应。2017 年，克里斯托夫和格罗西在论文 (文献 [10]) 中根据邻域结构给出了扩散稳定性的特征，并展示了单调 $\mu$-演算如何表达其相关属性。莫里森和瑙莫夫在2020年提出了一种新的逻辑系统来研究主体符合其所属的多个社会群体而不是一组同辈的情况，并提出了网络的拓扑结构 (文献 [27])。在图博弈逻辑领域，格罗西和雷伊在2019年的论文 (文献 [16]) 中提出了一种投毒模态逻辑来描述博弈中的获胜位置，并将其与论证理论中的轻信可接受集的概念和图论中的非平凡半核概念联系起来。布兰多等人在论文 (文献 [9]) 中使用三种模态记忆逻辑变体系统地研究了投毒博弈，并比较了它们的表达能力。2020年，范丙申等人提出了一种从图中删除节点的逻辑并研究了其逻辑属性 (文献 [44])。2015年，谢立民和汤普森将博弈论方法应用于网络自动机 (文献 [35])，并且汤普森在2020年的工作中将其扩展到纳什均衡的逻辑表征 (文献 [39])。显然，该领域目前正在蓬勃发展，发生的事情远比我们意识到的要多。

通过对国内社会网络逻辑十年发展史的简要梳理，我们希望展示对生活的社会方面进行推理的逻辑视角是很有吸引力的。回到最初启发这个研究方向的中国哲学，我们的旅程才刚刚开始，我们刚刚开始对社会关系和社会互动有一个较为清晰的认识。毫无疑问，这种逻辑研究为进一步分析更复杂的社会现象奠定了坚实的基础。展望未来，从中国哲学中吸纳更具体的思想肯定会丰富现有的社会网络逻辑方法，并最终可能会捕捉到我们对社会推理的更多微妙之处。我们仍然在路上。

# 参 考 文 献

[1] Philippe Balbiani and Saúl Fernández González. Indexed frames and hybrid logics. In Nicola Olivetti, Rineke Verbrugge, Sara Negri, and Gabriel Sandu, editors, *13th Conference on Advances in Modal Logic, AiML 2020, Helsinki, Finland, August 24-28, 2020*, pages 53–72. London: College Publications, 2020.

[2] Alexandru Baltag, Zoé Christoff, Jens U. Hansen, and Sonja Smets. Logical models of informational cascades. In J. van Benthem and F. Liu, editors, *Logic across the University: Foundations and Applications*, pages 405–432. London: College Publications, 2013.

[3] Alexandru Baltag, Dazhu Li, and Mina Young Pedersen. On the right path: A modal logic for supervised learning. In Patrick Blackburn, Emiliano Lorini, and Meiyun Guo, editors, *Proceedings of LORI 2019*, volume 11813 of *LNCS*, pages 1–14. Berlin: Springer, 2019.

[4] Alexandru Baltag, Dazhu Li, and Mina Young Pedersen. A modal logic for supervised learning. *Journal of Logic, Language and Information*, 31(2):213–234, 2022.

[5] Alexandru Baltag, Lawrence S. Moss, and Sławomir Solecki. The logic of common knowledge, public announcements, and private suspicions. In I. Gilboa, editor, *Proceedings of the 7th Conference on Theoretical Aspects of Rationality and Knowledge (TARK 98)*, pages 43–56. San Fransisco, CA: Morgan Kaufmann, 1998.

[6] Alexandru Baltag and Johan van Benthem. A simple logic of functional dependence. *Journal of Philosophical Logic*, 2021.

[7] Patrick Blackburn, Martin de Rijke, and Yde Venema. *Modal Logic*. Cambridge, England: Cambridge University Press, 2001.

[8] Patrick Blackburn and Jeremy Seligman. Hybrid languages. *Journal of Logic, Language and Information*, 4:251–272, 1995.

[9] Francesca Zaffora Blando, Krzysztof Mierzewski, and Carlos Areces. The modal logics of the poison game. In Fenrong Liu, Hiroakira Ono, and Junhua Yu, editors, *Knowledge, Proof and Dynamics. The Fourth Asian Workshop on Philosophical Logic*, pages 3–23. Springer, 2020.

[10] Zoé Christoff and Davide Grossi. Stability in binary opinion diffusion. In Alexandru Baltag, Jeremy Seligman, and Tomoyuki Yamada, editors, *Proceedings of LORI 2017*, volume 10455 of *LNCS*, pages 166–180. Springer, 2017.

[11] Zoé Christoff, Jens Ulrik Hansen, and Carlo Proietti. Reflecting on social influence in networks. *Journal of Logic, Language and Information*, 25(3-4):299–333, 2016.

[12] Ronald Fagin, Joseph Y. Halpern, Yoram Moses, and Moshe Y. Vardi. *Reasoning about Knowledge*. Cambridge, MA: The MIT Press, 1995.

[13] Patrick Girard, Jeremy Seligman, and Fenrong Liu. General dynamic dynamic logic. In Thomas Bolander, Torben Braüner, Silvio Ghilardi, and Lawrence S. Moss, editors, *Advances in Modal Logic*, pages 239–260. London: College Publications, 2012.

[14] Warren D. Goldfarb. The unsolvability of the Gödel class with identity. *Journal of Symbolic Logic*, 49:1237–1252, 1984.

[15] Saúl Fernández González. *Logics for Social Networks: Asynchronous Announcements in Orthogonal Structures*. PhD thesis, Paul Sabatier University, Toulouse, France, 2021.

[16] Davide Grossi and Simon Rey. Credulous acceptability, poison games and modal logic. In N. Agmon, M. E. Taylor, E. Elkind, and M. Veloso, editors, *Proceedings of AAMAS 2019*, pages 1994–1996, 2019.

[17] Dazhu Li. Losing connection: the modal logic of definable link deletion. *Journal of Logic and Computation*, 30(3):715–743, 2020.

[18] Dazhu Li. *Formal Threads in the Social Fabric: Studies in the Logical Dynamics of Multi-Agent Interaction*. PhD thesis, Tsinghua University and University of Amsterdam, 2021.

[19] Dazhu Li, Sujata Ghosh, Fenrong Liu, and Yaxin Tu. On the subtle nature of a simple logic of the hide and seek game. In Alexandra Silva, Renata Wassermann, and Ruy J. G. B. de Queiroz, editors, *Logic, Language, Information, and Computation - 27th International Workshop, WoLLIC 2021, Virtual Event, October 5-8, 2021, Proceedings*, volume 13038 of *LNCS*, pages 201–218. Springer, 2021.

[20] Zhen Liang. An axiomatisation for minimal social epistemic logic. In Alexandru Baltag, Jeremy Seligman, and Tomoyuki Yamada, editors, *Proceedings of LORI 2017*, volume 10455 of *LNCS*, pages 664–669. Berlin, Heidelberg: Springer, 2017.

[21] Zhen Liang. *Towards Axiomatisation of Social Epistemic Logic*. PhD thesis, Department of Philosophy, University of Auckland, 2020.

[22] Zhen Liang and Jeremy Seligman. A logical model of the dynamics of peer pressure. *Electronic Notes in Theoretical Computer Science*, 278:275–288, 2011.

[23] Fenrong Liu. *Changing for the Better: Preference Dynamics and Agent Diversity*. PhD thesis, ILLC, University of Amsterdam, 2008.

[24] Fenrong Liu. *Reasoning about Preference Dynamics*, volume 354 of *Synthese Library*. Springer, 2011.

[25] Fenrong Liu and Emiliano Lorini. Reasoning about belief, evidence and trust in a multi-agent setting. In An B., Bazzan A., Leite J.and Villata S., and van der Torre L., editors, *PRIMA 2017*, volume 10621 of *LNCS*, pages 71–89. Springer, 2017.

[26] Fenrong Liu, Jermey Seligman, and Patrick Girard. Logical dynamics of belief change in the community. *Synthese*, 191:2403–2431, 2014.

[27] Colby Morrison and Pavel Naumov. Group conformity in social networks. *Journal of Logic, Language and Information*, 29(1):3–19, 2020.

[28] Mina Young Pedersen, Sonja Smets, and Thomas Ågotnes. Analyzing echo chambers: A logic of strong and weak ties. In Patrick Blackburn, Emiliano Lorini, and Meiyun Guo, editors, *Proceedings of LORI 2019*, volume 11813 of *LNCS*, pages 183–198. Springer, 2019.

[29] Mina Young Pedersen, Sonja Smets, and Thomas Ågotnes. Modal logics and group polarization. *Journal of Logic and Computation*, 31(8):2240–2269, 2021.

[30] Rasmus K. Rendsvig. Diffusion, influence and best-response dynamics in networks: An action model approach. *CoRR*, abs/1708.01477, 2017.

[31] Ji Ruan and Michael Thielscher. A logic for knowledge flow in social networks. In Dianhui Wang and Mark Reynolds, editors, *AI 2011: Advances in Artificial Intelligence - 24th Australasian Joint Conference, Perth, Australia, December 5-8, 2011. Proceedings*, volume 7106 of *LNCS*, pages 511–520. Springer, 2011.

[32] Katsuhiko Sano. Axiomatizing hybrid products: How can we reason many-dimensionally in hybrid logic? *Journal of Applied Logic*, 8:459–474, 2010.

[33] Katsuhiko Sano. Axiomatizing epistemic logic of friendship via tree sequent calculus. In Alexandru Baltag, Jeremy Seligman, and Tomoyuki Yamada, editors, *Proceedings of LORI 2017*, volume 10455 of *LNCS*, pages 224–239. Berlin, Heidelberg: Springer, 2017.

[34] Jeremy Seligman, Fenrong Liu, and Patrick Girard. Logic in the community. In M. Banerjee and A. Seth, editors, *Proceedings of the 4th Indian Conference on Logic and its Applications*, volume 6521 of *LNCS*, pages 178–188. Berlin: Springer, 2011.

[35] Jeremy Seligman and Declan Thompson. Boolean network games and iterated boolean games. In Wiebe van der Hoek, Wesley H. Holliday, and Wen-Fang Wang, editors, *Proceedings of LORI 2015*, volume 9394 of *LNCS*, pages 353–365. Springer, 2015.

[36] Brian Skyrms. *Evolution of the Social Contract*. Cambrdige: Cambridge University Press, 2014.

[37] Sonja Smets and Fernando R. Velázquez-Quesada. How to make friends: A logical approach to social group creation. In Alexandru Baltag, Jeremy Seligman, and Tomoyuki Yamada, editors, *Proceedings of LORI 2017*, volume 10455 of *LNCS*, pages 377–390. Springer, 2017.

[38] Sonja Smets and Fernando R. Velázquez-Quesada. A closeness- and priority-based logical study of social network creation. *Journal of Logic, Language and Information*, 29(1):21–51, 2020.

[39] Declan Thompson. Local fact change logic. In Fenrong Liu, Hiroakira Ono, and Junhua Yu, editors, *Knowledge, Proof and Dynamics. The Fourth Asian Workshop on Philosophical Logic*, pages 73–96. Springer, 2020.

[40] Johan van Benthem. Oscillation, logic and dynamical systems. In Sujata Ghosh and Jakub Szymanik, editors, *The Facts Matter. Essays on Logic and Cognition in Honour of Rineke Verbrugge*, pages 9–22. London: College Publications, 2001.

[41] Johan van Benthem. *Logic in Games.* Cambridge, MA: The MIT Press, 2014.

[42] Johan van Benthem and Fenrong Liu. Dynamic logic of preference upgrade. *Journal of Applied Non-Classical Logic*, 17:157–182, 2007.

[43] Johan van Benthem and Fenrong Liu. Graph games and logic design. In F. Liu, H. Ono, and J. Yu, editors, *Knowledge, Proof and Dynamics*, pages 125–146. Springer, 2020.

[44] Johan van Benthem, Krzysztof Mierzewski, and Francesca Zaffora Blando. The modal logic of stepwise removal. *Review of Symbolic Logic*, 15(1):36–63, 2022.

[45] Wiebe van der Hoek, Louwe B. Kuijer, and Yì N. Wáng. Logics of allies and enemies: A formal approach to the dynamics of social balance theory. In Christian Bessiere, editor, *Proceedings of the Twenty-Ninth International Joint Conference on Artificial Intelligence, IJCAI 2020*, pages 210–216. ijcai.org, 2020.

[46] Wiebe van der Hoek, Louwe B. Kuijer, and Yì N. Wáng. Who should be my friends? social balance from the perspective of game theory. *Journal of Logic, Language and Information*, 31(2):189–211, 2022.

[47] Yanjing Wang and Jeremy Seligman. When names are not commonly known: Epistemic logic with assignments. In Guram Bezhanishvili, Giovanna D'Agostino, George Metcalfe, and Thomas Studer, editors, *Advances in Modal Logic 12, Proceedings of the 12th Conference on "Advances in Modal Logic," held in Bern, Switzerland, August 27-31, 2018*, pages 611–628. London: College Publications, 2018.

[48] Zuojun Xiong and Thomas Ågotnes. On the logic of balance in social networks. *Journal of Logic, Language and Information*, 29(1):53–75, 2020.

[49] Zuojun Xiong, Thomas Ågotnes, Jeremy Seligman, and Rui Zhu. owards a logic of tweeting. In Alexandru Baltag, Jeremy Seligman, and Tomoyuki Yamada, editors, *Proceedings of LORI 2017*, volume 10455 of *LNCS*, pages 49–64. Berlin, Heidelberg: Springer, 2017.

[50] Ming Xu. On some U,S-tense logics. *Journal of Philosophical Logic*, 17:181–202, 1988.

[51] Rui Zhu. *Social Announcement Logic*. PhD thesis, Department of Philosophy, University of Auckland. Forthcoming, 2022.

[52] 刘奋荣、谢立民. 关于社交网络中主体行为的推理和预测. 暨南大学学报, 239 (12):1–7, 2018.

[53] 丹尼尔·卡尼曼. 思考, 快与慢. 胡晓姣, 李爱民, 何梦莹, 译. 中信出版社, 2012.

# 第 6 部分　附录

# 附录1 符号简写定义

| | |
|---|---|
| AGM | belief revision theory proposed by Alchourrón, Gärdenfors and Makinson |
| BDI | belief, desire and intention |
| DEL | dynamic epistemic logic |
| DEFL | dynamic epistemic friendship logic |
| DL-BET | dynamic logic for belief, evidence and trust |
| DOP | Data-Oriented Parsing |
| EFL | epistemic friendship logic |
| GDDL | general dynamic dynamic logic |
| LAE | logics of allies and enemies |
| LHS | logic of hide and seek |
| LFP | fixed-point logic |
| LSL | logic of supervised learning |
| PAL | public announcement logic |
| PSPACE | set of decision problems that can be solved by a Turing machine using a polynomial amount of space |
| SEL | social epistemic logic |
| SML | sabotage modal logic |
| SLG | supervised learning games |

# 附录 2　汉英专业术语对照表

| | |
|---|---|
| 阿罗的不可能性定理 | Arrow's impossibility theorem |
| 必胜策略 | winning strategy |
| 表列系统 | tableaux |
| 不对称的 | asymmetric |
| 布尔博弈 | Boolean games |
| 乘积逻辑 | product logic |
| 从物 | *de re* |
| 从言 | *de dicto* |
| 德格鲁特模型 | Degroot model |
| 等价关系 | equivalence relation |
| 邓普斯特–谢弗规则 | Dempster-Shafer's rule |
| 低等理性 | low rationality |
| 定性的 | qualitative |
| 定量的 | quantitative |
| 动态转向 | dynamic turn |
| 动态认知逻辑 | dynamic epistemic logic |
| 动态认知友谊逻辑 | dynamic epistemic friendship logic |
| 多主体 | multi-agent, many agent |
| 对称的 | symmetric |
| 多项式空间 | Pspace |
| 多项式时间 | Ptime |

| | |
|---|---|
| 多维模态逻辑 | many-dimentionak modal logic |
| 对角线常项 | diagonal constant |
| 躲藏者 | hider |
| 分布式知识 | distributed knowledge |
| 负内省性 | negtive introspection |
| 非自反的 | irreflexive relation |
| 多数无知 | pluralistic ignorance |
| 高等理性 | high rationality |
| 哥德尔类 | Gödel class |
| 根深蒂固 | entrenched |
| 公开宣告逻辑 | public announcement logic |
| 公共知识 | common knowledge |
| 共时博弈 | simultaneous games |
| 关注 | follow |
| 函数性 | functional |
| 核证 | justification |
| 核证逻辑 | justification logic |
| 合理性 | plausibility |
| 互模拟 | bisimulation |
| 汇合性 | confluence |
| 间谍点 | spy-point |
| 假新闻 | fake news |
| 交换性 | commutativity |
| 极化 | polarization |
| 进化博弈论 | evolutionary game theory |
| 警察–赢图 | cop-win graphs |
| 觉知 | awareness |
| 局部性 | locality |

| | |
|---|---|
| 确定的 | determined |
| 认知逻辑 | epistemic logic |
| 认知友谊逻辑 | epistemic friendship logic |
| 软信息 | soft information |
| 社会认知逻辑 | social epistemic logic |
| 社会网络 | social network |
| 社会模拟 | social simulation |
| 社群 | community |
| 事实性 | factuality |
| 受限自信 | bounded confidence |
| 收敛 | converge |
| 搜寻者 | seeker |
| 推特 | Twitter |
| 投票悖论 | the voting paradox |
| 投毒博弈 | poison game |
| 网格 | grid |
| 网络自动机 | network automata |
| 稳定化 | stabilize |
| 相信/信念 | believe/belief |
| 像有穷的 | image-finite |
| 相遇博弈 | meeting game |
| 信任矩阵 | trust matrix |
| 心智理论 | theory of mind |
| 行为模型 | action model |
| 宣告 | announcement |
| 轩尼诗–米尔纳定理 | Hennessy-Milner theorem |
| 序列博弈 | sequential games |
| 蓄意破坏博弈 | sabotage game |

# 附录3 汉英人名对照表

| | |
|---|---|
| 阿戈特内斯 | Thomas Ågotnes |
| 艾耶尔 | Alfred Jules Ayer |
| 埃克隆 | Carlos Eduardo Alchourrón |
| 巴塔格 | Alexandru Baltag |
| 巴贝奇 | Charles Babbage |
| 贝思 | Evert Willem Beth |
| 伯尼斯 | Edward L. Bernays |
| 布兰多 | Francesca Zaffora Blando |
| 布莱特曼 | Michael Bratman |
| 布尔 | George Boole |
| 德福内梯 | Bruno de Finetti |
| 范丙申 | Johan van Benthem |
| 范德胡克 | Wiebe van der Hoek |
| 冯瑞赫特 | Georg Henrik von Wright |
| 弗里德金 | Noah Friedkin |
| 弗兰西 | John R. French |
| 冈萨雷斯 | Saúl Fernández González |
| 高希 | Sujata Ghosh |
| 哥德尔 | Kurt Gödel |
| 格罗西 | Davide Grossi |
| 汉森 | Pelle Guldborg Hansen |

| | |
|---|---|
| 塔斯基 | Alfred Tarski |
| 蒂舍尔 | Michael Thielscher |
| 图灵 | Alan Turing |
| 魏达格 | Dag Westerstähl |
| 委拉斯开兹-克萨达 | Fernando R. Velázquez-Quesada |
| 辛提卡 | Jaakko Hintikka |
| 谢立民 | Jeremy Seligman |
| 杨明娜 | Mina Young Pedersen |
| 约桑 | Audun Jøsang |
| 佐野胜彦 | Katsuhiko Sano |

# 后记

在过去十年里，"社会关系和社会影响"作为一个新的研究内容被逻辑学家们关注，与认知逻辑发生有趣的交互，涌现出很多新的成果，从而形成"社会认知逻辑"。我有幸能够成为这个领域的倡导者之一，与国内外学者们合作，指导学生，发表成果，共同推动该领域的研究。本书是该领域的成果首次以系统的方式与汉语世界的读者见面。本书以全新的结构引介这些成果，突出了我对这个领域所思考和研究的问题的看法。在我看来，对两种"理性"概念的思考是理解和把握这些研究成果的钥匙，因为审思理性和进化理性的分野体现在社会认知逻辑的不同研究径路、不同的研究问题，从而得到的不同的研究结果。面对人工智能当下的发展，如何理解"理性""智能"这样关键的概念，对本书引入的两种理性概念的内涵及意义的深入理解，还有很多问题值得进一步探索。

我想感谢所有曾经跟我合作过的学者们、学生们，他们是 Jeremy Seligman, Patrick Girard, Johan van Benthem, Emiliano Lorini, Sonja Smets, Sujata Ghosh, 石辰威、李大柱和涂雅欣。感谢王奕岩、闫佳亮、李大柱、杜鹏昊协助翻译本书部分内容! 感谢梁真和杜鹏昊在 Latex 方面提供的帮助。感谢 2022 年春季学期讨论课上学生们 (成凤祥、徐天翔、陈谦、杜鹏昊和何清瑜) 提出的建议，使书稿得以进一步改善。

感谢国家社科基金重大项目"基于社交网络的信息流逻辑研究"从 2017 年到 2021 年的资助，使得我能够在这个领域继续深入研究。

刘奋荣

2022 年 8 月于清华大学人文楼